广视角·全方位·多品种

权威·前沿·原创

皮书系列为
"十二五"国家重点图书出版规划项目

西南财经大学经济学院国民经济研究所研究成果
西南财经大学"211工程"三期建设项目

西部工业蓝皮书

BLUE BOOK OF WESTERN INDUSTRY

中国西部工业发展报告（2013）

ANNUAL REPORT ON WESTERN INDUSTRY DEVELOPMENT OF CHINA (2013)

方行明　甘　犁　刘方健　姜　凌　等／著

社会科学文献出版社
SOCIAL SCIENCES ACADEMIC PRESS (CHINA)

图书在版编目(CIP)数据

中国西部工业发展报告. 2013/方行明等著. —北京：社会科学文献出版社，2013.9
（西部工业蓝皮书）
ISBN 978-7-5097-5045-2

Ⅰ.①中… Ⅱ.①方… Ⅲ.①地方工业经济-经济发展-研究报告-西北地区-2013 ②地方工业经济-经济发展-研究报告-西南地区-2013 Ⅳ.①F427

中国版本图书馆 CIP 数据核字（2013）第 214388 号

西部工业蓝皮书
中国西部工业发展报告（2013）

著　者／方行明　甘　犁　刘方健　姜　凌 等

出 版 人／谢寿光
出 版 者／社会科学文献出版社
地　　址／北京市西城区北三环中路甲29号院3号楼华龙大厦
邮政编码／100029

责任部门／皮书出版中心（010）59367127　　责任编辑／陈　颖
电子信箱／pishubu@ssap.cn　　　　　　　　责任校对／李　敏
项目统筹／邓泳红　陈　颖　　　　　　　　责任印制／岳　阳
经　　销／社会科学文献出版社市场营销中心（010）59367081　59367089
读者服务／读者服务中心（010）59367028

印　　装／北京季蜂印刷有限公司
开　　本／787mm×1092mm　1/16　　　印　张／22.5
版　　次／2013年9月第1版　　　　　　字　数／364千字
印　　次／2013年9月第1次印刷
书　　号／ISBN 978-7-5097-5045-2
定　　价／79.00元

本书如有破损、缺页、装订错误，请与本社读者服务中心联系更换
▲ 版权所有 翻印必究

西部工业蓝皮书项目组

负责人 方行明

成　员 甘　犁　刘方健　姜　凌　刘成玉　何永芳
　　　　　邓　翔　胡世强　曾令秋　刘建生　刘金石
　　　　　袁　正　胡静寅　戴歌新　刘　恒　杨锦英
　　　　　吴　垠　郑　欢　刘　朋　韩晓娜　方　堃
　　　　　邹普章　李象涵　杨榴清　郭丽丽　卢彦讯
　　　　　孙一迪　任　立　夏腾云　原　野　李　巍
　　　　　孔　德

主要编撰者简介

方行明 安徽省南陵县人,现任西南财经大学经济学院国民经济研究所所长、研究员,博士生导师,主要从事国民经济学、产业经济学的研究,主持国家社会科学基金项目、四川省哲学社会科学重点项目及各级政府部门、大型企业横向课题十多项,出版学术专著十多部,在《中国农村经济》、《经济学家》、《光明日报》(理论版)、《中国经济问题》、《改革》等核心学术刊物及 *Far Eastern Economic Review*,*Futurics*,*Journal of Economic Issues* 等国际学术刊物发表论文多篇,并著有小说《家国遗梦》。

甘 犁 美国加州大学伯克利分校经济学博士,西南财经大学长江学者,西南财经大学经济学院院长,研究方向为计量经济学、微观经济学;在国际核心学术刊物 *American Economic Review*,*Journal of Political Economy*,*Journal of Econometrics*,*Journal of Public Economics*,*Journal of American Statistical Association*,*The Economic Journal*,*Econometrics Journal*,*Economics Letters* 及《经济研究》上发表大量论文。

刘方健 四川三台人。1982年四川财经学院政治经济学专业毕业留校,从事中国经济史、思想史教学与研究。现任中国近代经济史学会副会长、中国经济思想史学会常务理事、西南财经大学经济学院执行院长。

姜 凌 经济学博士,西南财经大学经济学院副院长,教授,博士生导师。学术兼职于西南财经大学中国金融研究中心教授、中国世界经济学会常务理事、美国纽约哥伦比亚大学高级访问学者。先后主持研究国家社科基金课题和重点课题,以及省部级课题多项。在《世界经济》、《经济学动态》、《金融研究》、《经济学家》、《财贸经济》、《国际金融研究》、《国际贸易问题》和英国 *Applied Economics Letters* 等国内外报刊公开发表学术论文逾百篇；独立完成或主持出版《经济全球化趋势下的南北经济关系》、《当代国际货币体系与南北货币金融关系》、《当代资本主义论》、《经济全球化条件下的国际货币体系改革——基于区域国际货币体系改革的视角》等学术专著多部。科研成果多次被《人大复印报刊资料》、《经济学文摘》和国际SCI、英国剑桥科学文摘等收录或转载；并先后十七次获省部级、有关学会各级优秀科研成果奖，获"四川省有突出贡献的优秀专家"荣誉称号。

摘 要

本报告主要分析和研究2010~2011年度西部工业发展状况及其与东部的比较，包括总报告、综合篇、专题篇和行业篇四部分，共30章，主要内容如下。

总报告：分两个层面。一是对西部经济发展的总体指标进行分析，以了解西部地区经济发展总体形势；二是建立西部地区工业经济发展水平综合评价指标体系，以对西部工业发展进行综合评价。

综合篇：即对西部经济发展总体形势及西部经济发展的推动因素进行分析和研究，并对东西部产业结构与竞争力、西部各省市区工业竞争力及优势产业进行比较、定位研究。通过这一研究以确定西部的特色、优势产业，从而明确在新的国际国内形势下西部产业结构转型与升级的方向。

专题篇：对西部地区经济发展中的亮点加以分析、研究和报道。包括：根据区域经济发展倒U型理论来实证研究东西部发展差距的特征，以对东西部发展不平衡总体形势有一个正确的判断；对西部地区承接国际产业转移的效率进行研究，并对东西部进行比较；对四川省全要素生产率测算与经济增长因素等问题进行分析、归纳与总结；对四川省民营经济发展问题及其对策进行研究；对西藏矿产资源开发与经济社会的可持续发展问题进行研究。

行业篇：对西部主要工业行业发展问题进行分析。本篇将对西部工业的分析深入到每一个重点行业，分析其有关经济指标，彻底弄清楚西部各工业行业发展状况、存在的问题及其与东部的差距，从而揭示西部工业经济发展中的深层次问题，为推动西部主导产业的发展提供对策。行业篇分上、下两部分，分别对传统产业和高科技产业进行分析、比较、研究。

Abstract

This report analyzes and explores the situation of industrial development in the western areas and makes comparison of industrial development between the western and eastern areas during 2010 – 2011, including General Report, Comprehensive Section, Special Topics and Industries, the main content is shown as follows:

General Report: The gencral report is composed of two parts. One is to analyze the total targets to know the overall economic situation in the western areas; the other is to establish a comprehensive evaluation system to evaluate the industrial development of the western areas.

Comprehensive Section: This section is to make a research and comparison on economic and industrial development. It also studies the promoting factors affecting the industrial development of the western areas of China, industrial structure and competitiveness between eastern and western areas as well as the industrial competitiveness and superior industries of the provinces in the western areas. Through this research the author determines the distinguishing and superior industries so as to make clear the direction of transformation and upgrade of industrial structure in the western areas of China under the new domestic and international situation.

Special Topics Section: This section is to analyze and report the highlights in the economic development in the western areas, including making the research on the differences of regional economic development according to the inverted U type theory to obtain a correct idea on the gap between western and eastern areas; making research on the efficiency in accepting international industrial immigration in the western areas; estimating total factor productivity and factors of economic growth in Sichuan province; making research on the problems and countermeasures of private enterprises in Sichuan province; analyzing the development of mineral resources and sustainable development in Xizang.

Industry Section: This section is to make in-depth analysis on each important industry, analyze related economic targets and make clear the development status, problems and gaps of various industries in the western areas so as to reveal the deep-seated problems in the western industrial development and make suggestions for the industrial development in the western areas. This section is divided into two parts: traditional industry and hi-tech industry.

前　言

一　报告的基本思想

2010~2011年，西部地区经济仍然保持高速增长，增长速度高于全国和东部平均水平，东西部相对差距在缩小，但是，由于东部经济总量远远高于西部，因此二者之间的绝对差距仍在继续拉大。而工业发展不足仍然是东西部之间差距的关键所在。因此，我们需要继续对西部大开发战略问题进行深入的研究，分析西部工业经济发展存在的问题。通过对西部工业经济发展状况及其问题进行深入细致的研究，以进一步厘清西部的问题、优势与劣势，为西部实现跨越式发展、缩小东西部差距提供可行的思路。

本报告仍然秉承2012年度报告的精神，既要分析经济总量，更要分析具体行业，通过对主要工业行业的分析，全面、深入、准确地了解西部工业发展的情况。

2013年的报告，本着与时俱进、不断创新的原则，在内容和结构上较2012年报告有所改进和创新。

二　报告所使用的主要指标

在经济全球化及国际国内市场一体化的格局下，一个地区的经济发展及其优劣势只能在比较中显现，差距与问题也只能通过比较才能发现。另外，在横向比较中或许更能发现西部地区经济发展过程中存在的问题和差距。因此，本报告将对西部工业经济发展状况及影响西部经济发展的各种因素进行全面的比较分析。

1. 分析和比较范围

主要从工业总体发展水平和各工业行业两个方面进行分析和比较，具体从三个层面进行。

(1) 全国层面的分析与比较。主要比较分析西部工业经济在全国的地位

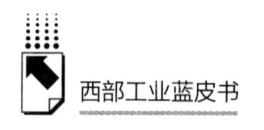

以及变化趋势。

（2）西部与东部的区域之间的分析与比较。在本研究报告中，西部地区包括国家西部大开发战略所涵盖的12个省区市：重庆、四川、贵州、云南、西藏、陕西、甘肃、青海、宁夏、新疆、内蒙古、广西；东部地区涵盖北京、天津、河北、辽宁、上海、江苏、浙江、福建、山东、广东10个省区。对东西部之间工业经济发展的优势、劣势及变化趋势进行比较。

（3）西部地区各省市区之间的分析与比较，即分析西部地区各省市区之间的发展均衡程度。

2. 分析和比较的两个概念

在以下衡量西部与全国、东部的差距中，我们主要使用两个概念：一是绝对差距，即全国或东部有关指标的数量减去西部对应的数量，二者之差越大说明西部与全国或东部绝对差距越大；二是相对差距，即西部与东部有关指标占全国比重的差距。

3. 分析和比较指标

（1）国民经济总量指标（GDP或地区生产总值），反映西部各省市区的经济总量规模及在全国的地位。

（2）工业经济结果指标，包括工业经济总量指标、工业经济效益指标、工业经济比较优势和区域工业竞争力指标等。

①工业经济总量主要使用工业总产值和工业增加值指标[①]。

②工业经济效益指标包括规模以上工业企业利润总额。

③工业比较优势指标，主要用工业显示性比较优势度（RCA）表示。

$$RCA = \frac{该地区某类工业的销售收入}{全国该类工业的销售收入} \div \frac{该地区全部工业产品销售收入}{全国全部工业产品销售收入}$$

④区域工业竞争力指标，主要包括产业规模区位商和产业经济效益区位商，表示该地区该行业的市场规模、占有率及经济效益在全国的地位。

公式分别为：

[①] 原本只使用工业增加值指标，但从2008年开始《中国统计年鉴》和《中国工业经济统计年鉴》不再统计分行业的工业增加值指标，因而分行业的计量指标改成使用工业总产值。

$$产业规模区位商 = \frac{地区产业销售产值}{地区工业销售产值} \div \frac{全国行业销售产值}{全国工业销售产值}$$

$$产业经济效益区位商 = \frac{地区产业利税值}{地区工业利税值} \div \frac{全国行业利税值}{全国工业利税值}$$

（3）工业经济增长过程指标，即影响工业增长的主要因素指标，包括：

①全社会消费品零售总额，该指标反映市场对工业产品的需求，直接决定着工业产品在市场容量下的可能产量。

②固定资产投资总额，该指标直接形成工业生产能力，同时也对工业产品产生市场需求。

③经济外向度指标，包括进出口总额与实际利用外商直接投资额。一个地区对外开放程度越大，市场自由化、一体化程度就越高，各种资源和要素的集聚程度也越高，该地区的市场竞争力也越强。经济外向度指标主要包括进出口总额和实际利用外商直接投资额两项。其中，进口产品中的高新技术产品有利于推动本地区的科技进步及高技术产业的发展，进而推动本地区工业现代化和产业结构升级；而利用外资可弥补本地区建设资金和经济发展资金的不足，同时通过利用外资可以引进国外先进的管理和技术。

④金融机构存贷款总额，该指标反映资金形成能力。一般来说，资金存量越大，其形成能力就越强。资金形成能力可分为潜在的资金形成能力和现实的资金形成能力两个方面。潜在的资金形成能力包括金融机构存款及居民储蓄等，而现实的资金形成能力包括银行贷款。

⑤科技实力状况指标，包括科技投入与科技产出。各地区科技水平受科技投入和科技产出两个因素的影响。科技投入反映一个地区科研活动能力及其活动现状，并直接影响到科研成果的产出。科技投入主要包括自然科学和技术领域经费支出、自然科学和技术领域人员总数两个指标。科技产出反映一个地区科研成果的数量及其在生产实践中的推广、使用情况，主要包括国内三种专利批准量。该指标决定着一个地区的技术创新能力，进而影响经济发展的可持续性、工业的技术进步水平和产业的现代化程度。

目 录

B I 总报告

B.1 西部经济发展主要指标及工业发展状况评价 …………………… 001
    一 西部经济发展主要指标分析 ………………………………… 001
    二 西部地区工业经济发展水平综合评价
       指标体系的构建和测算 …………………………………… 009

B II 综合篇

B.2 西部工业发展的推动因素 ………………………………………… 019
B.3 东中西部产业结构与竞争力的比较研究 ………………………… 050
B.4 西部各省市区工业竞争力分析与评价 …………………………… 059
B.5 西部各省市区工业经济比较优势分析与评价 …………………… 070

B III 专题篇

B.6 东西部发展不平衡实证分析 ……………………………………… 096
B.7 西部地区承接国际产业转移的效率研究
    ——基于东西部的比较 …………………………………………… 113

B.8　产业转移对四川省环境影响分析……………………………………129
B.9　四川省全要素生产率测算与经济增长因素分析………………………141
B.10　四川省民营经济发展问题与对策研究…………………………………152
B.11　西藏矿产资源开发与经济社会的
　　　可持续发展研究………………………………………………………172

BⅣ　行业篇
（上）——传统产业

B.12　西部石油和天然气开采业发展分析…………………………………186
B.13　西部电力、热力的生产和供应业发展分析……………………………193
B.14　西部黑色金属冶炼及压延加工业发展分析……………………………200
B.15　西部有色金属冶炼及压延加工业发展分析……………………………208
B.16　西部煤炭开采和洗选业发展分析………………………………………215
B.17　西部化学原料及化学制品制造业发展分析……………………………222
B.18　西部交通运输设备制造业发展分析……………………………………229
B.19　西部通用设备制造业发展分析…………………………………………236
B.20　西部专用设备制造业发展分析…………………………………………243
B.21　西部农副食品加工业发展分析…………………………………………250
B.22　西部非金属矿物制品业发展分析………………………………………257
B.23　西部饮料制造业发展分析………………………………………………264
B.24　西部石油加工及炼焦加工业发展分析…………………………………271

（下）——高技术产业

B.25　西部地区高技术产业发展总体分析……………………………………278
B.26　西部医药制造业发展分析………………………………………………286
B.27　西部航空航天器制造业发展分析………………………………………293
B.28　西部电子及通信设备制造业发展分析…………………………………299
B.29　西部电子计算机及办公设备制造业发展分析…………………………306

Ⅰ.30 西部医疗设备及仪器仪表制造业发展分析 …………………… 312

Ⅰ.31 西部各工业行业发展情况的总结 ………………………………… 319

Ⅰ.32 参考文献 ……………………………………………………………… 336

皮书数据库阅读**使用指南**

CONTENTS

B I General Report

B.1 General Report / 001
    1. Analysis of the Main Index of Economic Development in
       Western China / 001
    2. Construction and Calculation of Comprehensive Evaluation Index
       System of Industrial Economic Development in Western China / 009

B II Comprehensive Section

B.2 The Promoting Factors for the Industrial Development in the
     Western Areas / 019

B.3 The Comparative Studies on the Industrial Structure and
     Competitiveness of Eastern, Middle and Western China / 050

B.4 The Analysis and Evaluation on the Industrial Competitiveness of
     the Provinces in the Western Areas / 059

B.5 The Analysis and Evaluation on the Industrial Comparative
     Advantages of the Provinces in the Western Areas / 070

B III Special Topics

B.6 The Empirical Analysis on the Uneven Development between
     Eastern and Western Areas / 096

CONTENTS

B.7 A Research on the Efficiency of Accepting International Industrial Immigration in the Western Areas
　　—*Based on the Comparison between Eastern and Western Areas* / 113

B.8 The Influence of Industrial Immigration on the Environment of Sichuan Province / 129

B.9 Estimating Total Factor Productivity and Factors of Economic Growth in Sichuan Province / 141

B.10 A Research on the Problems and Countermeasures of the Development of Private Enterprises in Sichuan Province / 152

B.11 The Exploitation of Mineral Resources and Sustainable Development of Economy and Society of Xizang (Tibet) / 172

B IV Industries (First) — Traditional Industries

B.12 Development of Extraction of Petroleum and Natural Gas in theWestern Areas / 186

B.13 Development of Production and Supply of Electric Power and Heat Power in the Western Areas / 193

B.14 Development of Smelting and Pressing of Ferrous Metals in the Western Areas / 200

B.15 Development of Smelting and Pressing of Non-ferrous Metals in the Western Areas / 208

B.16 Development of Mining and Washing of Coal in the Western Areas / 215

B.17 Development of Manufacture of Raw Chemical Materials and Chemical Products in the Western Areas / 222

B.18 Development of Manufacture of Transport Equipment in the Western Areas / 229

B.19　Development of Manufacture of General Equipment in the Western Areas　/ 236

B.20　Development of Manufacture of Special Equipment in the Western Areas　/ 243

B.21　Development of Processing of Food from Agricultural Products in the Western Areas　/ 250

B.22　Development of Manufacture of Non-metallic Mineral Products in the Western Areas　/ 257

B.23　Development of Manufacture of Beverages in the Western Areas　/ 264

B.24　Development of Processing of Petroleum, Coking, Processing of Nuclear Fuel in the Western Areas　/ 271

(Second) — Hi-Tech Industries

B.25　Development of Hi-Tech Industry in the Western Areas　/ 278

B.26　Development of Manufacture of Medicines in the Western Areas　/ 286

B.27　Development of Manufacture of Aviation and Spacecraft in the Western Areas　/ 293

B.28　Development of Manufacture of Electronic and Communication Equipment in the Western Areas　/ 299

B.29　Development of Manufacture of Computers and Office Equipment in the Western Areas　/ 306

B.30　Development of Manufacture of Medical Computers and Instrumentation in the Western Areas　/ 312

B.31　A Summary on the Development of the Industries in the Westerm Areas　/ 319

B.32　References　/ 336

总 报 告

General Report

B.1 西部经济发展主要指标及工业发展状况评价

本章主要分为两个部分：一是对西部经济发展的总体指标进行分析，以了解西部地区经济发展形势，主要包括地区生产总值、三次产业指标和工业经济指标；二是建立西部地区工业经济发展水平综合评价指标体系，以对西部工业发展进行综合评价。

一 西部经济发展主要指标分析

2011年，西部地区经济快速发展，地区生产总值、工业经济增加值均远超全国和东部水平，与东部的相对差距在缩小，但绝对差距仍在拉大。以下从总体指标、三次产业和工业经济指标来进行剖析。

（一）东西部发展不平衡的总体形势

2011年，西部地区经济发展形势表现出以下特征。

1. 西部地区经济总量快速上升，东西部相对差距在缩小，但绝对差距仍在拉大

西部地区生产总值快速增长，增速高于全国和东部水平，由2010年的81408.49亿元上升至2011年的100234.96亿元，增长了23.13%（按现价计算，下同），与此同时，西部经济占全国经济总量的比例上升，由2010年的20.29%上升至2011年的最高点21.20%，上升了0.91个百分点。全国GDP总额由2010年的401502.8亿元上升至2011年的472881.6亿元，增长了17.78%，低于西部5.35个百分点；东部地区生产总值由2010年的248423.44亿元上升至2011年的291058.79亿元，增长了17.16%，低于西部5.97个百分点。东部地区占全国经济总量的比例出现下降，由2010年的61.92%下降至2011年的61.55%，下降了0.37个百分点。东西部相对差距在缩小，由2010年西部占全国比重低于东部41.63个百分点下降至2011年的40.35个百分点，但西部生产总值基数远远低于东部，绝对差距仍在拉大，由2010年的167014.95亿元拉大至2011年的190823.83亿元，上升了14.26%（见表1）。

表1　2010年和2011年西部地区生产总值及其与全国和东部比较

单位：亿元，%

年份	全国GDP	西部生产总值				东部生产总值	
		总值	占全国百分比	全国与西部之差	东部与西部之差	总值	占全国百分比
2010	401502.8	81408.49	20.28	320094.31	167014.95	248423.44	61.87
2011	472881.6	100234.96	21.20	372646.64	190823.83	291058.79	61.55

数据来源：根据2012年《中国统计年鉴》整理。

2. 西部地区人均生产总值不断上升，但低于总量的增速，与全国和东部的差距拉大的速度快于总量数据差距拉大的速度

人均地区生产总值能够更好地反映西部地区经济发展水平及东西部差距。西部地区人均生产总值由2010年的22591元上升至2011年的27672元，上升了22.49%（按现价计算），但与全国和东部的绝对差距均在拉大。与全国人均GDP的绝对差距由2010年的7424元拉大至2011年的

7509元，上升了1.15%；与东部的绝对差距由2010年的23307元拉大至2011年的25667元，上升了10.13%，西部与东部差距拉大的速度远远快于其与全国的差距拉大的速度。

西部人均生产总值与全国之比上升，由2010年的75.30%上升至2011年的78.66%，上升了3.36个百分点；西部人均生产总值与东部之比也在上升，由2010年的49.22%上升至2011年的最高点51.88%，上升了2.66个百分点（见表2）。因此，西部地区人均生产总值与全国和东部的相对差距均在下降。

表2　2010年和2011年西部地区人均生产总值及其与全国和东部的比较

单位：元，%

年份	全国人均GDP	东部人均生产总值	西部人均生产总值	全国与西部之差	东部与西部之差	西部与全国之比	西部与东部之比
2010	30015	45898	22591	7424	23307	75.30	49.22
2011	35181	53339	27672	7509	25667	78.66	51.88

数据来源：根据2012年《中国统计年鉴》整理。

3. 西部地区各省市区之间的发展亦不均衡，差距也在拉大

（1）总量上的差异

从地区生产总值的总量来看，各省市区之间表现参差不齐，差距很大，其中四川于2011年越过2万亿元的台阶，进入"2万亿元俱乐部"，达到21026.68亿元，遥遥领先于其他省市区；2011年西部地区又有两（区）市GDP加入"万亿元俱乐部"，分别是广西和重庆，从而使"万亿元GDP"省市区达到4家。这是西部经济发展中的一个亮点。西部各省市区经济总量的分布格局如下：

① 20000亿元以上的有：四川（21026.68亿元）；

② 10000亿~20000亿元的有：内蒙古（14359.88亿元）、陕西（12512.3亿元）、广西（11720.87亿元）、重庆（10011.37亿元）；

③ 5000亿~10000亿元的有：云南（8893.12亿元）、新疆（6610.05亿元）、贵州（5701.84亿元）、甘肃（5020.37亿元）；

④ 1000亿~5000亿元的有：宁夏（2102.21亿元）、青海（1670.44亿元）；

⑤1000亿元以下的有：西藏（605.83亿元）。

（2）人均上的差异

人均地区生产总值最高的是内蒙古，2011年达到57974元，遥遥领先于其他省市区，并超过东部地区均值。西部人均地区生产总值的分布格局如下：

①5万元以上的只有内蒙古（57974元）；

②3万~4万元的有：重庆（34500元）、陕西（33464元）、宁夏（33043元）、新疆（30087元）；

③2万~3万元的有：青海（29522元）、四川（26133元）、广西（25326元）、西藏（20077元），四川虽然在总量上排在第一位，但在人均上只排在第七位，原因是四川人口太多，西藏在总量上虽然排在最后，但在人均上排位较靠前，原因是西藏人口少；

④2万元以下的有：甘肃（19595元）、云南（19265元）、贵州（16413元）。

（3）人口上的差异

西部地区人口分布的格局如下：

①8000万人以上的有：四川（8050万人）；

②4000万~5000万人的有：广西（4645万人）、云南（4631万人）；

③3000万~4000万人的有：陕西（3743万人）、贵州（3469万人）；

④2000万~3000万人的有：重庆（2919万人）、甘肃（2564万人）、内蒙古（2482万人）、新疆（2209万人）；

⑤1000万人以下的有：宁夏（639万人）、青海（568万人）、西藏（303万人）。

从以上人口与经济总量的分布来看，人口较少的地区人均地区生产总值较高。四川虽然经济总量最大，但因人口非常多，因而其人均地区生产总值偏低。说明西部地区人力资源的利用效率不高。

（二）东西部三次产业发展差距

1. 在东西部绝对差距中，东西部工业的差距最大

2011年，西部地区生产总值100234.96亿元，占全国的21.20%；第一产业增加值12771.16亿元，占全国的26.89%；第二产业增加值51039.27亿元，

表3 2011年西部各省市区经济总量及人口指标

	地区生产总值			人口			人均生产总值	
	总额（亿元）	排序	占比（%）	总数（万人）	排序	占比（%）	总额（元）	排序
内蒙古	14359.88	2	14.33	2482	8	6.85	57974	1
广 西	11720.87	4	11.69	4645	2	12.82	25326	8
重 庆	10011.37	5	9.99	2919	6	8.06	34500	2
四 川	21026.68	1	20.98	8050	1	22.22	26133	7
贵 州	5701.84	8	5.69	3469	5	9.58	16413	12
云 南	8893.12	6	8.87	4631	3	12.78	19265	11
西 藏	605.83	12	0.60	303	12	0.84	20077	9
陕 西	12512.3	3	12.48	3743	4	10.33	33464	3
甘 肃	5020.37	9	5.01	2564	7	7.08	19595	10
青 海	1670.44	11	1.67	568	11	1.57	29522	6
宁 夏	2102.21	10	2.10	639	10	1.77	33043	4
新 疆	6610.05	7	6.59	2209	9	6.10	30087	5
合 计	100235	—	—	36222	—	—	—	—

数据来源：根据2012年《中国统计年鉴》整理。

占全国的23.16%（其中工业增加值43116.75亿元，占全国的22.88%；建筑业增加值7922.52亿元，占全国的24.80%）；第三产业增加值36424.54亿元，占全国的17.77%。相比之下，东部地区生产总值291058.79亿元，占全国的61.55%；第一产业增加值18141.33亿元，占全国的38.20%；第二产业增加值144180.25亿元，占全国的65.41%（其中工业增加值128719.36亿元，占全国的68.30%；建筑业增加值15460.89亿元，占全国的48.40%）；第三产业增加值128737.2亿元，占全国的62.80%。从东西部差距大小排列来看，增加值数量方面的差距的排列依次为第二产业（93140.98亿元）、第三产业（92312.66亿元）、第一产业（5370.17亿元）。如果将第二产业分解到工业与建筑业，则按增加值排列顺序为第三产业、工业（85602.61亿元）、建筑业（7538.37亿元）、第一产业。相对差距依次是第三产业（28.29%）、第二产业（35.40%）、第一产业（70.40%）。如果将第二产业分解到工业与建筑业，则按占比排列顺序为第三产业、工业（33.50%）、建筑业（51.24%）、第一产业。其中工业的相对差距与第三产业相差5.21个百分点。以上数据表明，在东西部的绝对差距中，工业的差距最大。

表4 2011年西部与全国、东部各产业增加值比较

单位：亿元

地区	地区生产总值	第一产业	第二产业	工业	建筑业
①全国	472881.60	47486.2	220412.8	188470.2	31942.7
②西部	100234.96	12771.16	51039.27	43116.75	7922.52
③东部	291058.79	18141.33	144180.25	128719.36	15460.89
②/①(%)	21.20	26.89	23.16	22.88	24.80
③/①(%)	61.55	38.20	65.41	68.30	48.40
②/③(%)	34.44	70.40	35.40	33.50	51.24
①－②	372646.64	34715.04	169373.53	145353.45	24020.18
③－②	190823.83	5370.17	93140.98	85602.61	7538.37

地区	第三产业	交通运输、仓储和邮政业	批发和零售业	住宿、餐饮业	金融业	房地产业	其他
①全国	204982.5	21931.9	43445.2	9172.8	24958.3	26708.0	78766.3
②西部	36424.54	4886.54	7333.10	2463.29	4313.51	3083.95	14344.15
③东部	128737.2	14216.22	31608.06	5510.91	17500.24	14795.84	45105.95
②/①(%)	17.77	22.28	16.88	26.85	17.28	11.55	18.21
③/①(%)	62.80	64.82	72.75	60.08	70.12	55.40	57.27
②/③(%)	28.29	34.37	23.20	44.70	24.65	20.84	31.80
①－②	168557.96	17045.36	36112.10	6709.51	20644.79	23624.05	64422.15
③－②	92312.66	9329.68	24274.96	3047.62	13186.73	11711.89	30761.80

数据来源：根据2012年《中国统计年鉴》整理。

2. 东西部第三产业的差距仍是由工业差距所引起

西部与东部在第三产业上的差距仅次于工业。2011年，在第三产业内部按绝对差距大小排列顺序为其他（绝对差距为30761.80亿元，相对差距为31.80%），批发和零售业（绝对差距为24274.96亿元，相对差距为23.20%），金融业（绝对差距为13186.73亿元，相对差距为24.65%），房地产业（绝对差距为11711.89亿元，相对差距为20.84%），交通运输、仓储和邮政业（绝对差距为9329.68亿元，相对差距为34.37%），住宿、餐饮业（绝对差距为3047.62亿元，相对差距为44.70%）。

因此，我们可以得出结论，东西部差距的主要根源仍然来自工业。

（三）西部地区工业经济增长总体形势

1. 西部地区在 2010～2011 年工业经济保持快速增长趋势，增长速度高于全国总体增长速度，其在全国的地位有所上升

西部地区工业增加值由 2010 年的 34348.74 亿元上升至 2011 年的 43116.75 亿元，增长了 25.53%；全国工业增加值由 2010 年的 160867.01 亿元上升至 2011 年的 188470.2 亿元，增长了 17.16%（见表5）。与全国总体增长水平比较来看，2010～2011 年，西部工业增加值及增长速度均高于全国总体水平，依次高于全国总体水平 10.24 个和 8.37 个百分点；与此同时，西部工业增加值占全国的比重也逐年上升，由 2010 年的 21.35% 上升至 2011 年的 22.88%，上升了 1.53 个百分点（见表5）。西部所占全国比重虽然不断上升，但绝对差距一直在拉大，由 2010 年的 126518.27 亿元拉大至 2011 年的 145353.45 亿元，上升了 14.89%。

表5　2010 年和 2011 年西部工业增加值指标与全国平均水平比较

单位：亿元，%

年份	西部工业增加值 ①数额	西部工业增加值 ②增速	全国工业增加值 ③数额	全国工业增加值 ④增速	③－①	①/③	②－④（个百分点）
2010	34348.74	29.19	160867.01	18.95	126518.27	21.35	10.24
2011	43116.75	25.53	188470.2	17.16	145353.45	22.88	8.37

数据来源：根据 2012 年《中国统计年鉴》整理。

2. 西部与东部的绝对差距在拉大，相对差距在缩小

与东部相比较，西部工业增加值的绝对差距一直在扩大，由 2010 年的 76362.92 亿元拉大至 2011 年的 85602.61 亿元，上升了 12.10%。从增长速度上看，2010 年和 2011 年，西部工业增加值增长速度均高于东部，依次高于东部 10.55 和 9.26 个百分点，与此同时，西部与东部的相对差距在逐渐缩小，西部占比由 2010 年的低于东部 47.47 个百分点缩小至 2011 年的 45.42 个百分点，下降了 2.05 个百分点。

007

表6 2010年和2011年西部工业增加值指标与东部比较

单位：亿元，%

年份	西部工业增加值 ①数额	②增速	③占比	东部工业增加值 ④数额	⑤增速	⑥占比	④-①	②-⑤	⑥-③
2010	34348.74	29.19	21.35	110711.66	18.64	68.82	76362.92	10.55	47.47
2011	43116.75	25.53	22.88	128719.36	16.27	68.30	85602.61	9.26	45.42

注：表中"占比"是分别指西部或东部占全国的比重。
数据来源：根据2012年《中国统计年鉴》整理。

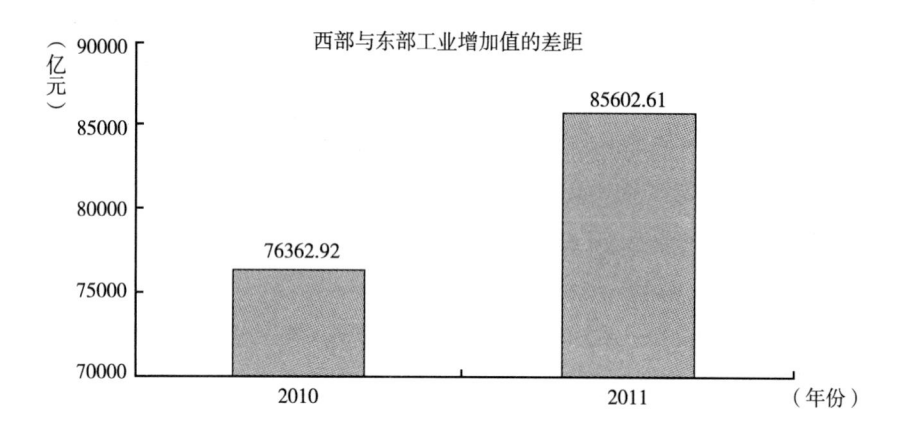

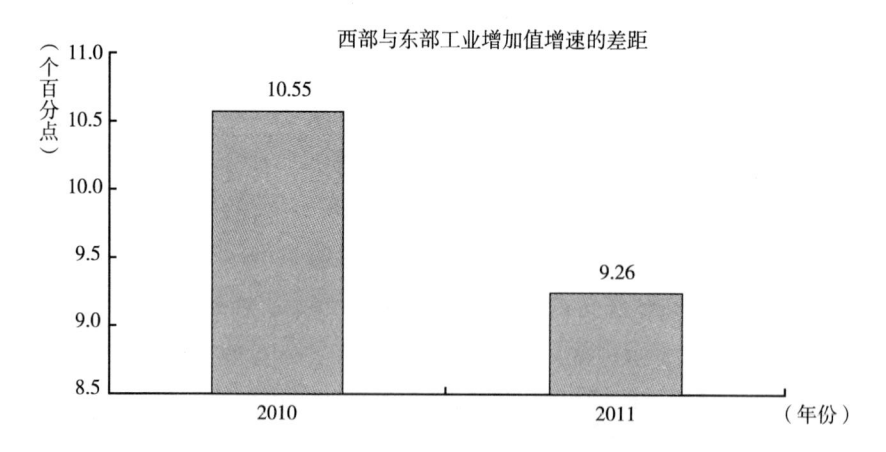

图1 2010年和2011年西部与东部工业增加值及增速的差距

二 西部地区工业经济发展水平综合评价指标体系的构建和测算

科学、综合地评价各地区经济社会发展状况，并在此基础上对处于不同发展阶段的地区实行不同的经济发展战略，对于我国尽快完成工业化、实现地区经济与社会的可持续发展，充分发挥地区优势，加快区域特色的经济与社会发展具有十分重要的现实意义。西部大开发战略实行十多年以来，西部地区经济社会发展取得了巨大成就，也给西部工业发展注入了新的活力，但在以经济增长为主要导向的评价考核机制下，西部地区工业发展也付出了生态环境恶化以及自然资源大量消耗的沉重代价。因此，对西部地区工业经济发展水平进行综合评价，通过对西部各地区的经济发展水平以及工业经济发展状况的全面系统反映，分析其发展中所存在问题的共性和差异，引导和强化西部地区工业经济全面、科学、可持续发展，从整体上进一步有力推动西部大开发战略的实施就显得十分重要。本部分拟在认识我国西部地区经济发展以及工业经济发展状况的基础上，建立一套西部地区工业经济发展水平评价指标体系，并据此对西部地区工业经济发展总体水平进行定量测算，最终形成量化评价指标。

（一）西部地区工业经济发展水平评价指标体系构建原则

我国西部地区工业经济发展水平评价指标的构建就是综合运用经济学、环境科学以及系统科学等基础理论，通过数据统计、计算与汇集来综合反映西部地区工业经济发展状况的一整套指标体系，科学合理的指标体系是系统评价西部工业经济发展状况的准确可靠的依据和保证，也是正确引导西部工业经济发展方向的重要手段，因此，指标体系的构建应该遵循一定的原则。

1. 科学性与系统性相统一的原则

科学性是指指标体系的构建应遵循客观规律，从而使评价结果能够尽可能地反映客观实际，系统性则是指指标体系不能只是指标的简单堆砌，而应该是一个统一的有机整体。因此，在选取评价指标的过程中要注重科学理论与科学方法的运用，要能够较客观和真实地反映区域工业经济发展的内涵，并准确地反映出西部地区工业经济发展状况，同时要充分考虑到区域工业经济发展所涉及的经济、社会、资源、环境等诸多方面的内容，彼此互为联系形成一个有机整体，构成一个比较科学统一、层次清晰的指标体系。

2. 包容性与可比性相统一的原则

指标体系要具有包容性，它由不同层次、不同要素组成，既包括评价西部地区工业经济发展的直接经济要素，也包括与经济发展相关的非经济要素的系统组成，如工业总产值、地区生产总值等直接经济要素，以及环境、能源等非经济要素。不仅如此，设计的指标体系要有可比性，西部地区内部各区域间可以进行横向对比，西部地区与东中部地区也可以进行横向对比，还可以与自身的历史数据进行纵向对比。这就要求各指标的解释和计算保持口径一致。

3. 时间性和空间性相统一的原则

工业经济发展状况作为一个系统，不是一个静止不变的事物，而是不断发展变化的。在建立指标体系时，要充分考虑西部地区内部经济、社会发展的不平衡性，可以在西部地区各省、市两个级次分级制定可持续发展评价指标体系，以便在西部地区内部进行省内和省外的比较评定，也可以进一步细化到各个工业企业，以期达到空间纵深。

4. 静态性和动态性相统一的原则

西部地区经济发展指标体系是动态与静态的相对统一，静态指标保持整个体系的稳定性，动态指标保持整个体系的持续性。指标体系在一定时期内应保持相对的稳定，但也要能以正确反映不同阶段区域经济发展规律和特征为出发点做出适当调整，保证指标体系的动态持续性和可比性。

5. 立体性与多样性相统一的原则

西部地区工业经济发展指标体系要充分考虑到其表现形式的立体性和多样性，对每个要素，从多个方面进行综合体现和评价。比如，评价西部地区各省市区工业经济发展状况，只看总量是不够的，还必须看人均和增速如何，只看显性的也不够，还要看是否具有潜在优势。这就要求西部地区工业经济发展指标体系，应包括能够全面反映工业经济发展状态的多种指标。

6. 可测性与可操作性相统一的原则

研究区域工业经济发展综合评价指标体系主要是为了实际应用，因此，设计的指标不宜太复杂。具体来说，就是要求西部地区工业经济发展指标能够在相关年鉴上查询到或者能够通过计算得出，要从立足现状、可测性与可操作性的目标出发，然后随着条件的发展变化去逐渐充实和完善。

（二）西部地区工业经济发展水平评价指数体系的构建

西部地区工业经济发展是一个复杂的大系统，且这一系统是由若干多元参量组成的。可以将反映西部地区经济发展状况的指标分解成一些具体的、可操作的指标，这些指标构成一个综合性、系统性、多元性的指标体系，涉及经济、社会以及环境等各个方面（见表7）。

1. 经济发展水平指标

经济发展水平包括总量指标与结构优化。该组指标主要从经济总量、结构变动以及城镇化水平等方面对西部地区工业化发展水平进行评价。主要包括以下几个指标。

（1）经济总量指标

即人均国内生产总值。该指标主要描述西部地区经济发展水平、规模以及生产力发展水平的高低，是直接反映西部地区工业化水平的重要指标。

（2）结构变动指标

主要包括产业结构、就业结构、消费结构以及外贸结构。其中以第三产业增加值占GDP比重来衡量产业结构的变动与优化；以乡村从业人数占全部就业人数比重来衡量就业结构的变动；以城镇居民家庭恩格尔系数来衡量消费结构的变动，该指标主要用于描述工业经济发展程度和发展的阶段性以及对工业经济的依赖程度，客观反映居民的收入、生活水平以及富裕程度，即城镇居民食品支出总额占居民收入总额的比重；以进出口总额占GDP的比重来衡量外贸结构。

（3）城镇化水平

即城镇化率，它指城镇人口占总人口的比重，城镇化水平的高低已经成为衡量西部地区工业经济发展状况的重要标志之一。

2. 工业经济结构水平指标

该指标主要包括以下几个。

（1）工业生产总值占GDP的比重，主要反映工业化水平。

表7　西部地区工业经济发展水平评价指数体系

二级指标	三级指标
经济发展水平	1. 人均国内生产总值(元) 2. 第三产业增加值占 GDP 比重(%) 3. 城镇化率(%) 4. 乡村从业人数占总就业人数比重(%) 5. 城镇居民家庭恩格尔系数(%) 6. 进出口总额占 GDP 比重(%)
工业经济结构水平指标	1. 工业生产总值占 GDP 的比重(%) 2. 规模以上工业增加值占工业总产值的比重(%) 3. 高技术产业总产值占工业总产值比重(%)
工业经济发展综合效益指标	1. 工业全员劳动生产率(万元/人年) 2. 工业企业成本费用利润率(%) 3. 工业总资产贡献率(%) 4. 工业流动资产周转率(%) 5. 产品销售率(%)
发展潜力指标	1. R&D 人员数(万人/年) 2. 规模以上企业 R&D 经费支出占 GDP 比重(%) 3. 新产品产值率(%) 4. 规模以上企业专利技术数量水平(个/万人) 4. 教育经费占 GDP 比重(%) 5. 高等学校在校大学生数(万人) 6. 高等学校普通本、专科学校数(所)
生态环境水平指标	1. 万元 GDP 能耗(吨标准煤) 2. 工业固定废物综合利用率(%) 3. 单值废气排放量(立方米/元) 4. 单值废水排放量(千克/元) 5. 单值固体废物产生量(千克/元) 6. 治理工业污染项目投资额占 GDP 比重(%) 7. 城市生活垃圾无害化处理率(%)

(2) 规模以上工业增加值占工业总产值的比重，主要反映规模结构。

(3) 高技术产业[①]总产值占工业总产值比重，主要反映工业技术进步水平。

3. 工业经济发展综合效益指标

该组指标主要反映西部地区工业经济增长的质量和效益水平。主要包括以

---

① 高技术产业包括医药制造业、航空航天器制造业、电子及通信设备制造业、电子计算机及办公设备制造业、医疗设备及仪器仪表制造业。

下几个。

（1）工业全员劳动生产率。该指标反映工业企业的生产效率和劳动投入的经济效益。

（2）成本费用利润率。该指标反映工业投入的生产成本及费用的经济效益，也反映企业降低成本所取得的经济效益。

（3）总资产贡献率。该指标反映工业企业全部资产的获利能力，是工业企业管理水平和经营业绩的集中体现，也是评价工业企业赢利能力的核心指标。

（4）流动资产周转率。该指标既反映工业企业的经营状况，也反映资金利用效果和再生产循环的速度。

（5）产品销售率。该指标反映工业产品已实现销售的程度，是分析工业产销衔接情况，研究工业产品满足社会需求的重要指标。

4. 发展潜力指标

先进的科学技术和教育水平是推动工业经济发展的深层次原因或潜在因素，科学的城市治理机制及稳定的社会环境等诸因素是实现区域工业经济发展的重要保证。因此，该组指标主要从科技进步水平、高等教育水平等方面对西部地区社会环境水平进行评价。

（1）科技进步水平

科技进步水平指标主要包括 R&D 人员数、规模以上企业 R&D 经费支出占 GDP 比重、规模以上企业专利技术数量以及新产品产值率。其中 R&D 人员数和规模以上企业 R&D 经费支出占 GDP 比重这两项指标均反映西部地区科技实力和基础，是工业经济发展的重要科技支持。规模以上企业专利技术数量：主要用人均专利申请数来衡量，该指标用于体现西部地区技术创新能力和活跃程度。新产品产值率指标，是一定报告期内新产品产值占企业产品总产值的比率，该指标用于体现西部地区科技产出及对经济增长的直接贡献。

（2）教育水平

教育水平主要包括教育经费占 GDP 比重，高等学校在校大学生数，高等学校普通本、专科学校数等。这些都用于反映西部地区教育实力和基础，是西部地区工业经济发展的重要智力支持。

5. 生态环境水平指标

该组指标对工业经济发展有着特殊的意义，主要从资源消耗以及环境保护等方面来评价西部地区工业经济发展状况。主要有以下几个指标。

（1）万元 GDP 综合能耗。该指标是一定时期标准能源消耗与 GDP 之比，以能源消耗强度来反映资源利用率。

（2）环境保护指标。主要从环境治理水平、环保投资水平等角度来反映西部地区工业经济发展水平。由于我国的环境污染主要来源于工业污染，因此，大气环境质量、水环境质量、固体环境质量等成为制约工业经济发展的重要因素。[①]

①单值废气排放量。该指标反映大气环境质量，计算公式为：

$$单值废气排放量 = 废气排放总量／工业总产值$$

②单值废水排放量。该指标反映水环境质量，计算公式为：

$$单值废水排放量 = 废水排放总量／工业总产值$$

③固体环境质量指标

主要包括工业固体废物综合利用率（%）、单值固体废物产生量（千克/元）。其中，工业固体废物综合利用率是指工业固体废物综合利用量占工业固体废物产生量的百分比；单值固体废物产生量也是反映固体废物排放指标，其计算公式为：

$$单值固体废物产生量 = 固体废物产生量／工业总产值$$

（3）其他指标

主要包括：治理工业污染项目投资额占 GDP 比重（%）、城市生活垃圾无害化处理率（%）。

（三）西部地区工业经济发展水平评价模型的构建

对于多指标综合评价模型，各指标权重的确定是核心问题，因此选择适当

---

① 由于 2011 年缺乏工业废水排放达标量的数据，因此本课题对工业废水排放达标量未予考虑。

方法，科学合理地确定指标权重至关重要。目前，国内外关于权重确定的方法有很多，如层次分析法、主成分分析法、因子分析法以及人工神经网络评判法等。考虑到确定权重的主观性，本文采用主成分分析方法作为综合评测的方法。

1. 主成分分析法的数学模型

假设有 n 个地理样本，每个样本共有 p 个原始变量，表示为 $X_1,\cdots,X_p$。这 p 个变量构成的 n 维随机向量为 $X = (X_1,\cdots,X_p)$。对 X 进行线性变化，考虑原始变量的线性组合：

$$\begin{cases} Z_1 = l_{11}X_1 + l_{12}X_2 + \cdots + l_{1p}X_p \\ Z_2 = l_{21}X_1 + l_{22}X_2 + \cdots + l_{2p}X_p \\ \vdots \\ Z_p = l_{p1}X_1 + l_{p2}X_2 + \cdots + l_{pp}X_p \end{cases}$$

主成分是不相关的线性组合 $Z_1,\cdots,Z_p$，并且 Z_1 是 $X_1,\cdots,X_p$ 的一切线性组合中方差最大者，Z_2 是与 Z_1 不相关的所有线性组合中方差最大者，Z_p 是与 $Z_1,Z_2,\cdots,Z_{p-1}$ 都不相关的所有线性组合中方差最大者。

2. 主成分分析法的基本步骤

步骤一：设原始矩阵为 $X = (X_{ij})_{n \times p}$，其中 X_{ij} 表示西部地区中第 i 个省市区的第 j 项指标数据。为了消除各项指标之间在量纲化和数量级上的差别，对指标数据进行标准化，得到标准化矩阵。

步骤二：计算相关系数矩阵：

$$R = \begin{bmatrix} r_{11} & r_{12} \cdots r_{1p} \\ r_{21} & r_{22} \cdots r_{2p} \\ \vdots & \vdots & \vdots \\ r_{p1} & r_{p2} \cdots r_{pp} \end{bmatrix}$$

其中 $r_{ij}(i,j = 1,2,\cdots,p)$ 为原变量 x_i 和 x_j 的相关系数，$r_{ij} = r_{ji}$，其计算公式为：

$$r_{ij} = \frac{\sum_{k=1}^{n}(x_{ki} - x_i)(x_{kj} - x_j)}{\sqrt{\sum_{k=1}^{n}(x_{ki} - x_i)^2 \sum_{k=1}^{n}(x_{kj} - x_j)^2}}$$

步骤三：计算特征值和特征向量：

求解特征方程$|\lambda I - R| = 0$，求出特征值λ_i，并使其按大小顺序排列$\lambda_1 \geq \lambda_2 \geq \cdots \geq \lambda_p \geq 0$；并分别求出对应于特征值$\lambda_i$的特征向量$e_i(i = 1,2,\cdots,p)$，并要求$\|e_i\| = 1$。

步骤四：计算主成分贡献率及累计贡献率：

主成分的贡献率为$\dfrac{\lambda_i}{\sum_{k=1}^{p}\lambda_i}(i = 1,2,\cdots,p)$，累计贡献率为$\dfrac{\sum_{k=1}^{i}\lambda_i}{\sum_{k=1}^{p}\lambda_i}(i = 1,2,\cdots,p)$。根据选取主成分个数的原则，特征值要求大于1且累计贡献率大于85%的特征值$\lambda_1,\lambda_2,\cdots,\lambda_p$所对应的$1,2,\cdots,m(m \leq p)$，其中整数m就是抽取前的m个主成分，即$Z_1,Z_2,\cdots,Z_m$。

步骤五：计算主成分荷载：

主成分荷载是反映主成分Z_i与原变量x_j之间的相互关联程度，原始变量$x_j(j = 1,2,\cdots,p)$在诸主成分$Z_i(i = 1,2,\cdots,m)$上的荷载$l_{ij}(i = 1,2,\cdots,m;j = 1,2,\cdots,p)$。

$$l_{ij} = p(z_i,x_j) = \sqrt{\lambda_i}e_{ij}(i = 1,2,\cdots,p)$$

步骤六：计算主成分得分：

$$F_m = W_1Z_1 + W_2Z_2 + \cdots + W_iZ_i$$

（四）西部地区工业经济发展水平综合评价模型测算

1. 样本选取

本项目拟选取西部地区十一个省市区（除西藏外）2010～2011年工业经济发展水平评价指标相关统计数据，进行西部十一个省市区工业经济发展水平的评价。数据均来自西部各地区统计年鉴、中经网统计数据库、中国经济社会发展统计数据库、中国工业经济统计年鉴以及中国高技术产业统计年鉴。

2. 工业经济发展水平综合评价模型的测算结果

运用所选取的样本以及所构建的工业经济发展水平综合评价模型，采用

SPSS19.0 统计软件，计算得出西部地区工业经济发展水平综合评价指数，结果如表 8 所示。

表 8　2010 年和 2011 年西部地区工业经济发展水平综合评价指数

地区	2010 年	排名	2011 年	排名	与上年相比
重庆市	0.3378	3	1.5031	1	上升 1.1653
四川省	0.9828	2	1.0283	2	上升 0.0455
贵州省	1.0290	1	-0.1593	5	下降 1.1883
云南省	-0.1451	6	-0.5213	8	下降 0.3762
陕西省	0.1107	5	0.6691	3	上升 0.5584
甘肃省	0.1297	4	-0.5277	9	下降 0.6574
青海省	-0.5836	10	-0.6866	10	下降 0.1030
宁夏回族自治区	-0.4195	9	-0.8514	11	下降 0.4319
新疆维吾尔自治区	-0.3570	8	-0.3863	7	下降 0.0293
内蒙古自治区	-0.9379	11	-0.2169	6	上升 0.7210
广西壮族自治区	-0.1470	7	0.1492	4	上升 0.2962

由表 8 可知，西部十一个省市区工业经济发展水平综合评价指数在 2010 年、2011 年的两年内，呈现以下三大特征。

第一，从总体情况来看，2011 年西部地区十一个省区市只有重庆、四川、陕西、广西四省区市工业经济发展综合指标为正值，而其他七个省区均为负值，形势不容乐观。按指标值来排名，重庆最高，达到 1.5031 分值；宁夏最低，为 -0.8514，排名如下：重庆、四川、陕西、广西、贵州、内蒙古、新疆、云南、甘肃、青海、宁夏。

第二，从横向比较来看，西部各地区工业经济发展水平综合评价指数存在局部波动，如重庆和四川的综合评价指数 2011 年较 2010 年分别上升了 1.1653 和 0.0455，陕西、内蒙古以及广西的综合评价指数 2011 年较 2010 年则分别上升了 0.5584、0.7210 以及 0.2962，其余省市区则出现下降的趋势。综合评价指数的波动性反映出了我国西部地区工业经济发展水平的动态性特征，在不同的发展时期，西部各地区选取的发展战略不同以及根据资源禀赋选取相应的优势产业重点发展，可能成为综合评价指数在不同时点上出现局部波动的原因之一。

第三，从纵向维度来看，贵州、甘肃由2010年的正值变为2011年的负值，广西则由负值转为正值。并且，西部各地区工业经济发展水平综合评价指数存在明显的地区性差异，2010年综合评价指数分布在 -0.9379~1.0290，2011年综合评价指数分布在 -0.8514~1.5031，地区性差异显著，这也验证了我国西部地区内部工业经济发展的不平衡现状。我国西部各省市区之间的地理位置、资源禀赋以及工业基础水平本身存在明显的差异，从而使得区域工业经济发展出现不平衡性，并有可能使得区域间的差距进一步扩大，也进一步拉大西部各省市区内部差距以及东西部之间的差距。

综合篇

Comprehensive Section

B.2 西部工业发展的推动因素

工业的发展依赖一些推动因素所形成的指标，如全社会消费品零售总额、全社会固定资产投资总额、银行机构存贷款规模、经济外向度（包括进出口规模外商投资总额）、科技投入产出规模等因素，这些指标的运行状况将直接或间接决定工业经济发展状况和水平。

一 西部消费需求分析

西部消费需求水平主要由全社会消费品零售总额指标来反映。全社会消费品零售总额是反映内需规模的主要指标，反映着全社会在一定时期对工业产品，特别是终端产品的市场需求水平，直接决定着工业终端产品规模，进而反向决定中间产品、初级产品的规模。扩大内需则是推动经济增长的长远之策。2011年西部地区全社会消费品零售总额虽然出现高速增长，但总体规模均处在偏低水平，与东部的差距非常大。

（一）西部地区全社会消费品零售总额快速上升，增速高于全国和东部水平，与东部的相对差距在缩小，但东部的基数远远大于西部，东西部绝对差距仍在拉大

西部地区社会消费品零售总额由 2010 年的 27147.2 亿元上升至 2011 年的 32345.3 亿元，增长了 19.15%；全国该项指标由 2010 年的 156998.4 亿元上升至 2011 年的 183918.6 亿元，增长了 17.15%，低于西部 2 个百分点；东部该项指标由 2010 年的 90152.9 亿元上升至 2011 年的 104986.6 亿元，增长了 16.45%，低于西部 2.7 个百分点。

近年来，西部地区社会消费品零售总额增长速度虽然快于东部地区，但由于西部总体规模小，绝对差距仍在拉大。

西部地区社会消费品零售总额占全国比重较小，但略有上升，由 2010 年的 17.29% 上升至 2011 年的 17.59%，上升了 0.3 个百分点；东部所占比重巨大，但在下降，由 2010 年的 57.42% 下降至 2011 年的 57.08%，下降了 0.34 个百分点。东西部相对差距由 2010 年的西部占比低于东部 40.13 个百分点缩小到 2011 年的 39.49 个百分点，下降了 0.64 个百分点；绝对差距由 2010 年的 63005.7 亿元拉大至 2011 年的 72641.3 亿元，上升了 15.29%。

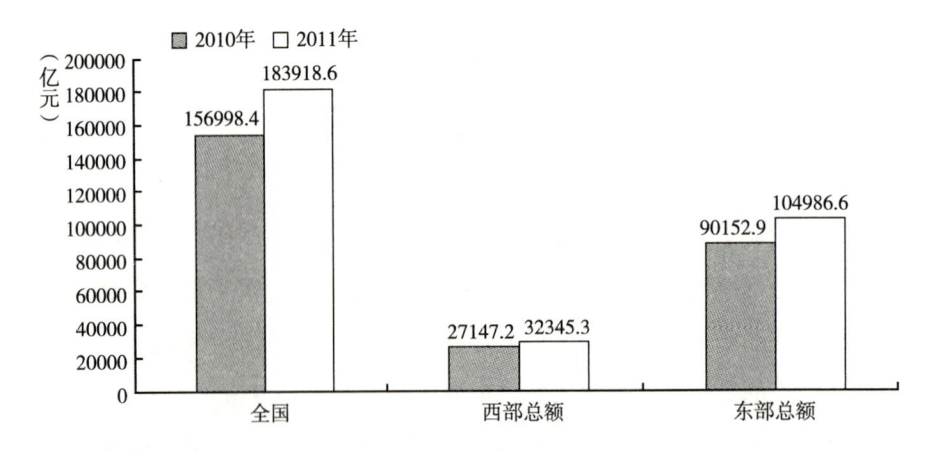

图 1　2010 年和 2011 年西部、东部、全国社会消费品零售总额及比较

西部总量水平偏低，其 2011 年的指标值尚不到东部 1/3 的水平。因此，对于西部地区来说，其社会消费品零售总额偏低，对经济增长的内需拉动力偏弱，是造成东西部经济发展差距的重要原因之一。

表1 2010 年和 2011 年西部社会消费品零售总额及与东部和全国比较

单位：亿元，%

年份	2010	2011	年份		2010	2011
内蒙古	3384	3991.7	宁 夏		403.6	477.6
广 西	3312	3908.2	新 疆		1375.1	1616.3
重 庆	2938.6	3487.8	西部	总额	27147.2	32345.3
四 川	6810.1	8044.6		占比	17.29	17.59
贵 州	1482.7	1751.6	东部	总额	90152.9	104986.6
云 南	2500.1	3000.1		占比	57.42	57.08
陕 西	3195.7	3790	东西部差距		63005.7	72641.3
甘 肃	1394.5	1648	全国均值		156998.4	183918.6
青 海	350.8	410.5				

数据来源：根据 2012 年《中国统计年鉴》整理。

（二）西部社会消费品零售总额在各省市区之间的差距很大，其中四川遥遥领先于其他省市区

从西部各省市区的情况来看，四川极为突出，其 2011 年的社会消费品零售总额为 8044.6 亿元，占西部总量的 24.87%；排名第二的内蒙古为 3991.7 亿元，不到四川的一半；排名最后的青海仅为 410.5 亿元，占西部总量的 1.27%，四川是其 19.60 倍。由此可进行 ABC 分类。

A 类（8000 亿元以上）：四川（8044.6 亿元）；

B 类（3000 亿~4000 亿元）：内蒙古（3991.7 亿元）、广西（3908.2 亿元）、陕西（3790.0 亿元）、重庆（3487.8 亿元）、云南（3000.1 亿元）；

C 类（1000 亿~2000 亿元）：贵州（1751.6 亿元）、甘肃（1648.0 亿元）、新疆（1616.3 亿元）；

D 类（1000 亿元以下）：宁夏（477.6 亿元）、青海（410.5 亿元）。

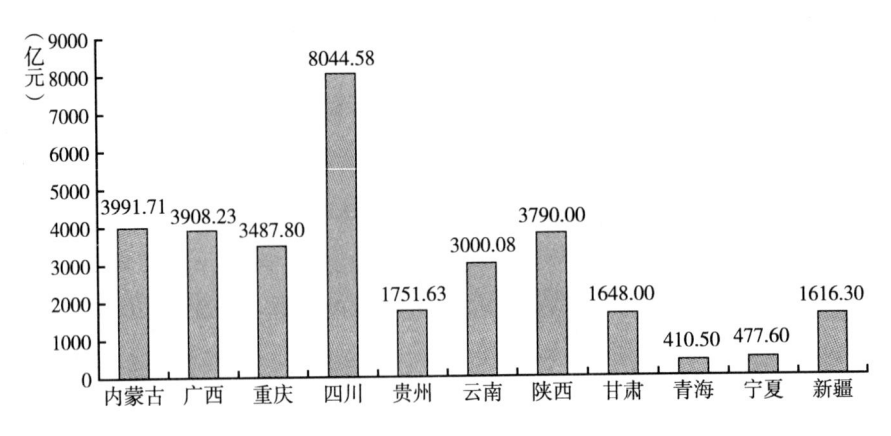

图 2　2011 年西部各省市区社会消费品零售总额比较

二　西部固定资产投资增长分析

工业经济增长速度取决于新增生产能力，而固定资产投资是形成新的生产能力的必要途径，投资规模的增加将会直接推动工业经济增长，并且固定资产投资需求的增长也推动其他内需的扩大，但是，投资过度也会引起产能过剩、生产设备闲置等问题，造成资源浪费和经济发展效率的损失。2011 年，西部的固定资产投资增长速度加快，但总体规模仍然远远小于东部，并且投资效率偏低。

（一）西部固定资产投资总体形势

1. 西部地区固定资产投资总额保持快速增长，增长速度快于东部和全国水平，与东部地区的相对差距在缩小，但西部投资总额远远低于东部，东西部绝对差距仍在拉大

西部地区固定资产投资总额由 2010 年的 61429.6 亿元上升至 2011 年的 72103.99 亿元，增长了 17.38%；全国固定资产投资总额由 2010 年的 278121.9 亿元上升至 2011 年的 311485.13 亿元，增长了 12%，低于西部 5.38 个百分点；东部固定资产投资总额由 2010 年的 130580 亿元上升至 2011 年的 146331.96 亿元，增长了 12.06%，低于西部 5.32 个百分点。

但是，西部地区固定资产投资总额占全国比重仍很小，由于其增长速度较快，其占比在上升，由2010年的22.09%上升至2011年的23.15%，上升了1.06个百分点；东部所占比重巨大，且略有上升，由2010年的46.95%上升至2011年的46.98%，微升了0.03个百分点。东西部相对差距由2010年西部占比低于东部占比24.86个百分点下降至2011年的低于东部占比23.83个百分点，缩小了1.03个百分点；但绝对差距进一步拉大，由2010年的69150.4亿元拉大至2011年的74227.97亿元，上升了7.34%。

表2 2010年和2011年西部全社会固定资产投资总额及与东部和全国比较

单位：亿元，%

年份	2010	2011	年份		2010	2011
内蒙古	8926.5	10365.17	宁　夏		1444.2	1644.74
广　西	7057.6	7990.66	新　疆		3423.2	4632.14
重　庆	6688.9	7473.38	西部	总额	61429.6	72103.99
四　川	13116.7	14222.22		占比	22.09	23.15
贵　州	3104.9	4235.92	东部	总额	130580	146331.96
云　南	5528.7	6194.00		占比	46.95	46.98
陕　西	7963.7	9431.08	东西部差距		69150.4	74227.97
甘　肃	3158.3	3965.79	全国均值		278121.9	311485.13
青　海	1016.9	1435.58				

数据来源：根据国家统计局数据整理。

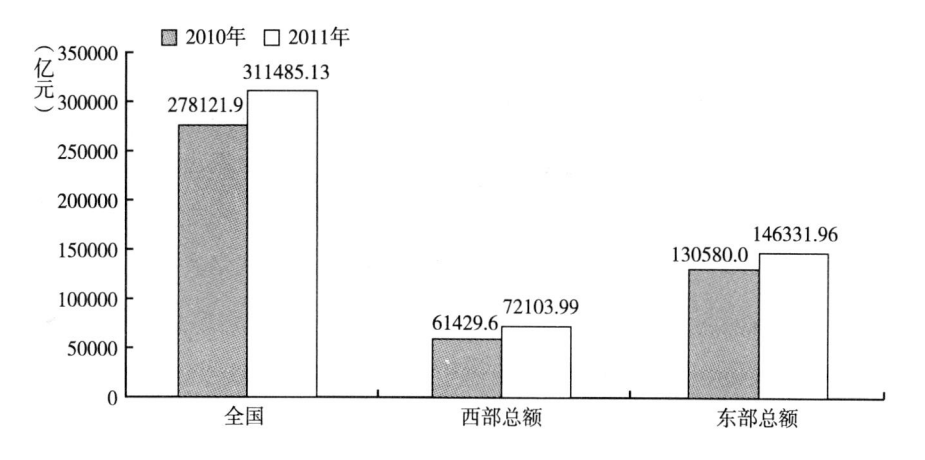

图3 2010年和2011年西部、东部、全国全社会固定资产投资总额及比较

2. 西部全社会固定资产投资总额在各省市区之间的差距很大，其中四川遥遥领先于其他省市区

从西部各省市区的情况来看，四川极为突出，其2011年固定资产投资总额为14222.22亿元，占西部总量的19.72%；排名最后的青海为1435.58亿元，占西部总量的1.66%。由此可进行ABC分类。

A类（10000亿元以上）：四川（14222.22亿元）、内蒙古（10365.17亿元）；

B类（6000亿~10000亿元）：陕西（9431.08亿元）、广西（7990.66亿元）、重庆（7473.38亿元）、云南（6191.00亿元）；

C类（3000亿~5000亿元）：新疆（4632.14亿元）、贵州（4235.92亿元）、甘肃（3965.79亿元）；

D类（2000亿元以下）：宁夏（1644.74亿元）、青海（1435.58亿元）。

从变化情况来看，贵州增速较快，其2011年增长率达到36.43%，并由2010年的第九位升至2011年的第八位，甘肃则由第八位降为第九位。

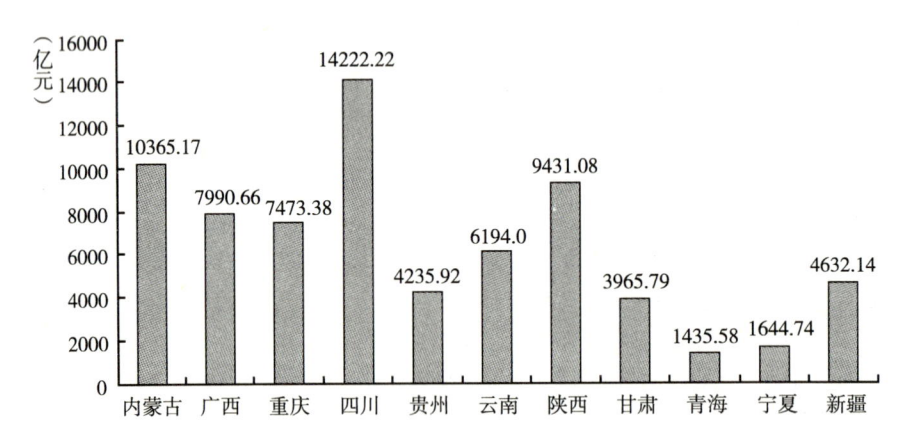

图4 2011年西部各省市区全社会固定资产投资总额比较

（二）固定资产投资效率比较

下面用两组固定资产投资效率系数来测算和比较固定资产投资效率。固定资产投资效率系数即某地区的经济总量（或增长速度）与固定资产投

资额（或增长速度）的比值，用以反映固定资产投资与经济增长之间的关系，即固定资产投资所能带动的经济增长速度。系数越高说明投资的效率越高。

$$投资效率系数① = \frac{地区生产总值}{全社会固定资产投资总额}$$

$$投资效率系数② = \frac{地区生产总值增速}{全社会固定资产投资总额增速}$$

1. 西部地区投资效率系数①持平，但一直低于全国水平，与东部的差距更大；投资效率系数②2010年高于全国水平，并呈下降趋势，略低于东部水平。西部增长粗放性越来越明显，投资效率偏低

通过以上公式计算的东西部的投资效率系数①和②分别见表3和表4。从总体上看，全国的投资效率系数①上升，西部持平，东部下降。西部投资效率系数①2010年、2011年系数均为1.33；全国该指标由2010年的1.44上升至2011年的1.57，上升了0.13；东部指标由2010年的2.04下降至2011年的1.81，下降了0.23。比较来看，2011年东部投资效率（系数①）最高，全国水平第二，西部最低。西部与全国的差距由2010年的0.11上升至2011年的0.24，与东部的差距由0.71降至0.48。

西部投资效率系数②由2010年的0.85下降至2011年的0.75，下降了0.1；全国指标由2010年的0.76上升至2011年的0.84，上升了0.08；东部指标由2010年的0.86下降至2011年的0.73，下降了0.13。

表3　2010年和2011年西部、东部、全国固定资产投资效率系数①比较

年份	2010	2011	与上年比较	年份	2010	2011	与上年比较
内蒙古	1.31	1.60	上升	甘肃	1.30	1.05	下降
广西	1.36	2.00	上升	青海	1.33	1.07	下降
重庆	1.18	1.87	上升	宁夏	1.17	1.40	上升
四川	1.31	1.61	上升	新疆	1.59	1.09	下降
贵州	1.48	1.26	下降	西部均值	1.33	1.33	持平
云南	1.31	1.96	上升	东部均值	2.04	1.81	下降
陕西	1.27	1.30	上升	全国均值	1.44	1.57	上升

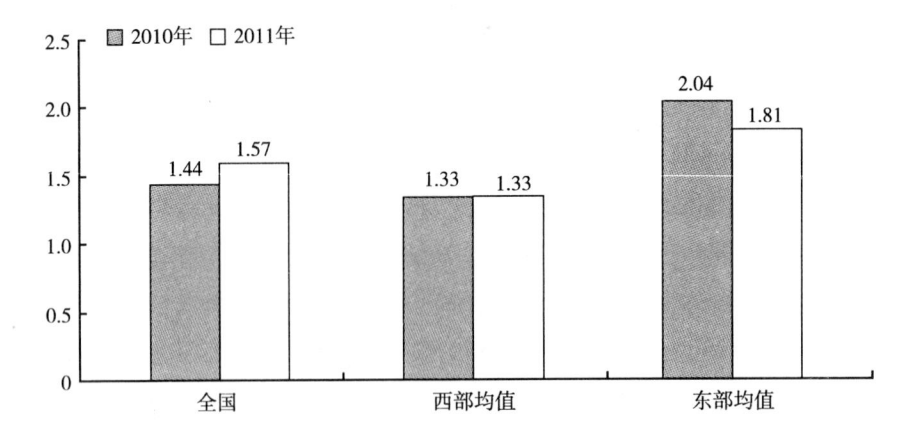

图 5　2010 年和 2011 年西部、东部、全国固定资产投资效率系数①比较

表 4　2010 年和 2011 年西部、东部、全国固定资产投资效率系数②比较

年份	2010	2011	与上年比较	年份	2010	2011	与上年比较
内 蒙 古	0.92	0.80	下降	甘　肃	0.64	0.75	上升
广　　西	0.67	0.68	上升	青　海	0.91	0.69	下降
重　　庆	0.76	0.88	上升	宁　夏	0.73	0.79	上升
四　　川	1.40	0.83	下降	新　疆	1.06	0.66	下降
贵　　州	0.61	0.83	上升	西部均值	0.85	0.75	下降
云　　南	0.77	0.76	下降	东部均值	0.86	0.73	下降
陕　　西	0.87	0.70	下降	全　国	0.76	0.84	上升

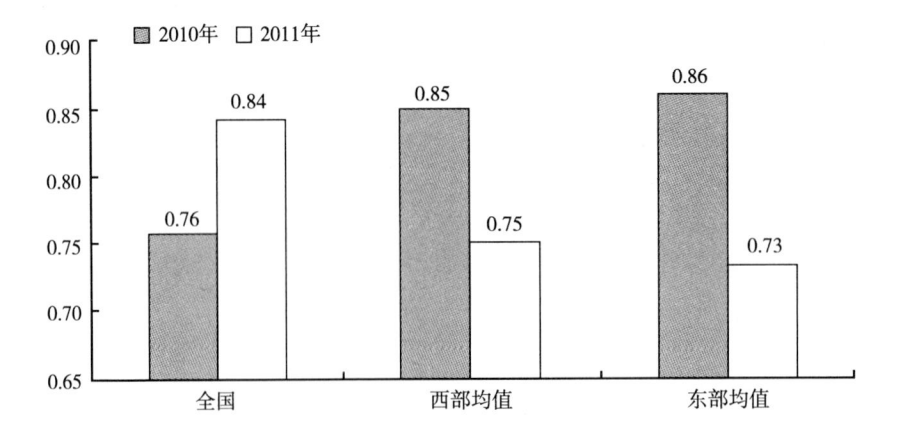

图 6　2010 年和 2011 年西部、东部、全国固定资产投资效率系数②比较

2. 西部全社会固定资产投资效率系数①在各省市区之间的差距不大，其中广西、云南较为突出

从西部各省市区情况来看，广西、云南、重庆、四川、内蒙古较为突出，其 2011 年的固定资产投资效率系数①分别为 2.00、1.96、1.87、1.61、1.60，高于全国平均水平；排名最后的是甘肃为 1.05，与排名第一的差距为 0.95。

2011 年，内蒙古、广西、重庆、四川、云南、陕西、宁夏 7 省区市投资效率系数①上升，其他省区下降。

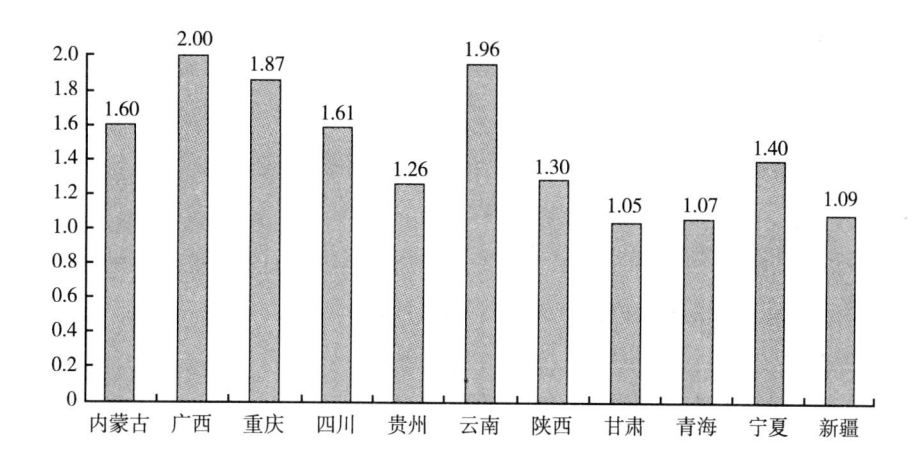

图 7　2011 年西部各省市区全社会固定资产投资效率系数①比较

3. 西部全社会固定资产投资效率系数②在各省市区之间有一定的差距，其中重庆最为突出

从西部各省市区情况来看，2011 年的固定资产投资效率系数②处于 0.66~0.88，其中重庆最为突出为 0.88；高于东部水平的有：内蒙古（0.80）、重庆（0.88）、四川（0.83）、贵州（0.83）、云南（0.76）、甘肃（0.75）、宁夏（0.79）；高于全国水平的有：重庆（0.88）；排名最后的新疆为 0.66。

2011 年，广西、重庆、贵州、甘肃、宁夏 5 省区市投资效率系数②上升，其他省区下降。

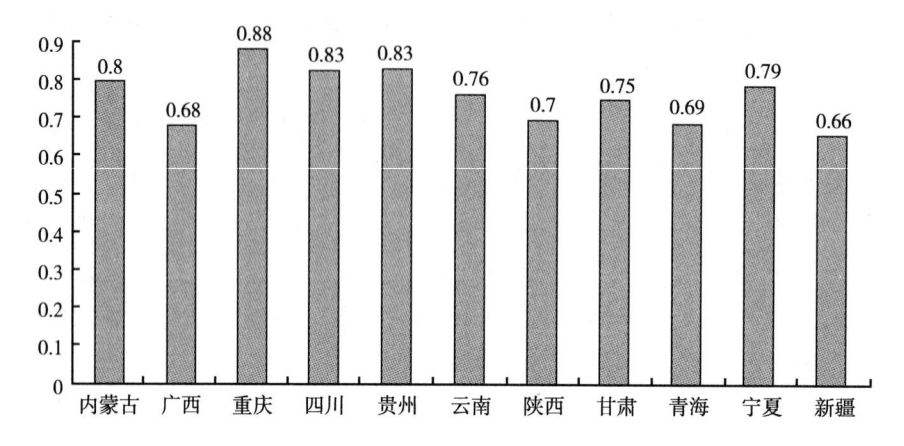

图8 2011年西部各省市区全社会固定资产投资效率系数②比较

三 西部银行存贷款规模分析

银行存贷款规模决定着用于企业生产活动的资金形成能力，因而也决定着一定时期工业发展规模。银行存贷款规模包括金融机构各项存款余额、居民储蓄存款余额和金融机构各项贷款余额三项指标。2011年西部银行存贷款规模虽然有所上升，但静态规模与东部的差距非常大，在一定程度上制约着西部的发展。

（一）金融机构各项存款余额

1. 西部地区金融机构存款余额在上升，且增长速度快于全国和东部水平，东西部相对差距在缩小，但东部的基数远远大于西部，绝对差距仍在拉大

西部地区金融机构存款余额由2010年的124499.6亿元上升至2011年的144792.24亿元，增长了16.30%；全国金融机构存款余额由2010年的733382亿元上升至2011年的826701亿元，增长了12.72%，低于西部3.58个百分点；东部金融机构存款余额则由2010年的445318.7亿元上升至2011年的492603.54亿元，增长了10.62%，低于西部5.68个百分点。

西部金融机构存款余额占全国比重很小，但略有上升，由2010年的16.98%上升至2011年的17.51%，上升了0.53个百分点；东部所占比重巨大，但在下降，由2010年的60.72%波动下降至2011年的59.59%，下降了1.13个百分点。东西部相对差距由2010年西部占比低于东部43.74个百分点下降至2011年的42.08个百分点，缩小了1.66个百分点；绝对差距由2010年的320819.2亿元上升至2011年的347811.30亿元，上升了8.41%。

表5　2010年和2011年西部金融机构存款余额及与全国和东部比较

单位：亿元，%

年份	2010	2011	年份		2010	2011
内蒙古	10278.69	12063.72	宁　夏		2586.66	2978.4
广　西	11813.9	13527.97	新　疆		8870.02	10387
重　庆	13613.97	16128.87	西部	总额	124499.6	144792.24
四　川	30504.1	34971.2		占比	16.98	17.51
贵　州	7363.9	8742.79	东部	总额	445318.7	492603.54
云　南	13411.49	15356.86		占比	60.72	59.59
陕　西	16590.54	19348.66	东西部差距		320819.2	347811.3
甘　肃	7146.66	8460.94	全国均值		733382	826701
青　海	2319.64	2825.83				

数据来源：根据中经网和历年各地方统计公报整理。

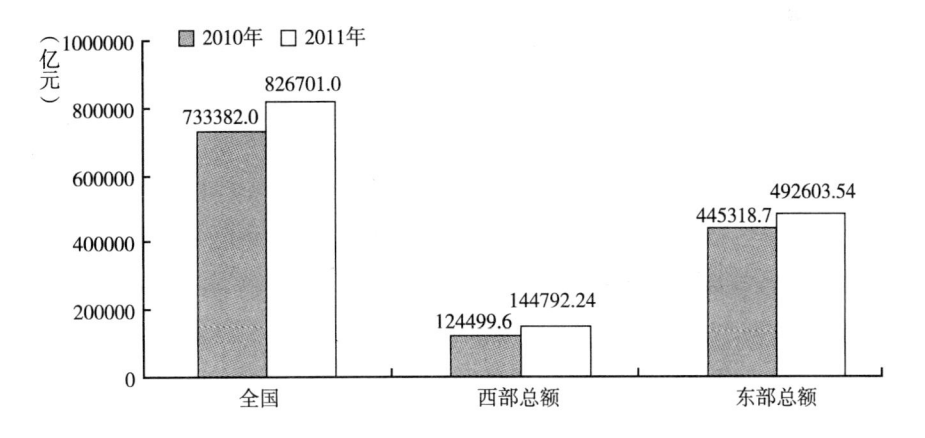

图9　2010年和2011年西部、东部、全国金融机构存款余额比较

2. 西部地区金融机构存款余额在各省市区之间差距也很大，其中四川远远高于其他省市区

从西部各省市区情况来看，四川最为突出，其2011年金融机构存款余额

为34971.2亿元，占西部总量的24.15%；排名最后的青海仅为2825.83亿元，占西部总量的1.95%，四川是其12.38倍。由此可进行ABC分类。

A类（30000亿元以上）：四川（34971.2亿元）；

B类（10000亿~20000亿元）：陕西（19348.66亿元）、重庆（16128.87亿元）、云南（15356.86亿元）、广西（13527.97亿元）、内蒙古（12063.72亿元）、新疆（10387亿元）；

C类（5000亿~9000亿元）：贵州（8742.79亿元）、甘肃（8460.94亿元）；

D类（3000亿元以下）：宁夏（2978.4亿元）、青海（2825.83亿元）。

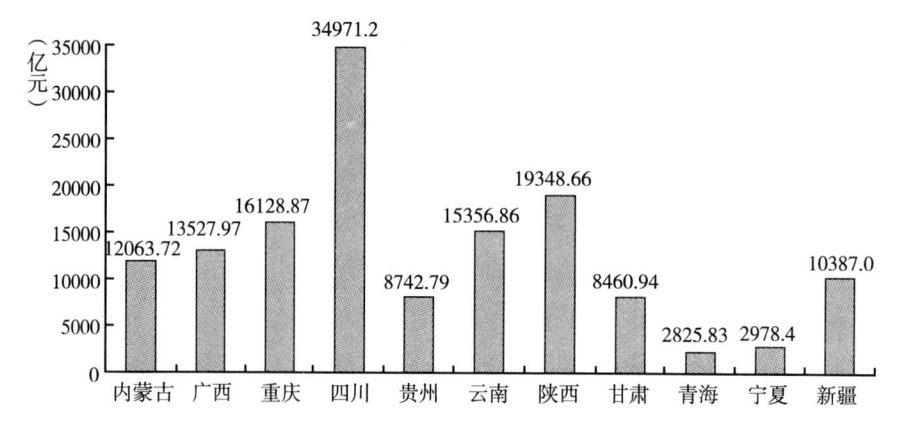

图10 2011年西部各省市区金融机构存款余额比较

（二）居民储蓄存款余额

1. 西部地区居民储蓄存款余额快速上升，且增长速度快于全国和东部水平，东西部相对差距在缩小，但东部的基数远远大于西部，绝对差距仍在拉大

西部地区居民储蓄存款余额由2010年的56109.82亿元上升至2011年的66037.29亿元，增长了17.70%；全国居民储蓄余额由2010年的307166亿元上升至2011年的351957亿元，增长了14.58%，低于西部3.12个百分点；东部地区则由2010年的176390.4亿元上升至2011年的192691.47亿元，增长了9.24%，低于西部8.46个百分点。

西部居民储蓄存款余额占全国比重很小，但略有上升，由2010年的

18.27%上升至2011年的18.76%,上升了0.49个百分点;东部所占比重巨大,但在下降,由2010年的57.43%下降至2011年的54.75%,下降了2.68个百分点。东西部相对差距由2010年西部占比低于东部39.16个百分点缩小至2011年的35.99个百分点,缩小了3.17个百分点;绝对差距由2010年的120280.6亿元拉大至2011年的126654.18亿元,上升了5.30%。

表6 2010年和2011年西部居民储蓄存款余额与东部和全国比较

单位:亿元,%

年份	2010	2011	年份		2010	2011
内蒙古	4618.11	5431.1	宁 夏		1170.25	1351.3
广 西	5728.72	6707.71	新 疆		3713.47	4431.19
重 庆	5839.66	7045.99	西部	总额	56109.82	66037.29
四 川	13650.8	16200.7		占比	18.27	18.76
贵 州	3245	3934.48	东部	总额	176390.4	192691.47
云 南	5719.55	6654.87		占比	57.43	54.75
陕 西	7957.8	9005	东西部差距		120280.6	126654.18
甘 肃	3598.24	4231.41	全国均值		307166	351957
青 海	868.22	1043.54				

数据来源:根据中经网和历年各地方统计公报整理。

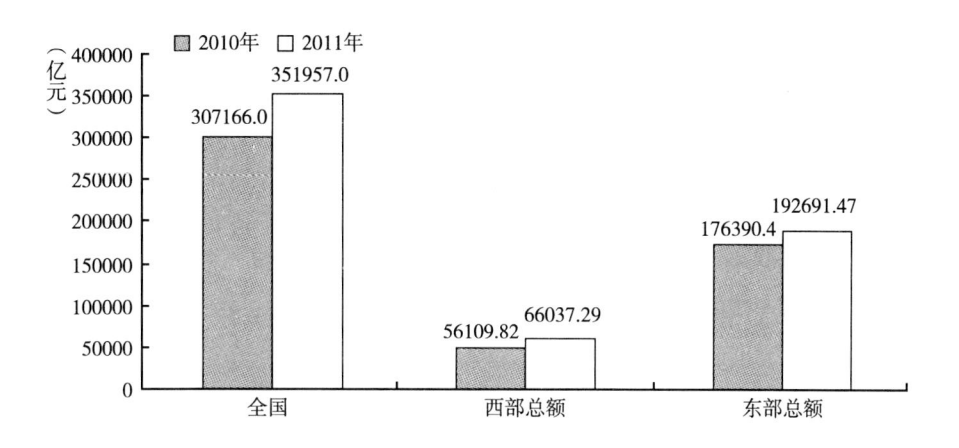

图11 2010年和2011年西部、东部、全国居民储蓄存款余额比较

2. 西部地区居民储蓄存款余额在各省市区之间差距也很大，其中四川远远高于其他省市区

从西部各省市区情况来看，四川最为突出，其2011年居民储蓄存款余额为16200.7亿元，占西部总量的24.33%，排名最后的青海仅为1043.54亿元，占西部总量的1.55%，四川是其15.72倍。由此可进行ABC分类。

A类（10000亿元以上）：四川（16200.7亿元）；

B类（5000亿~9000亿元）：陕西（9005亿元）、重庆（7045.99亿元）、广西（6707.71亿元）、云南（6654.87亿元）、内蒙古（5431.1亿元）；

C类（3000亿~5000亿元）：新疆（4431.19亿元）、甘肃（4231.41亿元）、贵州（3934.48亿元）；

D类（2000亿元以下）：宁夏（1351.3亿元）、青海（1043.54亿元）。

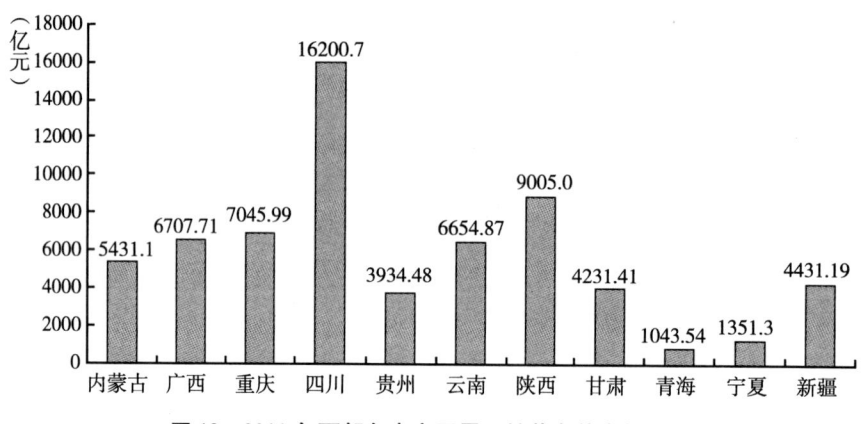

图12　2011年西部各省市区居民储蓄存款余额比较

（三）金融机构各项贷款余额

1. 西部地区金融机构贷款余额快速上升，且增长速度快于全国和东部水平，东西部相对差距在缩小，但东部的基数远远大于西部，绝对差距仍在拉大

西部地区金融机构贷款余额由2010年的87715.77亿元上升至2011年的104235.85亿元，增长了18.83%；全国金融机构贷款余额由2010年的509226亿元上升至2011年的581893亿元，增长了14.27%，低于西部4.56个百分点；东部地区则由2010年的309102亿元上升至2011年的344999.39亿元，

增长了 11.61%，低于西部 7.22 个百分点。

西部金融机构贷款余额占全国比重很小，但在上升，由 2010 年的 17.23% 上升至 2011 年的 17.91%，上升了 0.68 个百分点；东部所占比重巨大，但在下降，由 2010 年的 60.7% 下降至 2011 年的 59.29%，下降了 1.41 个百分点。东西部相对差距由 2010 年西部占比低于东部 43.47 个百分点缩小至 2011 年的 41.38 个百分点，减小了 2.09 个百分点；绝对差距由 2010 年的 221386.3 亿元拉大至 2011 年的 240763.54 亿元，上升了 8.75%。

表 7　2010 年和 2011 年西部金融机构贷款余额及与东部和全国比较

单位：亿元，%

年份	2010	2011	年份		2010	2011
内蒙古	7919.47	9727.7	宁　夏		2419.89	2860.58
广　西	8979.87	10646.43	新　疆		4973.16	6270.21
重　庆	10999.87	13195.16	西部	总额	87715.77	104235.85
四　川	19485.7	22514.2		占比	17.23	17.91
贵　州	5747.5	6841.92	东部	总额	309102	344999.39
云　南	10568.78	12114.59		占比	60.7	59.29
陕　西	10222.2	12097.34	东西部差距		221386.3	240763.54
甘　肃	4576.68	5736.2	全国均值		509226	581893
青　海	1822.65	2231.52				

数据来源：根据历年各地方统计公报整理。

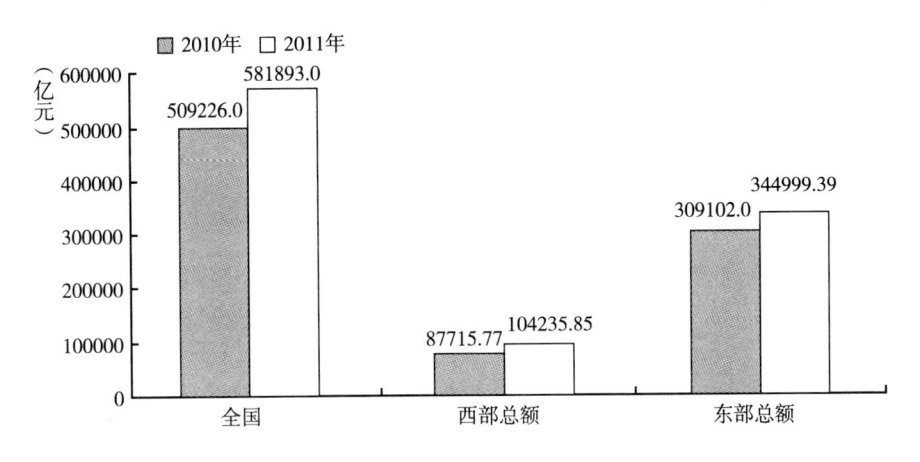

图 13　2010 年和 2011 年西部、东部、全国金融机构贷款余额比较

2. 西部地区金融机构贷款余额在各省市区之间差距也很大，其中四川远高于其他省市区

从西部各省市区情况来看，四川最为突出，其2011年金融机构贷款余额为22514.2亿元，占西部总量的21.60%，排名最后的青海仅为2231.52亿元，占西部总量的2.14%，四川是其10.09倍。由此可进行ABC分类。

A类（10000亿元以上）：四川（22514.2亿元）、重庆（13195.16亿元）、云南（12114.59亿元）、陕西（12097.34亿元）、广西（10646.43亿元）；

B类（5000亿~10000亿元）：内蒙古（9727.7亿元）、贵州（6841.92亿元）、新疆（6270.21亿元）、甘肃（5736.2亿元）；

C类（3000亿元以下）：宁夏（2860.58亿元）、青海（2231.52亿元）。

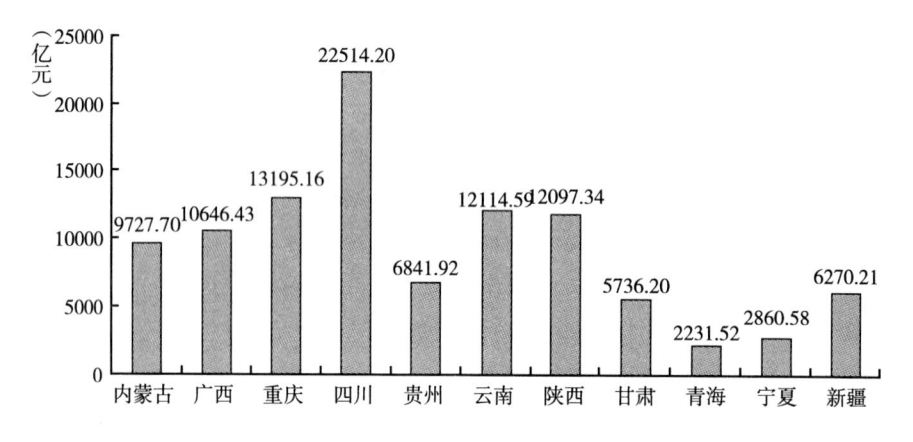

图14 2011年西部各省市区金融机构贷款余额比较

四 西部经济外向度分析

经济外向度主要包括进出口总额和外商投资企业投资总额两项指标。其中，出口总额反映外需规模，即国际市场对中国产品的需求规模，因而对中国工业经济发展规模有着重要影响，特别是在现阶段我国经济对外依存度非常高，国际市场需求的扩张与萎缩对我国经济增长速度产生着直接影响。而外商投资企业投资总额既是国内资金形成能力的一个重要渠道，也是固定资产投资

的一个重要来源，并且外商投资一般要伴随着先进技术和管理的进入，这对于促进我国工业技术进步和管理水平的提高有着重要意义。由于西部地区经济外向度很低，因此在很大程度上制约着西部的经济发展。

（一）进出口总额

1. 西部地区进出口总额快速上升，增长速度快于全国和东部水平，东西部相对差距在缩小，但东部的基数远远大于西部，绝对差距仍在拉大

西部地区进出口总额由 2010 年的 1269.88 亿美元上升至 2011 年的 1825.4 亿美元，增长了 43.75%；全国进出口总额由 2010 年的 29739.98 亿美元上升至 2011 年的 36418.64 亿美元，增长了 22.46%，低于西部 21.29 个百分点；东部进出口总额由 2010 年的 26808.43 亿美元上升至 2011 年的 32219.5 亿美元，增长了 20.18%，低于西部 23.57 个百分点。

西部进出口总额占全国比重很小，但在快速上升，由 2010 年的 4.27% 上升至 2011 年的 5.01%，上升了 0.74 个百分点；东部所占比重巨大，但在下降，由 2010 年的 90.14% 下降至 2011 年的 88.47%，下降了 1.67 个百分点。东西部相对差距由 2010 年西部占比低于东部 85.87 个百分点下降至 2011 年的 83.46 个百分点，下降了 2.41 个百分点；绝对差距由 2010 年的 25538.55 亿美元拉大至 2011 年的 30394.1 亿美元，上升了 19.01%。

表 8　2010 年和 2011 年西部进出口总额及与全国和东部比较

单位：亿美元，%

年份	2010	2011	年份		2010	2011
内蒙古	116.82	119.3	宁　夏		25.67	22.9
广　西	195.49	233.6	新　疆		213.63	228.2
重　庆	118.29	292.1	西部	总额	1269.88	1825.4
四　川	262.96	477.2		占比	4.27	5.01
贵　州	34.58	48.9	东部	总额	26808.43	32219.5
云　南	103.33	160.5		占比	90.14	88.47
陕　西	117.04	146.5	东西部差距		25538.55	30394.1
甘　肃	73.88	87.3	全国均值		29739.98	36418.64
青　海	8.18	9.2				

数据来源：根据历年《中国经济统计年鉴》整理，下同。

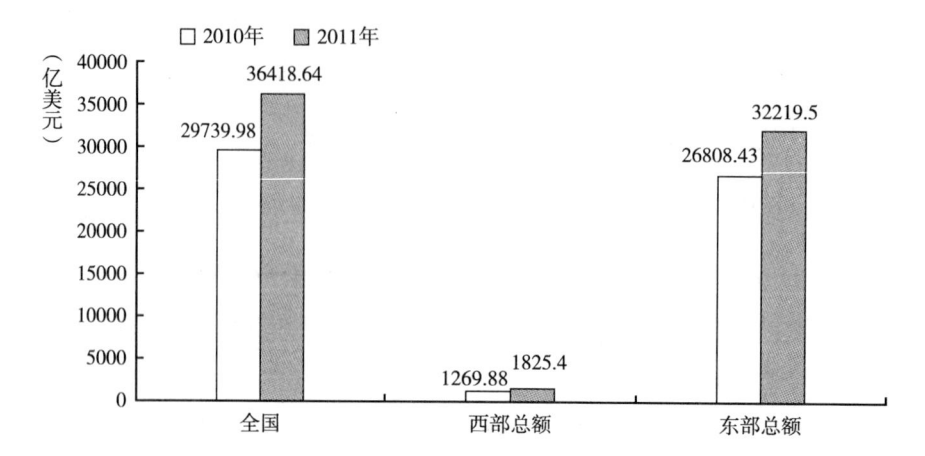

图15 2010年和2011年西部、东部、全国进出口总额比较

2. 西部进出口总额在各省市区之间的差距很大，其中四川较为突出

从西部各省市区的情况来看，四川处于领先地位，其2011年的进出口总额为477.2亿美元，占西部总量的26.14%；排名第二的重庆为292.1亿美元；排名最后的青海仅为9.2亿美元，占西部总量的0.50%，四川是其52.28倍。由此可进行ABC分类。

A类（400亿美元以上）：四川（477.2亿美元）；

B类（200亿~300亿美元）：重庆（292.1亿美元）、广西（233.6亿美元）、新疆（228.2亿美元）；

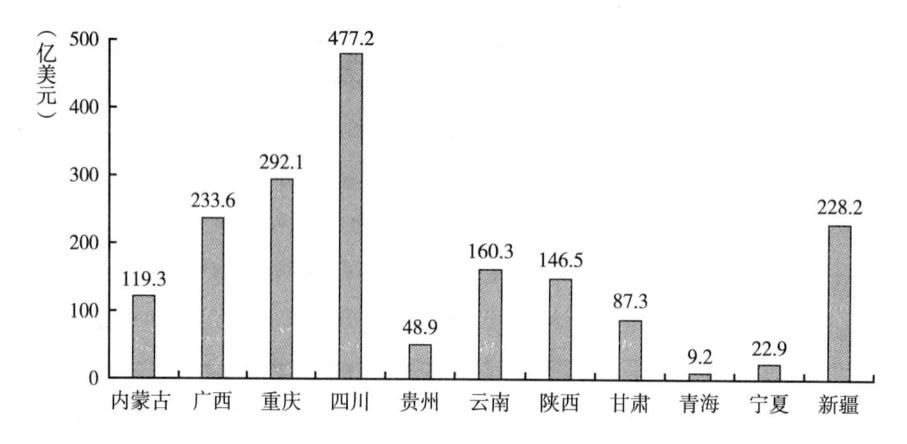

图16 2011年西部各省市区进出口总额比较

C 类（100 亿～200 亿美元）：云南（160.3 亿美元）、陕西（146.5 亿美元）、内蒙古（119.3 亿美元）；

D 类（100 亿美元以下）：甘肃（87.3 亿美元）、贵州（48.9 亿美元）、宁夏（22.9 亿美元）、青海（9.2 亿美元）。

从变化情况来看，重庆增速较快，其 2011 年的增长率高达 46.94%，并由 2010 年的第四位跃升至 2011 年的第二位，新疆则由第二位降为第四位；云南由第七位升至第五位，陕西则由第五位降为第六位，内蒙古由第六位降为第七位。

（二）出口情况分析

1. 西部地区出口总额快速上升，增长速度远高于全国和东部水平，东西部相对差距在缩小，但东部的基数远远大于西部，绝对差距仍在拉大

西部地区出口总额 2011 年大幅度上升，并越过 1000 亿美元的大关，由 2010 年的 712.44 亿美元上升至 2011 年的 1067.4 亿美元，增长了 49.82%；全国出口总额由 2010 年的 15777.54 亿美元上升至 2011 年的 18983.81 亿美元，增长了 20.32%，低于西部 29.5 个百分点；东部出口总额由 2010 年的 14192.04 亿美元上升至 2011 年的 16721.8 亿美元，增长了 17.83%，低于西部 31.99 个百分点。

西部出口总额占全国比重很小，但在快速上升，由 2010 年的 4.52% 上升至 2011 年的 5.62%，上升了 1.1 个百分点；东部所占比重巨大，但在下降，由 2010 年的 89.95% 下降至 2011 年的 88.08%，下降了 1.87 个百分点。东西部相对差距由 2010 年西部占比低于东部 85.43 个百分点缩小到 2011 年的 82.46 个百分点，下降了 2.97 个百分点；绝对差距由 2010 年的 13479.6 亿美元拉大至 2011 年的 15654.4 亿美元，上升了 16.13%。

2. 西部出口总额在各省市区之间的差距很大，其中四川较为突出

从西部各省市区的情况来看，四川处于领先地位，其 2011 年的出口总额为 290.3 亿美元，占西部总量的 27.20%；排名最后的青海仅为 6.6 亿美元，占西部总量的 0.62%，四川是其 43.87 倍。由此可进行 ABC 分类。

表9 2010年和2011年西部出口总额及与全国和东部比较

单位：亿美元，%

年份	2010	2011	年份		2010	2011
内蒙古	33.34	46.9	宁夏		11.7	16
广西	96.03	124.6	新疆		129.69	168.3
重庆	74.89	198.3	西部	总额	712.44	1067.4
四川	188.41	290.3		占比	4.52	5.62
贵州	19.2	29.9	东部	总额	14192.04	16721.8
云南	76.06	94.7		占比	89.95	88.08
陕西	62.08	70.4	东西部差距		13479.6	15654.4
甘肃	16.38	21.6	全国均值		15777.54	18983.81
青海	4.66	6.6				

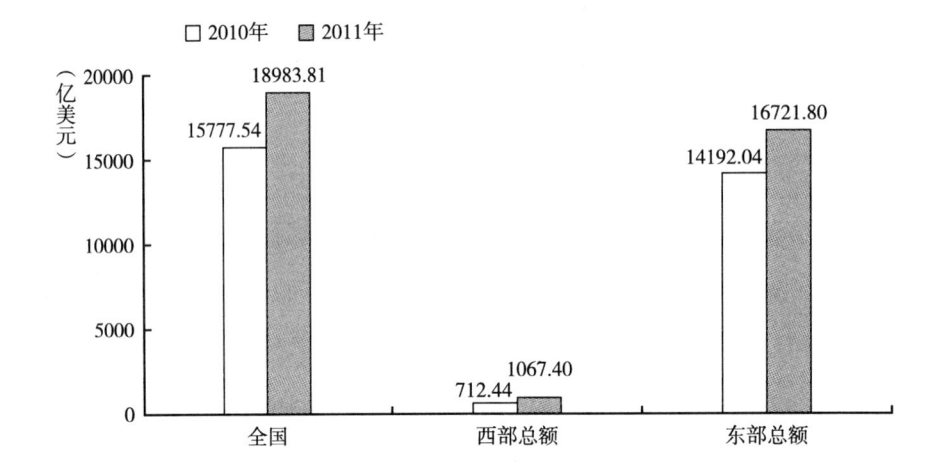

图17 2010年和2011年西部、东部、全国出口总额比较

A类（100亿美元以上）：四川（290.3亿美元）、重庆（198.3亿美元）、新疆（168.3亿美元）、广西（124.6亿美元）；

B类（50亿~100亿美元）：云南（94.7亿美元）、陕西（70.4亿美元）；

C类（50亿美元以下）：内蒙古（46.9亿美元）、贵州（29.9亿美元）、甘肃（21.6亿美元）、宁夏（16亿美元）、青海（6.6亿美元）。

从变化情况来看，重庆增速较快，其2011年的增长率高达164.79%，并由2010年的第四位跃升至2011年的第二位，新疆则由第二位降为第三位，广西则由第三位降为第四位；云南由第七位升至第五位，陕西则由第五位降为第六位，内蒙古由第六位降为第七位；贵州由第九位升至第八位，甘肃则由第八位降为第九位。

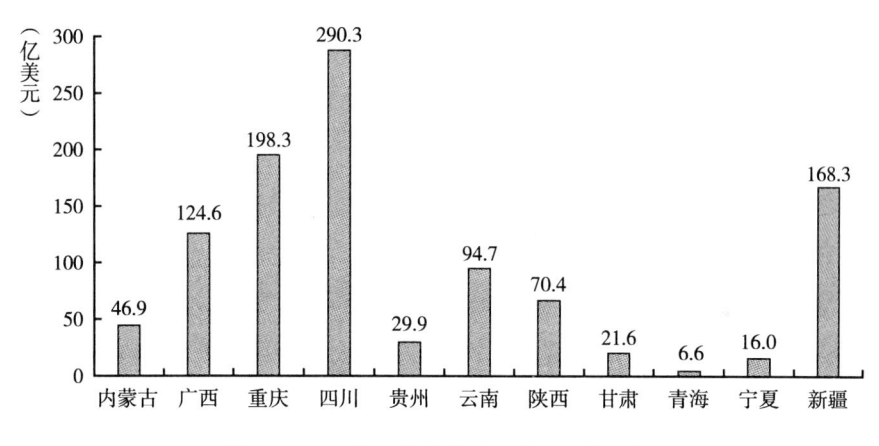

图18 2011年西部各省市区出口总额比较（亿美元）：内蒙古46.9，广西124.6，重庆198.3，四川290.3，贵州29.9，云南94.7，陕西70.4，甘肃21.6，青海6.6，宁夏16.0，新疆168.3

（三）外商投资总额

1. 西部地区外商投资总额快速上升，且增速高于全国和东部水平，东西部相对差距略有缩小，但东部的基数远远大于西部，绝对差距仍在拉大

西部地区外商投资总额保持着快速增长，总体上由2010年的1984亿美元上升至2011年的最高点2238.23亿美元，增长了12.81%；全国外商投资总额由2010年的27059亿美元上升至2011年的29931亿美元，增长了10.61%，低于西部2.2个百分点；东部外商投资总额由2010年的21181亿美元上升至2011年的23457.01亿美元，增长了10.75%，低于西部2.06个百分点。

西部地区外商投资总额占全国比重很小，但略有上升，由2010年的7.33%上升至2011年的7.48%，上升了0.15个百分点。东部所占比重巨大，且略有上升，由2010年的78.28%上升至2011年的78.37%，上升了0.09个百分点。东西部相对差距由2010年西部占比低于东部70.95个百分点缩小到2011年的70.89个百分点，缩小了0.06个百分点；绝对差距则由2010年的19197亿美元拉大至2011年的21218.78亿美元，上升了10.53%。

表10 2010年和2011年西部外商投资总额及与全国和东部比较

单位：亿美元，%

年份	2010	2011	年份		2010	2011
内蒙古	232	255.19	宁　夏		40	43.99
广　西	280	299.42	新　疆		52	56.02
重　庆	349	451.94	西部	总额	1984	2238.23
四　川	544	574.19		占比	7.33	7.48
贵　州	41	56.81	东部	总额	21181	23457.01
云　南	179	206.41		占比	78.28	78.37
陕　西	180	198.88	东西部差距		19197	21218.78
甘　肃	63	63.94	全国均值		27059	29931
青　海	23	31.44				

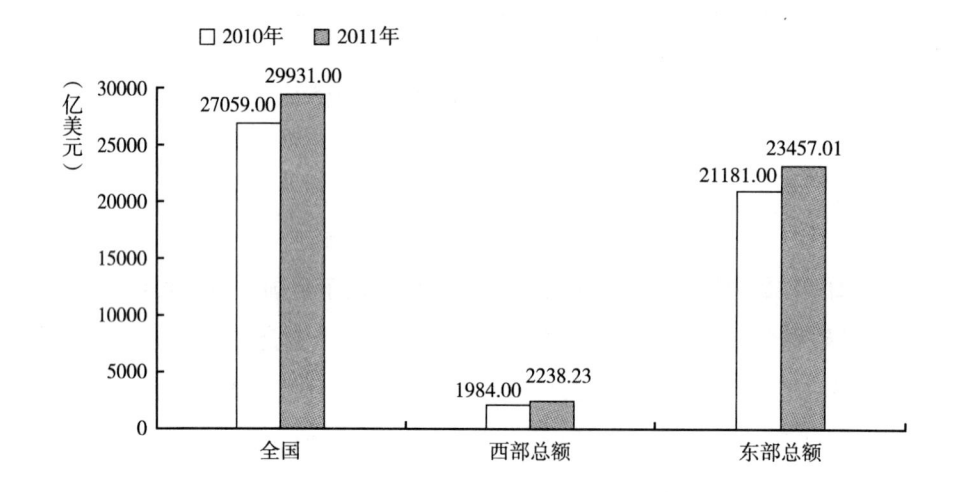

图19 2010年和2011年西部、东部、全国外商投资总额比较

2. 西部地区外商投资总额在各省市区之间的差距很大，其中四川较为突出

从西部各省市区的情况来看，四川处于领先地位，其2011年的外商投资总额为574.19亿美元，占西部总量的25.65%；排名最后的青海仅为31.44亿美元，占西部总量的1.4%，四川是其18.32倍。由此可进行ABC分类。

A类（400亿美元以上）：四川（574.19亿美元）、重庆（451.94亿美元）；

B类（200亿～400亿美元）：广西（299.42亿美元）、内蒙古（255.19

亿美元)、云南（206.41亿美元）；

C类（100亿~200亿美元）：陕西（198.88亿美元）；

D类（100亿美元以下）：甘肃（63.94亿美元）、贵州（56.81亿美元）、新疆（56.02亿美元）、宁夏（43.99亿美元）、青海（31.44亿美元）。

从变化情况来看，云南增速较快，其2011年的增长率为15.31%，并由2010年的第六位升至2011年的第五位，陕西则由第五位降为第六位；贵州由第九位上升至第八位，新疆由第八位降为第九位。

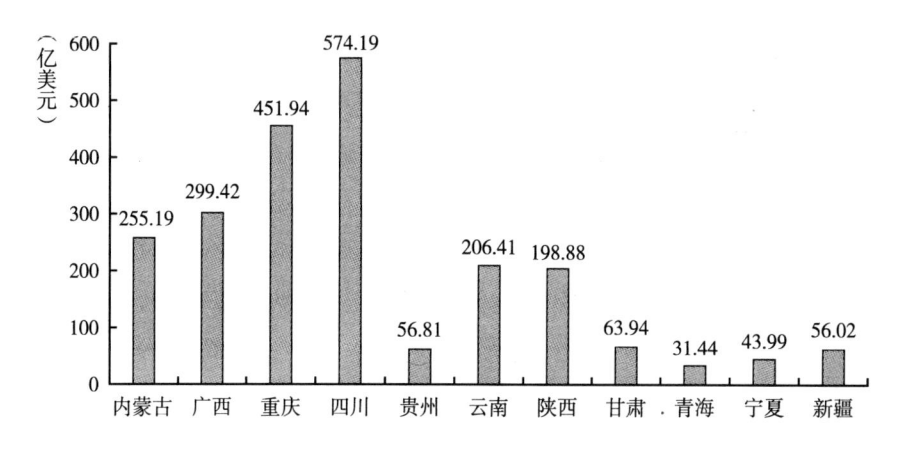

图20 2011年西部各省市区外商投资总额比较

五 科技产出分析

科技产出使用国内三种专利授权量①指标。科技产出状况决定着工业的科技进步、工业现代化水平、工业新技术、新产品发展与更新速度，并且也是新产业革命的主要推动力，从而从根本上决定着未来工业的发展质量、规模、速度与水平。西部地区科技投入与产出水平虽然处在不断提高的过程中，但总体规模偏小，与东部地区的差距非常大。

---

① 专利是专利权的简称，是对发明人的发明创造经审查合格后，由专利局依据专利法授予发明人和设计人对该项发明创造享有的专有权。包括发明、实用新型和外观设计，反映拥有自主知识产权的科技和设计成果情况。

（一）西部地区国内三种专利授权量上升缓慢，远远低于全国和东部水平，东部的基数远远大于西部，且增长速度更快，东西部差距不断拉大

西部地区国内三种专利授权量由2010年的72877件上升至2011年的76058件，上升了4.36%；全国总量则由2010年的740620件上升至2011年的883861件，上升了19.34%，高出西部地区14.98个百分点；东部地区上升更快，由2010年的561807件上升至2011年的672243件，上升了19.66%，高出西部15.3个百分点。

西部地区国内三种专利授权量占全国比重很小，且在下降，由2010年的9.84%下降至2011年的8.61%，下降了1.23个百分点；东部所占比重巨大，且在上升，由2010年的75.86%上升至2011年的76.06%，上升了0.2个百分点；东西部相对差距由2010年西部占比低于东部66.02个百分点拉大至2011年的67.45个百分点，拉大了1.43个百分点；绝对差距由2010年的488930件上升到2011年的596185件，上升了21.94%。

表11 2010年和2011年东部、西部、全国三种专利授权量比较

单位：件，%

年份	2010	2011	年份		2010	2011
内蒙古	2096	2262	宁 夏		1081	613
广 西	3647	4402	新 疆		2562	2642
重 庆	12080	15525	西部	总和	72877	76058
四 川	32212	28446		占比	9.84	8.61
贵 州	3086	3386	东部	总和	561807	672243
云 南	3823	4199		占比	75.86	76.06
陕 西	10034	11662	东西部差距		488930	596185
甘 肃	1868	2383	全国均值		740620	883861
青 海	264	538				

数据来源：根据历年《中国统计年鉴》整理。

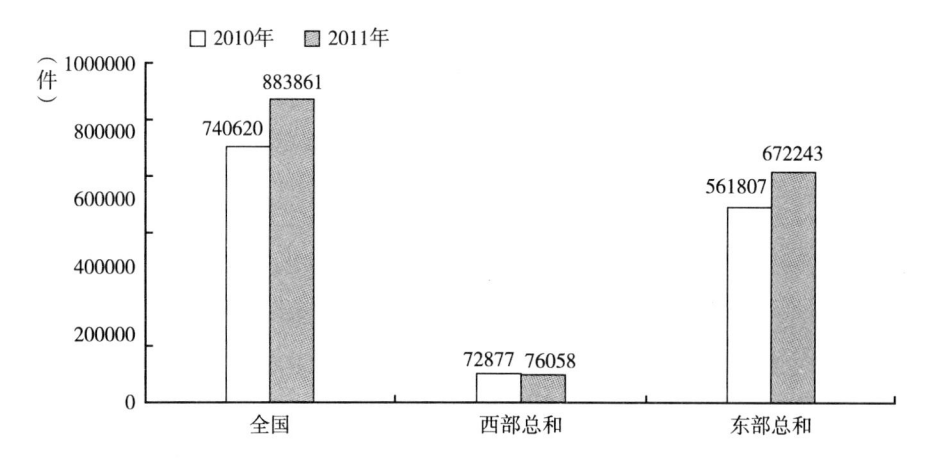

图 21　2011 年西部、东部、全国三种专利授权量比较

（二）西部地区三种专利授权量比较

发明类①数量和所占比重快速上升，西部地区发明类专利增长速度远远高于全国和东部水平，发明类专利占比也高于全国和东部，但由于总授权量相差较大，西部地区发明类专利授权量远远小于东部，且差距越来越大。

发明类专利是国际通行的反映拥有自主知识产权技术的核心指标，其对市场的开拓和经济发展的推动最大，甚至是新的产业革命的源泉，也是最能反映一个地区技术创新能力的专利品种。

西部地区发明类专利授权量由 2010 年的 7671 件上升至 2011 年的 11901 件，上升了 55.14%；占三种专利总授权量比重由 2010 年的 10.53% 上升至 2011 年的 15.64%，上升了 5.11 个百分点。全国发明类专利授权量由 2010 年的 79767 件上升至 2011 年的 112347 件，上升了 40.84%，低于西部 14.3 个百分点；占总授权量比重由 2010 年的 10.77% 上升至 2011 年的 12.71%，上升了 1.94 个百分点。东部地区发明类专利授权量由 2010 年的 55958 件上升至 2011 年的 78422 件，上升了 40.14%，低于西部 15 个百分点；占总授权量比重由 2010 年的 9.96% 上升至 2011 年的 11.67%，上升了 1.71 个百分点。从

---

①　发明（专利）指对产品、方法或者其改进所提出的新的技术方案，是国际通行的反映拥有自主知识产权技术的核心指标。

增长速度来看，西部地区处于相对领先的局面，从占专利总授权量比重指标来看，西部地区处于落后的局面（见表12）。

表12 2010年和2011年全国、西部和东部三种专利授权量结构变化

单位：件，%

	名　称	单　位	2010	2011
全　国	总　数		740620	883861
	发　明	数量	79767	112347
		占比	10.77	12.71
	实用新型	数量	342256	405086
		占比	46.21	45.83
	外观设计	数量	318597	366428
		占比	43.02	41.56
西　部	总　数		72877	76058
	发　明	数量	7671	11901
		占比	10.53	15.64
	实用新型	数量	36559	40396
		占比	50.17	53.11
	外观设计	数量	28647	23761
		占比	39.31	31.24
东　部	总　数		561807	672243
	发　明	数量	55958	78422
		占比	9.96	11.67
	实用新型	数量	242756	289999
		占比	43.21	43.14
	外观设计	数量	263093	303822
		占比	46.83	45.2

数据来源：根据历年《中国统计年鉴》整理。

（三）西部三类专利授权量所占全国比重趋势分析

西部地区2010~2011年发明类呈上升趋势，实用新型与外观设计类均呈下降的趋势，三类专利授权量所占全国比重趋势与东部的差距不断拉大，西部地区各种专利授权量占全国比重趋势分析，如表13显示，其中，发明类由2010年的9.62%上升至2011年的10.59%，上升了0.97个百分点；实用新型

西部工业发展的推动因素

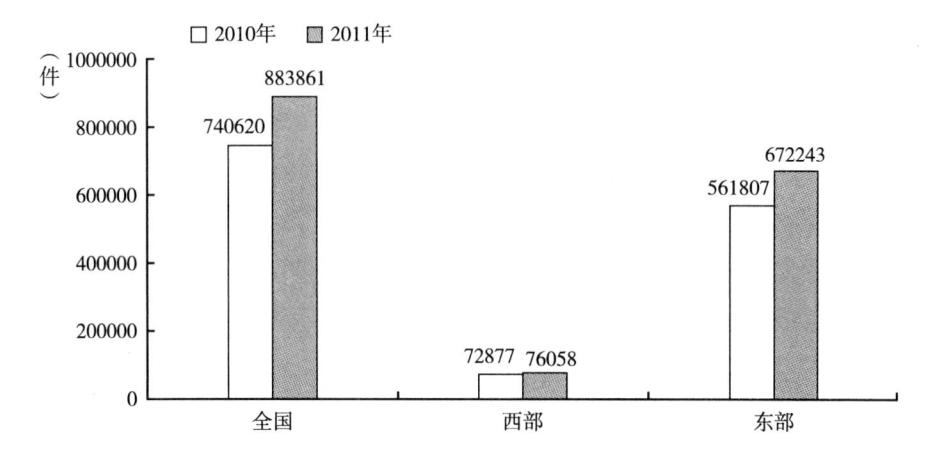

图 22（a） 2010 年和 2011 年西部、东部、全国三种专利授权量比较

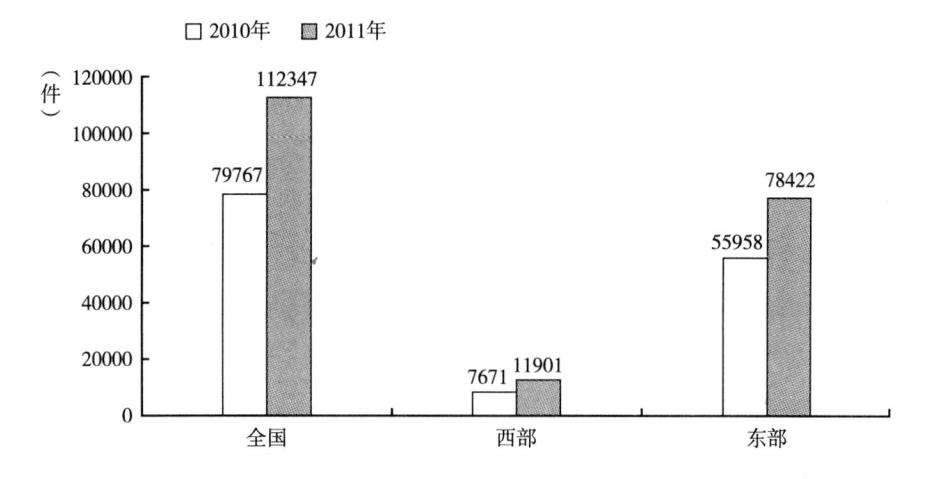

图 22（b） 2010 年和 2011 年西部、东部、全国发明类专利授权量比较

类由 2010 年的 10.68% 下降至 2011 年的 9.97%，下降了 0.71 个百分点；外观设计类由 2010 年的 8.99% 下降至 2011 年的 6.48%，下降了 2.51 个百分点。东部各种专利授权量占全国比重巨大，其中，发明类由 2010 年的 70.15% 下降至 2011 年的 69.8%，下降了 0.35 个百分点；实用新型类由 2010 年的 70.93% 上升至 2011 年的 71.59%，上升了 0.66 个百分点；外观设计类由 2010 年的 82.58% 上升至 2011 年的 82.91%，上升了 0.33 个百分点。东西部相对差距，发明类由 2010 年的西部占比低于东部 60.53 个百分点缩小至 2011 年的 59.21 个百分点，缩小了 1.32 个百分点；实用新型类由 2010 年的

60.25个百分点拉大至2011年的61.62个百分点，拉大了1.37个百分点；外观设计类由2010年的73.59个百分点拉大至2011年的76.43个百分点，拉大了2.84个百分点。与此同时，东西部绝对差距更进一步拉大，其中发明类由2010年的相差48287件拉大至2011年的66521件，上升了37.76%；实用新型类由2010年的206197件拉大至2011年的249603件，上升了21.05%；外观设计类由2010年的234446件拉大至2011年的280061件，上升了19.46%。

表13 2010年和2011年东西部各种专利授权量占全国比重比较

单位：件，%

年份	名 称	单 位	2010	2011
全 国	发 明	数量	79767	112347
	实用新型	数量	342256	405086
	外观设计	数量	318597	366428
西 部	发 明	数量	7671	11901
		占比	9.62	10.59
	实用新型	数量	36559	40396
		占比	10.68	9.97
	外观设计	数量	28647	23761
		占比	8.99	6.48
东 部	发 明	数量	55958	78422
		占比	70.15	69.80
	实用新型	数量	242756	289999
		占比	70.93	71.59
	外观设计	数量	263093	303822
		占比	82.58	82.91

数据来源：根据历年《中国统计年鉴》整理。

值得一提的是，在影响经济发展的其他诸因素指标中，西部地区的增长速度均快于全国和东部，相对差距在缩小，但在三种专利授权量指标上，西部实用新型与外观设计指标增长速度低于全国和东部水平，相对差距和绝对差距均在拉大，而绝对差距拉大得更快。这说明西部地区人才资源相对匮乏，技术创新能力相对薄弱，推动经济发展的技术资源储备不足，这将会对西部经济的持续发展及赶超战略的实现形成不利影响。

西部工业发展的推动因素

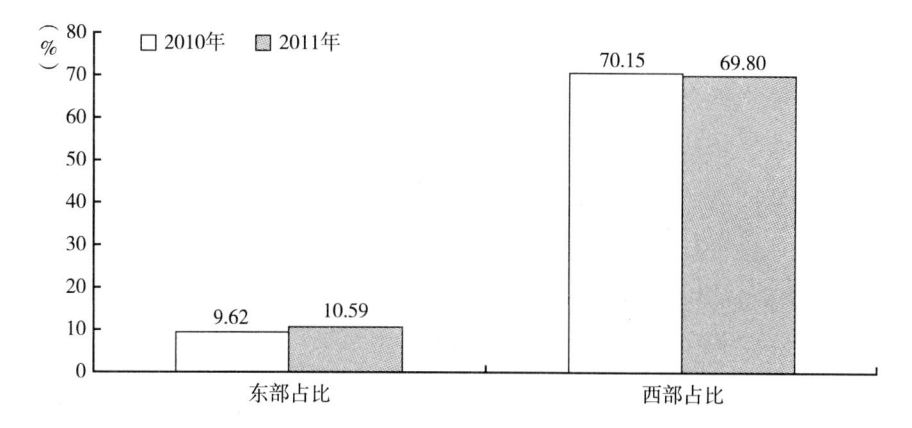

图23 2010年和2011年西部、东部发明类专利授权量占比比较

（四）西部地区国内三种专利授权量在各省市区之间的差距很大，其中四川遥遥领先于其他省市区

从西部各省市区的情况来看，四川极为突出，其2011年的国内三种专利授权量为28446件，占西部总量的37.40%；而排名最后的青海为538件，占西部总量的0.71%，四川是其52.68倍；排名第二的重庆为15525件，仅是四川的一半。由此可进行ABC分类。

A类（20000件以上）：四川（28446件）；

B类（10000~20000件）：重庆（15525件）、陕西（11662件）；

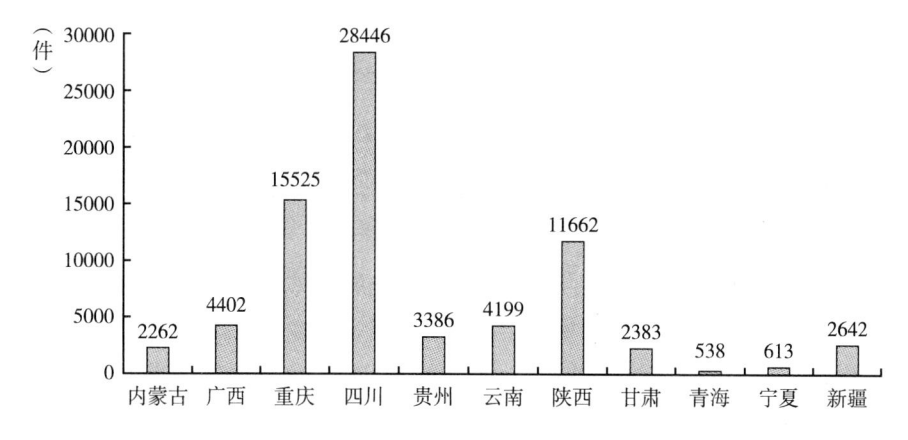

图24 2011年西部各省市区国内三种专利授权量比较

047

C 类（1000～5000 件）：广西（4402 件）、云南（4199 件）、贵州（3386 件）、新疆（2642 件）、甘肃（2383 件）、内蒙古（2262 件）；

D 类（1000 件以下）：宁夏（613 件）、青海（538 件）。

从变化情况来看，2011 年四川三种专利授权量在下降，由 2010 年的 32212 件下降至 2011 年的 28446 件，下降了 3766 件，降幅 11.69%；广西增速较快，其 2011 年的增长率达到 20.70%，并由 2010 年的第五位升至第四位，云南则由第四位降为第五位；甘肃由第九位升至第八位，内蒙古则由第八位降为第九位。

六 小结——东西部各项因素比较

从以上影响工业经济增长的各种因素比较来看，西部均无优势。虽然西部基数小、国家各项政策支持使得西部指标增长速度高于东部，二者之间相对差距在缩小，但绝对差距仍然非常大，而且在继续拉大。因此，东西部差距的缩小任重道远。但从各个因素的比较来看，不同因素的差距相差则很大，按 2011 年各项因素相对差距大小来排列：进出口总额、外商投资总额、国内三种专利授权量、金融机构各项存款余额、金融机构各项贷款余额、社会消费品零售总额、社会固定资产投资总额。通过比较分析可以发现以下特征。

1. 社会固定资产投资总额差距最小，这是由于国家西部大开发政策所拉动。

2. 经济外向度差距最大，特别是进出口指标，这主要是由于西部区位劣势所造成的。西部进出口总额仅相当于东部的 5%，外向度因素是西部经济发展所面临的最大制约因素。

3. 西部与东部国内三种专利授权量差距较大（东部是西部的 8.8 倍），说明西部地区人才资源相对匮乏，自主创新能力较弱，推动经济持续发展的技术资源储备相对不足，这对西部未来工业发展是一个较为突出的制约因素。

表14 2011年东西部各因素及差距比较

	全社会消费品零售总额（亿元）	全社会固定资产投资总额（亿元）	金融机构各项存款余额（亿元）	金融机构各项贷款余额（亿元）	进出口总额（亿美元）	外商投资总额（亿美元）	国内三种专利授权量（件）
西 部	32345.3	72103.99	144792.24	104235.85	1825.4	2238.23	76058
占比(%)	17.59	23.15	17.51	17.91	5.01	7.48	8.61
东 部	104986.6	146331.96	492603.54	344999.39	32219.5	23457.01	672243
占比(%)	57.08	46.98	59.59	59.29	88.47	78.37	76.06
绝对差距	72641.3	74227.97	347811.3	240763.54	30394.1	21218.78	596185
相对差距	39.49	23.83	42.08	41.38	83.46	70.89	67.45

B.3
东中西部产业结构与竞争力的比较研究

21世纪以来,我国经济持续健康快速发展,产业结构不断优化升级,产业竞争力不断增强。从我国三次产业结构变化来看,从2001年三次产业结构比重为14.39∶45.15∶40.46,演变到2005年的12.12∶47.37∶40.51,再到2011年演进为10∶46.6∶43.4,产业结构得到了大幅度的优化和升级。同时,涌现出一批在国际上具有一定竞争力的行业、企业,以及贸易顺差的逐年扩大,也一定程度上反映了我国产业国际竞争力的不断增强。然而,我国产业发展是不平衡的,主要表现在区域间产业结构与竞争力上的巨大差异,正是这种差异造成了我国区域经济发展的不平衡。本文运用偏离—份额分析空间模型对我国2001~2011年东、中、西部地区产业结构与竞争力进行实证比较分析,求得各地区产业结构与竞争力的优劣势,为我国制定区域产业政策提供理论参考。

一 偏离—份额分析法基本思想及应用模型建立

(一)偏离—份额分析基本思想

偏离—份额分析法最初是由美国经济学家Daniel(1942)和Creamer(1943)相继提出,后经Dun(1960)等学者逐步完善。该方法将一个特定研究区域的经济变量(如收入、产出或就业等)的增长拆分为不同的部分,描述区域经济随时间的增长或用于衡量区域政策效应。以研究区域经济增长因素为例,该分析方法的基本思想是将研究区域经济增长因素分解为三个分量:参照区域增长分量、产业结构偏离分量和竞争力偏离分量。参照区域增长分量是指研究区域某一部门或产业按照参照区域的增长速度达到的增长水平;产业结构偏离分量反映研究区域与参照区域的部门或产业结构差异所造成的影响;竞争力偏离分量反映研究区域某一部门或产业增长速度与参照区域同一部门或产业增长速度差异对研究区域经济增长的影响。该方法可以较为准确地分析研究区域内各部门或产业的发展状况相对于参照区域相关部门或产业的结构和竞争力的差异,但不能解释产生这种差异的原因。

(二)偏离—份额分析法空间模型建立

Nazara 和 Hewings(2004)提出了偏离—份额分析法空间模型,首次在偏离—份额分析中考虑空间结构因素,考虑到相邻空间与研究区域间的相互作用,并推演出了20种含空间结构和不含空间结构的区域经济增长分解公式。空间扩展的偏离—份额分析方法修正了传统偏离—份额分析法忽略区域间相互影响的假定,同时考虑到国家、研究区域与邻近区域的相互作用。因不同的研究对象需建立相应的空间模型,下面我们针对本文研究需要,建立相应的偏离—份额分析法空间模型。

1. 国家增长分量:$RS = X_{ij}^t G_i^{t+1}$。X_{ij}^t表示 t 时期研究区域 j 第 i 产业生产总值($i=1,2,3;j=1,2,3$);G_i^{t+1} 表示全国 $t+1$ 期第 i 产业的增长率($i=1,2,3$)。

2. 空间产业结构偏离分量:$PS = X_{ij}^t(g_{ij}^{-t+1} - G_i^{t+1})$。$g_i^{-t+1}$ 表示 $t+1$ 时期研究区域 j 第 i 产业在邻近区域中的增长速度(或称空间增长速度)($i=1,2,3;j=1,2,3$);X_{ij}^t 和 G_i^{t+1} 同上。

$PS>0$,说明区域 j 的第 i 产业的空间增长速度大于全国平均增速,邻近区域对研究区域产生正面积极影响,产业结构优势明显。

3. 空间竞争力偏离分量:$DS = X_{ij}^t(g_{ij}^{t+1} - g_{ij}^{-t+1})$。$g_{ij}^{t+1}$ 表示 $t+1$ 时期研究区域 j 第 i 产业的增长速度($i=1,2,3;j=1,2,3$);X_{ij}^t 和 g_{ij}^{-t+1} 同上。$DS>0$,说明研究区域 j 第 i 产业的增长大于其邻近区域,表明其产业相对于邻近区域更具有竞争力。

4. 空间增长速度

研究区域的产业在其邻近区域中的增长速度(空间增长速度)计算公式如下:

$$g_{ij}^{-t+1} = \frac{\sum_{k=1}^{2} w_{jk}^{t+1} X_{ik}^{t+1} - \sum_{k=1}^{2} w_{jk}^{t} X_{ik}^{t}}{\sum_{k=1}^{2} w_{jk}^{t} X_{ik}^{t}} \quad \text{其中：} w_{jk}^{t} = \frac{\dfrac{1}{|Z_j^t - Z_k^t|}}{\sum_{k=1}^{2} \dfrac{1}{|Z_j^t - Z_k^t|}} \tag{1}$$

式（1）中，w_{jk}^t 为 t 时期区域 j 和 k 之间相互依赖的程度，$0 < w_{jk}^t < 1$；X_{ik}^t 和 X_{ik}^{t+1} 分别表示 t 和 $t+1$ 时期邻近区域 k 的第 i 产业生产总值；Z_j 和 Z_k 分别表示区域 j 和 k 的人均国内生产总值。

综上可得出用于本文分析的偏离—份额分析法空间模型的数学表达式：

$$\Delta X_{ij}^{t+1} = RS + PS + DS = X_{ij}^t G_i^{t+1} + X_{ij}^t (g_{ij}^{-t+1} - G_i^{t+1}) + X_{ij}^t (g_{ij}^{t+1} - g_{ij}^{-t+1}) \tag{2}$$

式（2）两边同除以 X_{ij}^t，得到以增长率表示的空间模型公式：

$$g_{ij}^{t+1} = G_i^{t+1} + (g_{ij}^{-t+1} - G_i^{t+1}) + (g_{ij}^{t+1} - g_{ij}^{-t+1}) \tag{3}$$

二 数据的选取与处理

本文所需数据来源于国家统计局正式出版的《新中国 60 年统计资料汇编》和"中国经济信息网数据库"，样本区间为 2001~2011 年。研究区域分东、中、西部三大地区，其中，东部地区包括北京、天津、辽宁、河北、上海、江苏、浙江、福建、山东、广东 10 个省市；中部地区包括黑龙江、吉林、山西、安徽、江西、河南、湖北、湖南 8 个省；西部地区包括重庆、四川、贵州、云南、西藏、陕西、甘肃、青海、宁夏、新疆、内蒙古、广西 12 省市区。全国和各地区 GDP，第一、第二和第三产业生产总值为各地区内部各省市通过 GDP 平减指数、第一产业增加值平减指数、第二产业增加值平减指数和第三产业增加值平减指数折算成 1978 年价后加总所得。

三 计算结果及比较分析

将上述选取及处理过的数据代入式（1）和式（3），计算出我国三大区域三次产业结构与竞争力的偏离—份额分析法空间模型分析结果（见表1）。

表1 我国区域产业结构与竞争力的空间偏离—份额分析

单位：%

			2001	2002	2003	2004	2005	2006	2007	2008	2009	2010	2011
东部地区	第一产业	实际增长	4.28	4.56	4.11	5.72	4.47	4.84	3.74	4.08	4.73	4.13	2.93
		结构分量	-0.14	0.04	-0.59	0.90	0.58	0.19	0.16	0.22	0.49	0.14	0.77
		竞争力分量	0.36	0.14	1.27	-2.15	-1.45	-0.37	-0.46	-0.63	-1.19	-0.38	-2.03
		总偏离	0.22	0.17	0.68	-1.25	-0.87	-0.18	-0.30	-0.41	-0.70	-0.24	-1.26
	第二产业	实际增长	10.54	13.01	16.74	17.12	14.94	15.73	15.76	14.39	11.60	10.96	9.06
		结构分量	-0.40	-0.72	-1.40	-0.91	0.82	0.72	1.15	2.49	2.14	2.63	4.24
		竞争力分量	0.61	1.06	2.06	1.34	-1.21	-1.10	-1.75	-3.91	-3.24	-4.07	-7.55
		总偏离	0.21	0.34	0.65	0.43	-0.39	-0.38	-0.60	-1.42	-1.09	-1.44	-3.31
	第三产业	实际增长	10.96	11.92	12.66	13.50	13.30	14.07	14.58	11.78	10.86	11.17	9.68
		结构分量	-0.06	-0.66	-1.13	-1.02	-0.81	-1.17	-0.33	-0.44	0.69	0.54	1.02
		竞争力分量	0.06	0.98	1.71	1.53	1.24	1.78	0.51	0.65	-1.03	-0.85	-1.69
		总偏离	0.01	0.33	0.58	0.52	0.43	0.61	0.18	0.21	-0.34	-0.31	-0.67
中部地区	第一产业	实际增长	3.99	4.00	1.18	9.08	5.65	6.16	3.65	4.61	6.10	4.59	4.10
		结构分量	-0.20	0.35	1.22	-0.78	0.83	-0.90	0.74	0.07	0.23	-0.13	1.38
		竞争力分量	0.13	-0.73	-3.47	2.90	-0.52	2.04	-1.12	0.05	0.44	0.35	-1.47
		总偏离	-0.07	-0.37	-2.25	2.12	0.31	1.14	-0.38	0.12	0.67	0.22	-0.09
	第二产业	实际增长	10.12	11.89	14.46	15.33	15.55	16.09	16.71	17.82	14.54	14.18	16.04
		结构分量	-0.61	-1.24	-2.52	-0.37	2.42	1.42	1.57	-0.04	2.42	0.85	2.40
		竞争力分量	0.39	0.47	0.89	-0.99	-2.20	-1.44	-1.22	2.05	-0.57	0.93	1.26
		总偏离	-0.21	-0.78	-1.63	-1.36	0.22	-0.02	0.35	2.01	1.85	1.78	3.66
	第三产业	实际增长	10.46	10.53	10.85	11.39	11.93	12.16	14.33	11.02	11.89	11.36	10.52
		结构分量	0.15	-0.81	-2.26	-0.36	0.92	-0.15	-0.15	-1.75	1.44	-0.28	0.47
		竞争力分量	-0.65	-0.25	1.03	-1.24	-1.85	-1.15	0.08	1.20	-0.75	0.16	-0.19
		总偏离	-0.49	-1.06	-1.23	-1.60	-0.93	-1.31	-0.07	-0.55	0.69	-0.13	0.28
西部地区	第一产业	实际增长	3.83	5.00	5.13	6.34	6.23	3.94	4.92	4.92	5.62	4.46	6.22
		结构分量	-0.05	-0.40	-2.05	1.70	0.25	1.01	-0.36	-0.03	0.57	0.10	-0.27
		竞争力分量	-0.18	1.04	3.74	-2.33	0.63	-2.08	1.24	0.46	-0.38	-0.02	2.30
		总偏离	-0.23	0.63	1.70	-0.63	0.89	-1.08	0.88	0.43	0.19	0.08	2.03
	第二产业	实际增长	9.63	12.18	15.37	16.61	17.02	18.05	18.82	19.25	15.18	16.54	17.58
		结构分量	-0.24	-1.05	-2.28	-1.16	0.88	0.08	0.24	0.13	1.78	0.24	2.02
		竞争力分量	-0.46	0.56	1.55	1.09	0.80	1.85	2.22	3.31	0.71	3.90	3.18
		总偏离	-0.70	-0.49	-0.72	-0.08	1.69	1.94	2.46	3.44	2.49	4.14	5.20
	第三产业	实际增长	11.53	11.55	11.20	12.78	12.17	12.46	13.72	11.36	11.82	12.98	12.32
		结构分量	-0.50	-1.27	-2.01	-1.31	0.29	-0.57	0.16	-1.52	1.19	-0.96	0.35
		竞争力分量	1.08	1.23	1.13	1.10	-0.98	-0.44	-0.84	1.30	-0.57	2.46	1.73
		总偏离	0.58	-0.04	-0.88	-0.20	-0.69	-1.00	-0.68	-0.22	0.62	1.50	2.08

数据来源：作者计算。

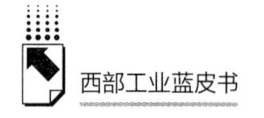

1. 第一产业比较分析

2001~2003年，东部地区第一产业增长率总偏离均为正值，平均高于全国0.36%，2003年以后均为负值，平均低于全国0.65%。2001~2003年，中部地区第一产业增长率总偏离均为负值，平均低于全国0.90%，2003~2010年总体上均为正值，平均高于全国0.60%，而在2011年变为负值，低于全国0.09%。而西部地区第一产业增长率总偏离在2001~2006年正负交替变化，2006年以后均为正值，平均高于全国0.72%。我们将三大区域第一产业增长率总偏离具体分解为空间结构分量和空间竞争力分量对三大地区进行比较分析。

2001~2003年，东部和西部地区第一产业增长率空间结构偏离分量总体上为负值，说明第一产业结构劣势给东部和西部地区第一产业增长产生负面影响，且分别对第一产业增长率造成平均-0.23%和-0.83%的损失。2003年后，东部地区第一产业增长率空间结构偏离分量均变为正值，表明东部地区第一产业结构的优化给第一产业增长率带来了平均0.43%的正面效应。西部地区在2003~2010年，第一产业增长率空间结构偏离分量均变为正值，且西部地区第一产业结构的优化给第一产业增长率带来了平均0.43%的正面效应，而在2011年西部地区第一产业结构显现劣势，给第一产业增长率带来了-0.27%的负面效应。中部地区第一产业增长率空间结构偏离分量在整个样本期间呈正负交替变化，给第一产业增长率带来了平均0.26%的正面影响，说明该地区第一产业结构总体上较为合理。

2001~2003年，东部地区第一产业增长率空间竞争力偏离分量均为正值，说明较高的第一产业竞争力对东部地区第一产业的增长产生了正面影响，且给第一产业增长率带来了平均0.59%的正面效应。2003年以后，东部地区第一产业竞争优势消失，第一产业增长率空间竞争力偏离分量平均变为负值，即较低的第一产业竞争力对东部地区第一产业的增长产生了负面影响，且给第一产业增长率带来了平均-1.08%的负面效应。中部地区第一产业增长率空间竞争力偏离分量在2001~2007年间正负交替变化，给第一产业增长率带来了-0.11%的负面效应。2007~2010年间为正值，第一产业强劲的空间竞争力得以显现，给该地区第一产业增长率带来平均0.28%的正面效应，但2011年中部地区第一产业空间竞争力下降，给中部地区第一产业增长率带来 -1.47% 的负面效应。西部地区第一产业增长率空间竞争力偏离分量在整个样本期间正负交替变化，总体上具有相当的竞争优势，平均给中部地区第一产业增长率带来 0.40% 的正面效应。

2. 第二产业比较分析

2001~2004 年，东部地区第二产业增长率总偏离均为正值，且该地区第二产业平均增长率高于全国平均水平 0.41%。中西部地区在此期间第二产业增长率总偏离均为负值，分别平均低于全国 0.99% 和 1.18%。2004 年后，东部地区第二产业增长率总偏离均为变为负值，且该地区第二产业平均增长率低于全国平均水平 1.23%。中西部地区在此期间第二产业增长率总偏离均变为正值，分别平均高于全国 1.41% 和 3.05%。下面我们对三大地区第二产业增长率的空间结构偏离分量和空间竞争力偏离分量进行比较分析。

2001~2004 年，东中西部三大地区第二产业空间增长率结构偏离分量均为负值，说明第二产业结构劣势给三大地区第二产业增长产生负面影响，且分别对第二产业增长率造成平均 -0.86%、-1.19% 和 -1.18% 的损失。2004 年后，三大地区第二产业结构逐渐优化，三大地区第二产业空间增长率结构偏离分量均变为正值，分别对第二产业增长率产生平均 2.03%、1.58% 和 0.77% 的正面效应。

2001~2004 年，东部第二产业增长率空间竞争力偏离分量均为正值，说明较高的第二产业竞争力对东部地区第二产业的增长产生了正面影响，且给第二产业增长率带来了平均 1.27% 的正面效应。2004 年后，东部地区第二产业增长率空间竞争力偏离分量均变为负值，表明较低的第二产业竞争力对东部地区第二产业的增长产生了负面影响，且给该地区第二产业增长率带来平均 -3.26% 的负面效应。中部地区在 2001~2003 年，第二产业增长率空间竞争力偏离分量均为正值，给第二产业增长率带来了平均 0.58% 的正面效应。2004~2008 年，第二产业增长率空间竞争力偏离分量均变为负值，给第二产业增长率造成平均 -1.28% 的负面效应。2008 年以后，中部地区第二产业增长率空间竞争力偏离分量又均变为正值，给第二产业增长率带来了平均 0.92% 的正面效应。西部地区第二产业增长率空间竞争力偏离分量在 2001 年后均为正值，

且给该地区第二产业增长率带来平均1.92%的正面效应。

3. 第三产业比较分析

2001~2008年，东部地区第三产业增长率总偏离均为正值，平均高于全国0.36%。2008年以后，东部地区第三产业增长率总偏离总体上转变为负值，平均低于全国0.44%。

2001~2008年期间，中部地区第三产业增长率总偏离在整个样本期间总体为负值，平均低于全国0.80%，2009~2011年间为正值，平均高于全国0.28%。西部地区第三产业增长率总偏离除2001年为正值，高于全国0.58%外，在2002~2008年期间均为负值，平均低于全国0.53%。2008年以后，西部地区第三产业增长率总偏离转变为正值，平均高于全国1.4%。下面我们对三大地区间第三产业增长率的结构偏离分量和竞争力偏离分量进行比较分析。

2001~2008年，东部地区第三产业增长率空间结构偏离分量为负值，说明第三产业结构劣势对东部地区第三产业增长产生负面影响，且这种劣势给第三产业增长率带来平均-0.70%的负面效应。但在2008年后，东部地区第三产业增长率空间结构偏离分量平均转变为正值，即该地区第三产业结构优势开始显现，给东部地区第三产业增长率带来平均0.75%的正面效应。中部地区第三产业增长率空间结构偏离分量在整个2001~2008年间呈负值，说明中部地区第三产业结构劣势对该地区第三产业增长产生负面影响，且这种劣势给该地区第三产业增长率带来平均-0.55%的负面效应，2009~2011年基本呈正值，中部地区第三产业结构优势平均给第三产业增长率带来了0.54%的正面效应。西部地区第三产业增长率空间结构偏离分量在2001~2004年期间为负值，表明中部地区第三产业结构劣势给该地区第三产业增长带来负面影响，且这种劣势给该地区第三产业增长率带来平均-1.27%的负面效应。2004年后，西部地区第三产业结构劣势不断缩小，西部地区第三产业增长率空间结构偏离分量总体呈正负交替变换，为该地区第三产业增长率带来平均-0.10%的负面效应。

2001~2008年，东部地区第三产业增长率竞争力偏离分量均为正值，说明东部地区第三产业较强的竞争力对东部地区第三产业的增长产生了正面影响，且给第三产业增长率带来平均 1.06% 的正面效应。但这种对中西部地区第三产业的竞争优势在逐渐缩小，并在 2008 年后东部地区第三产业增长率竞争力偏离分量总体转变为负值，表明该地区第三产业竞争力处于劣势，且给东部地区第三产业增长率带来平均 -1.19% 的负面效应。中部地区第三产业增长率空间竞争力偏离分量在 2001~2006 年总体为负值，表明较低的第三产业竞争力对中部地区第三产业的增长产生了负面影响，且给中部第三产业增长率带来了平均 -0.69% 的负面效应。但这种对中西部地区第三产业的竞争劣势在逐渐缩小，并在 2006 年后，中部地区第三产业增长率竞争力偏离分量总体转变为正值，表明该地区第三产业竞争优势开始显现，且给中部地区第三产业增长率带来平均 0.10% 的正面效应。西部地区第三产业增长率竞争力偏离分量在 2001~2004 年间为正值，说明西部地区第三产业较强的竞争力对西部地区第三产业的增长产生了正面影响，且给该地区第三产业增长率带来了平均 1.13% 的正面效应。2004 年后，西部地区第三产业竞争力开始显现劣势，2004~2008 年西部地区第三产业增长率竞争力偏离分量均为负值，给该地区第三产业增长率造成 -0.71% 负面效应。但随着竞争劣势的逐渐缩小，2008 年后西部地区第三产业开始显现竞争优势，该地区第三产业增长率竞争力偏离分量均变为正值，说明西部地区第三产业竞争优势对该地区第三产业的增长产生了正面影响，且给第三产业增长率带来平均 1.23% 的正面效应。

四 主要结论

我们基于偏离—份额分析法空间模型对 2001~2011 年我国三大区域产业结构与竞争力进行了比较研究，主要结论如下。

1. 第一产业方面。东部地区第一产业增长速度近年来开始逐渐下降，并低于全国平均增速，而中西部地区平均增长速度逐渐高于全国平均水平。在产业结构方面，东部地区第一产业结构不断优化，对东部地区第一产业增长起到促进作用，中西部地区第一产业结构总体上呈现一定的劣势，且劣势有逐渐扩大的趋势。在产业空间竞争力方面，东部地区第一产业竞争力持续大幅下降，对东部地区第一产业增长产生了负面效应。但中部地区第一产业竞争力不断增

强，对本区域的第一产业增长起到较好的促进作用。西部地区第一产业竞争力总体上呈逐渐下降的趋势。

2. 第二产业方面。东部地区第二产业增长速度从2005年开始低于全国平均增速，且差距逐年增大，而中西部地区第二产业增长速度开始持续高于全国平均增速，其中西部地区增势最为强劲。在产业结构方面，从2005年开始，东中西部地区第二产业结构均不断调整和优化，对第二产业增长起到的正面效应逐渐增强，其中东部地区产业结构优化对该地区第二产业增长的拉动作用最为显著。在产业空间竞争力方面，东部地区第二产业竞争力从2005年开始出现大幅度下降，其竞争劣势逐渐增大，成为阻碍东部地区第二产业增长的首要因素，但与此同时，中部地区第二产业竞争力劣势却逐渐缩小，西部地区第二产业竞争力持续快速增强，大大高于临近区域同指标，成为本区域第二产业增长的主要推动力量。

3. 第三产业方面。东部地区第三产业增长速度明显高于全国平均增速，但也有逐渐放缓的趋势。而中西部地区增长速度总体上低于全国平均增速，但其差距正逐渐缩小。在产业结构方面，东部地区第三产业结构逐渐优化，对本地区第三产业的增长逐渐起到正面效应，中西部地区第三产业结构劣势逐渐减弱，但总体上对本区域内的第三产业增长依然起着阻碍作用。在产业空间竞争力方面，东中部地区第三产业竞争力逐渐增强，而西部地区第三产业竞争力经过一段时间的弱势也开始逐渐显现其强大的竞争优势。

4. 本文分析还发现，区域产业竞争力与该区域产业增长率总偏离表现出很强的正相关，即区域内某产业的竞争力较强，那么本区域内的该产业的增长速度通常要高于全国平均水平。如果我们为了加快区域产业增长速度一味地强调产业竞争力，而忽略产业结构的优化和调整，那么是极端错误的。因为产业结构的不断优化升级正是产业竞争力不断提高的源泉，正如美国经济学家钱纳里等人的实证研究表明的，产业结构转换是经济增长的重要源泉之一。

B.4 西部各省市区工业竞争力分析与评价

一个区域工业的发展主要体现在该地区工业企业的发展。企业是市场活动的主体,也是一个区域工业竞争力强弱最直观的体现,最坚实的基础。因此,我们对西部各省市区工业发展过程中的综合竞争力的测定与评价,使用工业企业竞争力有关指标和数据。

一 指标选择与分析方法

我们收集了2011年的西部十一省市区的工业企业相关数据进行静态分析,数据主要来源于《中国统计年鉴》(2008~2011)以及各省市区的统计年鉴,并计算出2008~2011年这段时期各个指标的增速状况,进行动态分析。

在静态与动态分析中,对工业企业竞争力下设二级指标与三级指标,二级指标包括四个:工业企业规模实力、工业企业运营能力、工业企业经济效益、工业企业社会贡献能力。考虑到数据的可取性及解释能力强弱,在二级指标下,选取了20个三级指标来进行分析和评价,具体如表1所示。在动态分析中,相应指标则成为增速指标。

表1 西部各省区市工业企业竞争力评价指标体系

二级指标	静态指标	动态指标
工业企业规模实力	工业企业平均产值(按当年价格)(亿元) 工业总产值(按当年价格)(亿元) 工业企业资产合计(亿元) 工业企业所有者权益(亿元) 工业企业固定资产原价(亿元)	工业企业平均产值增长率(按当年价格)(%) 工业总产值增长率(按当年价格)(%) 工业企业资产合计增长率(%) 工业企业所有者权益增长率(%) 工业企业固定资产原价增长率(%)

续表

二级指标	静态指标	动态指标
工业企业 运营能力	工业企业流动资产年平均余额(亿元) 工业企业固定资产净值年平均余额(亿元) 工业企业产品销售收入(亿元) 工业企业产品销售税金及附加(亿元) 工业企业利润总额(亿元) 工业企业流动资产合计(亿元)	工业企业流动资产年平均余额增长率(%) 工业企业固定资产净值年平均余额增长率(%) 工业企业产品销售收入增长率(%) 工业企业产品销售税金及附加增长率(%) 工业企业利润总额增长率(%) 工业企业流动资产合计增长率(%)
工业企业 社会贡献 能力	工业企业增加值(亿元) 工业企业本年应交增值税(亿元) 治理工业污染项目投资额(亿元) 工业企业全部从业人员年平均人数(万人)	工业企业增加值增长率(%) 工业企业本年应交增值税增长率(%) 治理工业污染项目投资额增长率(%) 工业企业全部从业人员年平均人数增长率(%)
工业企业 经济效益	工业企业工业增加值率(%) 工业企业总资产贡献率(%) 工业企业流动资产周转次数(次/年) 工业企业工业成本费用利润率(%) 工业企业产品销售率(%)	工业企业工业增加值率增长率(%) 工业企业总资产贡献率增长率(%) 工业企业流动资产周转次数增长率(%) 工业企业工业成本费用利润率增长率(%) 工业企业产品销售率增长率(%)

具体分析中，首先对各二级指标进行因子分析，计算出各省市区在该指标中的得分与排名，再以各省市区在各二级指标的得分为变量，进行一次因子分析，最终得出各省市区的静态分析和动态分析的总得分与排序。

在分析方法上，我们采用因子分析法来评价西部各省市区工业企业综合竞争力，有关因子分析法概念、评价指标体系和所采用的数学模型同于2012年版的研究报告，此处不再赘述。

二 西部各省市区工业企业竞争力静态分析与评价

（一）工业规模实力

1. 2011年情况

在西部各省市区工业规模实力排名中，四川省分值为2.237，远远高于其他省市区而排在第一位，内蒙古、陕西分值处在0~1之间，其他省市区得分均为负值。由此可进行ABC分类。

A 类（分值≥1）：四川（2.237 分）；

B 类（0.5≤分值<1）：内蒙古（0.974 分）、陕西（0.802 分）；

C 类（分值<0）：广西（-0.035 分）、云南（-0.127 分）、重庆（-0.152 分）、新疆（-0.231 分）、贵州（-0.591 分）、甘肃（-0.607 分）、宁夏（-1.045 分）、青海（-1.225 分）。

从总体情况来看，在工业规模实力方面，除了四川一枝独秀外，其他省市区指标值均不理想。

表 2　2011 年西部各省区市工业规模实力得分与排序

地区	主因子值	排序	与上年比较	地区	主因子值	排序	与上年比较
四　川	2.237	1	上升 0.57	新　疆	-0.231	7	下降 0.172
内蒙古	0.974	2	下降 0.231	贵　州	-0.591	8	上升 0.153
陕　西	0.802	3	上升 0.341	甘　肃	-0.607	9	下降 0.409
广　西	-0.035	4	上升 0.26	宁　夏	-1.045	10	下降 0.179
云　南	-0.127	5	上升 0.019	青　海	-1.225	11	下降 0.655
重　庆	-0.152	6	上升 0.301				

注：该项分析中所提取的因子数为一个。

2. 与上年比较

与上年比较，西部各省区市的工业规模实力排序有较大变化，其中广西由上年的第七位上升到第四位，重庆由第八位上升到第六位，贵州由第十位上升到第八位，宁夏由第十一位上升到第十位，新疆由第四位下降到第七位，甘肃由第六位下降到第九位，青海由第九位下降到第十一位。四川、陕西、广西、云南、重庆、贵州 6 省区市指标值上升，其中四川、陕西、重庆、广西上升幅度很大；而内蒙古、新疆、甘肃、宁夏、青海 5 省区市的指标值有所下降，其中内蒙古、甘肃、青海下降幅度很大。

（二）工业企业运营能力

1. 2011 年情况

在西部各省市区工业企业运营能力的排名中，四川以 2.129 分远远高于其他省市区而排在第一位，内蒙古、陕西、云南分值处在 0～1 之间，其他省市区得分均为负值。由此可进行 ABCD 分类。

A 类（分值≥1）：四川（2.129 分）；

B 类（0.5≤分值＜1）：内蒙古（0.962 分）、陕西（0.940 分）；

C 类（0≤分值＜0.5）：云南（0.050 分）；

D 类（分值＜0）：广西（-0.023 分）、新疆（-0.238 分）、重庆（-0.242 分）、甘肃（-0.555 分）、贵州（-0.659 分）、宁夏（-1.165 分）、青海（-1.198 分）。

从总体情况来看，在企业运营能力方面，也是除了四川一枝独秀外，其他省市区指标值均不理想。

表3 2011 年西部各省区市企业运营能力得分与排序

地区	主因子值	排序	与上年比较	地区	主因子值	排序	与上年比较
四 川	2.129	1	下降 0.015	重 庆	-0.242	7	下降 0.018
内蒙古	0.962	2	上升 0.086	甘 肃	-0.555	8	上升 0.002
陕 西	0.940	3	上升 0.03	贵 州	-0.659	9	上升 0.015
云 南	0.050	4	下降 0.102	宁 夏	-1.165	10	上升 0.043
广 西	-0.023	5	下降 0.037	青 海	-1.198	11	上升 0.017
新 疆	-0.238	6	上升 0.03				

注：该项分析中所提取的因子数为一个。

2. 与上年比较

与上年比较，西部各省区市的企业运营能力排序略有变化，主要表现为内蒙古和陕西排位的变化，内蒙古由上年的第三位上升至第二位，而陕西则由第二位降至第三位。内蒙古、陕西、新疆、甘肃、贵州、宁夏、青海 7 省区指标值上升，而四川、云南、广西、重庆 4 省区市的指标值有所下降。

（三）工业企业社会贡献能力

1. 2011 年情况

在西部各省市区工业企业社会贡献能力的排名中，四川以 2.132 分远远高于其他省市区而排在第一位；内蒙古亦较为突出，达到 1.116 分；陕西、广西分值处在 0~1 之间；其他省市区得分均为负值。由此可进行 ABC 分类。

A 类（分值≥1）：四川（2.132 分）、内蒙古（1.116 分）；

B 类（0.5≤分值＜1）：陕西（0.832 分）；

C 类（0≤分值＜0.5）：广西（0.046 分）；

D 类（分值＜0）：重庆（-0.086 分）、云南（-0.184 分）、新疆（-0.430 分）、贵州（-0.487 分）、甘肃（-0.648 分）、宁夏（-1.119 分）、青海（-1.171 分）。

从总体情况来看，在工业企业社会贡献能力方面，也是除了四川一枝独秀外，其他省市区指标值均不理想。

表4　2011 年西部各省区市企业社会贡献力得分与排序

地区	主因子值	排序	与上年比较	地区	主因子值	排序	与上年比较
四川	2.132	1	下降 0.014	新疆	-0.430	7	上升 0.083
内蒙古	1.116	2	上升 0.365	贵州	-0.487	8	上升 0.058
陕西	0.832	3	下降 0.201	甘肃	-0.648	9	下降 0.026
广西	0.046	4	下降 0.126	宁夏	-1.119	10	上升 0.014
重庆	-0.086	5	下降 0.176	青海	-1.171	11	上升 0.038
云南	-0.184	6	下降 0.013				

注：该项分析中所提取的因子数为一个。

2. 与上年比较

与上年比较，西部各省区市的工业企业社会贡献能力排序略有变化，主要表现为内蒙古和陕西排位的变化，内蒙古由上年的第三位上升至第二位，而陕西则由第二位降至第三位。内蒙古、新疆、贵州、宁夏、青海 5 省区指标值上升，而四川、陕西、广西、重庆、云南、甘肃 6 省区市的指标值有所下降。

（四）工业企业经济效益

1. 2011 年情况

在西部各省市区工业企业经济效益的排名中，内蒙古以 0.723 分远远高于其他省市区而排在第一位，新疆、四川、重庆、云南、陕西分值处在 0 ~ 1 之间，其他省市区得分均为负值。由此可进行 ABC 分类。

A 类（0.5≤分值＜1）：内蒙古（0.723 分）、新疆（0.699 分）；

B 类（0≤分值＜0.5）：陕西（0.433）、四川（0.301 分）、云南（0.032 分）、重庆（0.0049 分）；

C 类（分值＜0）：广西（－0.00111 分）、贵州（－0.229 分）、青海（－0.337 分）、甘肃（－0.552 分）、宁夏（－1.075 分）。

从总体情况来看，在工业企业经济效益方面，各省市区指标值均不理想。四川虽然在前几项指标上处于明显的领先地位，但经济效益指标则相对较差。

表5　2011年西部各省区市工业企业经济效益得分与排序

地区	第一主因子值	排序	第二主因子值	排序	综合主因子值	排序	与上年比较
内蒙古	1.188	1	0.645	4	0.723	1	下降0.037
新　疆	0.714	4	1.207	2	0.699	2	下降0.033
陕　西	－0.237	7	1.655	1	0.433	3	上升0.054
四　川	1.177	2	－0.642	7	0.301	4	上升0.532
云　南	－0.180	6	0.342	5	0.032	5	下降0.05
重　庆	0.817	3	－1.077	10	0.0049	6	下降0.063
广　西	0.566	5	－0.759	8	－0.0011	7	下降0.172
贵　州	－0.571	9	0.056	6	－0.229	8	上升0.2
青　海	－1.357	10	0.771	3	－0.337	9	下降0.366
甘　肃	－0.280	8	－1.331	11	－0.552	10	上升0.222
宁　夏	－1.836	11	－0.868	9	－1.075	11	下降0.284

注：该项分析中所提取的因子数为两个。

2. 与上年比较

与上年比较，西部各省区市的工业企业经济效益排序有较大的变化，其中四川由上年的第八位跃升到第四位，并由负值升为正值；贵州由第九位上升到第八位；广西由第四位下滑到第七位，并由正值降为负值；青海由第七位下降到第九位，并由正值降为负值。陕西、四川、贵州、甘肃4省区指标值上升，其中四川指标大幅度上升，而新疆、陕西、云南、重庆、广西、青海、宁夏7省区市的指标值有所下降。

（五）工业竞争力综合得分及排序

1. 2011 年情况

以上述各省市区企业竞争力的四个二级指标的分值数据，对这四个二级指标进行因子分析，从而得出各省市区企业竞争力的最终得分与排名（见表6）。其中四川以1.941分高于其他省市区而排在第一位，陕西、新疆分值处在0~1之间，其他省区得分均为负值。由此可进行ABC分类。

A类（分值≥1）：四川（1.941分）、内蒙古（1.152分）；

B类（0≤分值<1）：陕西（0.898分）、新疆（0.037分）；

C类（分值<0）：广西（-0.004分）、云南（-0.060分）、重庆（-0.132分）、贵州（-0.580分）、甘肃（-0.734分）、青海（-1.144分）、宁夏（-1.374分）。

从总体情况来看，工业企业竞争力指标，除了四川、内蒙古较好外，其他省市区指标值均不理想。

表6 西部各省区市工业企业竞争力静态分析得分与排序

地区	经济效益得分	社会贡献得分	企业规模得分	运营能力得分	主因子得分	排序	与上年比较
四川	0.301	2.133	2.237	2.129	1.941	1	上升0.037
内蒙古	0.723	1.117	0.974	0.962	1.152	2	下降0.066
陕西	0.433	0.832	0.802	0.940	0.898	3	下降0.013
新疆	0.700	-0.430	-0.231	-0.238	0.037	4	上升0.037
广西	-0.001	0.046	-0.035	-0.023	-0.004	5	下降0.017
云南	0.033	-0.185	-0.127	0.050	-0.060	6	下降0.038
重庆	0.005	-0.086	-0.152	-0.242	-0.132	7	上升0.048
贵州	-0.229	-0.487	-0.591	-0.659	-0.580	8	上升0.233
甘肃	-0.552	-0.648	-0.607	-0.555	-0.734	9	下降0.075
青海	-0.337	-1.171	-1.225	-1.198	-1.144	10	下降0.191
宁夏	-1.075	-1.120	-1.045	-1.165	-1.374	11	上升0.047

注：该项所取因子数为一个。

从静态分析的计量结果可以看出，四川省工业企业综合竞争力排名第一，这主要来自以下因素：较好的工业基础，西部大开发政策的贯彻实施，四川所具有的"增长极"的区位优势，资源与市场优势，劳动力和人才优势。其他如内蒙古、陕西、新疆的工业企业综合竞争力排名居前，指标值均为正值，而其他省区市指标值均为负值，工业综合竞争能力偏弱。

2. 与上年比较

与上年比较，西部各省区市的工业企业竞争力静态指标排序有较大的变化，其中新疆由上年的第五位上升到第四位；贵州由第九位上升到第八位；广西由第四位下降到第五位，并由正值降为负值；甘肃由第八位下降到第九位。四川、新疆、重庆、贵州、宁夏5省区市指标值上升，而内蒙古、陕西、广西、云南、甘肃、青海6省区市的指标值有所下降。

三 西部各省市区工业企业竞争力动态分析与评价

西部十一省市区工业企业竞争力动态分析结果如表7所示。其中广西分值高于其他省市区而排在第一位，内蒙古、四川、宁夏、重庆、陕西分值处在0~1之间，其他省区得分均为负值。由此可进行ABCD分类。

表7 西部各省市区工业企业竞争力动态分析得分与排序

地区	规模实力综合得分	运营能力综合得分	社会贡献力综合得分	经济效益综合得分	主因子得分	排序	与上年比较
广 西	0.293	1.152	1.571	1.072	1.919	1	上升0.86
内蒙古	0.605	0.098	0.618	0.545	0.895	2	上升0.314
四 川	0.374	-0.078	1.211	0.329	0.771	3	下降0.007
宁 夏	0.924	0.299	-0.239	-0.194	0.472	4	上升0.218
重 庆	0.307	-0.324	1.048	0.189	0.468	5	下降0.832
陕 西	0.198	0.139	0.284	-0.346	0.097	6	下降0.39
甘 肃	-0.280	0.264	-1.270	-0.326	-0.639	7	下降0.505
云 南	-0.598	-0.531	-0.402	-0.131	-0.824	8	上升0.337
青 海	-0.210	-0.016	-0.840	-0.870	-0.891	9	下降0.550
新 疆	-0.595	-0.096	-1.044	-0.544	-1.040	10	上升0.856
贵 州	-1.017	-0.909	-0.936	0.276	-1.228	11	下降0.322

注：该项所取因子数为两个。

A 类（分值≥1）：广西（1.919 分）；

B 类（0.5≤分值<1）：内蒙古（0.895 分）、四川（0.771 分）；

C 类（0≤分值<0.5）：宁夏（0.472 分）、重庆（0.468 分）；

D 类（分值<0）：甘肃（-0.639 分）、云南（-0.824 分）、青海（-0.891 分）、新疆（-1.040 分）、贵州（-1.228 分）。

与上年动态分析结果比较，西部各省区市的工业企业竞争力动态指标排序出现很大的变化，其中广西由上年的第二位上升到第一位，内蒙古由第四位上升到第二位；宁夏由第六位上升到第四位，云南由第十位上升到第八位，新疆由第十一位上升到第十位，而重庆由第一位大幅下降到第五位，陕西由第五位下降到第六位，贵州由第九位下降到第十一位。广西、内蒙古、宁夏、云南、新疆 5 省区指标值上升，其中广西大幅度上升，而四川、重庆、陕西、甘肃、青海、贵州 6 省区市的指标值有所下降，其中重庆大幅度下降。

从总体情况来看，广西动态竞争力排名第一，即其综合发展速度最快。从静态指标分析来看，广西经济综合实力排名居中等水平，而且经济效益、企业规模、社会贡献和运营能力得分较为平衡，可见，广西工业经济已具有较强的竞争力。近年来，广西以加快工业发展为主题，以优化结构调整为主线，突出抓好企业改革，技术改造和安全生产，使得广西在加快经济发展方式转变，做大、做强、做优全区工业方面取得了良好的成绩。广西工业发展始终抓住结构调整这根主线，通过大力开发优势资源，积极运用高新技术和先进技术改造传统优势产业，使资金、技术逐步向发展前景良好的产业集中，制糖、有色、电力、汽车、机械、医药制造业、黑色冶金工业、化学原料及化学制品制造业、非金属矿物制品业等为主的一批优势产业得到发展壮大，并具备与国内外企业开展产业合作的良好基础。2011 年，广西全区实现规模以上工业总产值 12836.57 亿元[1]，按可比价格计算，同比增长 33.1%，全年全部工业增加值 4914.37 亿元，比上年增长 17.3%。规模以上工业增加值增长 20.8%。[2]

---

[1] 数据来源：2012 年《中国工业经济统计年鉴》。
[2] 数据来源：《2011 年广西国民经济和社会发展统计公报》。

在动态竞争力综合排序中内蒙古居第二位，这说明随着西部大开发战略的深入推进，内蒙古综合经济实力正在逐渐越强，自身潜力不断释放，跨越式发展势头正在显现。2011年，内蒙古工业强劲增长，全省实现规模以上工业总产值17774.82亿元，同比增长32.6%；全部工业增加值7158.94亿元，同比增长18.2%。其中，规模以上工业企业增加值同比增长19%。全社会工业固定资产投资达到5035.2亿元，同比增长16.2%。① 但是，从内蒙古四个动态二级指标得分可以看出，虽然其经济效益增速和企业规模增速得分较高而位居前列，但其运营能力和社会贡献力增速得分较低。因此，内蒙古仍需进一步优化结构，加快其产业集中度的提高和企业运营能力的提升，加快产业结构升级和产业链延伸，提高产业竞争力。

四川和宁夏的企业竞争力动态排名分别位居第三、第四，在西部各省市区中的发展态势较好。四川是西部传统的经济大省，静态指标上具有明显的优势，具有较强的综合工业经济基础，为其稳定发展提供了条件。随着西部大开发深入推进、天府新区建设全面启动，为四川在更大空间开放合作提供了扎实基础和难得机遇，四川按照"产业成都"和"现代都市、现代产业、现代生活"的定位和要求，逐渐把天府新区建成对外开放和跨区域合作的新平台，发挥成都"一核"的引领带动作用，并且进一步承接电子信息、汽车制造、现代物流等重大产业项目转移，加快建设面向西部、辐射全国、融入世界的现代高端制造业基地和高端服务业平台，提高开放合作的广度深度。宁夏在过去五年坚持走新型工业化道路，积极实施大企业、大项目带动战略，加快推进企业自主创新步伐，大力发展循环经济，不断扩大对外开放，着力促进经济发展方式转变和经济结构调整。工业已成为宁夏经济中发展最快、活力最强、贡献最大的产业。2011年，宁夏实现规模以上工业总产值2491.44亿元，比上年增加567.05亿元；规模以上工业增加值达到724.41亿元，同比增长18.1%，工业经济拉动GDP增长7个百分点，对GDP增长的贡献率超过65%。② 因此可以说，宁夏工业仍然是拉动地区经济增长的主导力量。重庆在静态分析中在

---

① 数据来源：《2011年内蒙古国民经济和社会发展统计公报》。
② 数据来源：《2011年宁夏回族自治区国民经济和社会发展统计公报》。

西部排名居后,并且其动态指标大幅度下滑,但其动态指标排名位仍居第五位,说明重庆的工业经济仍然保持上升趋势。

陕西、甘肃、云南、青海企业竞争力动态排名居中,新疆、贵州企业竞争力动态排名落后,这几个省区因其区位劣势,产业优势不突出,产业结构调整缓慢,导致其工业经济发展速度较低。这些竞争力相对落后的省区应充分利用自己的相对优势,积极利用国家的优惠政策,培育能够带动本地区企业迅速发展的新的经济增长点,尽最大可能提升本地区企业的总体规模、运营能力和经济效益。对于那些发展态势较好的省区市,应着力调整产业结构,促进产业结构的优化和高端化,大力进行技术创新,提高产品的技术含量,努力提高人力资源素质,积极参与更广阔的市场竞争,推动本省(市区)竞争力的进一步提升。

B.5
西部各省市区工业经济比较优势分析与评价

本章分别用显示性比较优势指标（Revealed Comparative Advantage Index，简称RCA指数）与竞争力区位商来对西部各省市区主要工业行业进行比较研究，以确定具有比较优势的行业。这与前述因子分析方法不同，前者着重分析某个地区的工业总体竞争力，此处则着重分析具体的工业行业，确定哪些行业具有何等程度的竞争力或比较优势。

一 概念和方法

显示性比较优势指标（RCA）是分析哪些工业品行业具有比较优势的一个具有较高经济分析价值的实现指标，其公式如下：

$$RCA = \frac{该地区某类工业的销售收入}{全国该类工业的销售收入} \div \frac{该地区全部工业产品销售收入}{全国全部工业产品销售收入}$$

一般认为，若RCA > 2.5，则表明该类行业具有极强的市场竞争力；若RCA在1.25~2.5之间，则表明该类行业具有较强市场竞争力；若RCA在0.8~1.25之间，则表明该行业具有中度竞争力；若RCA在0.8以下，则表明该行业的竞争力较弱。这个指标可以用来分析西部主要行业显示性比较优势，在一定程度上说明竞争力高低。

区域工业竞争力还可用产业规模区位商和产业经济效益区位商来反映，表示该地区某行业的市场规模、占有率及经济效益在全国的地位。公式分别为：

$$产业规模区位商 = \frac{地区产业销售产值}{地区工业销售产值} \div \frac{全国行业销售产值}{全国工业销售产值} \quad (1)$$

$$产业经济效益区位商 = \frac{地区产业利税值}{地区工业利税值} \div \frac{全国行业利税值}{全国工业利税值} \quad (2)$$

因产业规模区位商基本等同于RCA指标，因此，在以下的分析中，我们使用RCA指标和产业经济效益区位商指标。

二 西部各省市区RCA指标比较分析

根据以上对西部十一省市区（除西藏外）的各工业行业的RCA指数与经济效益区位商（以下简称区位商）指标测算，我们可以较为全面地得出西部各产业竞争力情况。

（一）西南地区

1. 四川省

（1）四川具有极强竞争力的产业有饮料制造业、航空航天器制造业（高技术产业）。这两个产业的RCA指标值分别为：4.654554、2.645819；区位商值分别为：5.458639、2.822779。饮料制造业和航空航天器制造业的区位商值均大于其RCA指标值，说明这两个产业的经济效益优势要强于其规模优势。

饮料制造业属于四川省传统行业，尤其是制酒行业，全国70%的白酒产自四川，饮料制造业的总产值在四川整个工业总产值中的占比也是最高。

航空航天器制造业属于四川省高技术产业。四川是我国航空、航天领域最主要的设计研发、设备制造以及总装集成的产业集中地之一，在航空航天产业的研发和制造方面具有极强的比较优势。2011年，四川省航空航天器制造业产值与西部十个省市区相比，仅仅次于陕西，完成总产值182.3亿元，实现利润9.7亿元[①]，已经成为全国重要的航空航天器制造业基地。随着四川省航空电子信息系统研发、空管系统、卫星应用系统等重点项目的进一步推进，以及以航空整机、发动机、重要部件、航空电子、转包生产等为支柱的航空产业体系的进一步构建，四川省的航空航天产业将进一步发展壮大。

从横向比较来看，四川饮料制造业RCA指标在西部十一个省市区排名位居第一，区位商指标排在第二位，且大幅度领先其他省市区，说明该行业具有

---

① 数据来源：2012年《中国高技术产业统计年鉴》。

极强的横向比较优势；四川航空航天器制造业 RCA 指标在西部十一个省市区排名位居第三位，区位商指标排在第二位，说明该产业具有较强的横向比较优势。

（2）四川具有较强竞争力的产业有：非金属矿采选业、石油和天然气开采业、医药制造业（高技术产业）、有色金属矿采选业、非金属矿物制品业、农副食品加工业、煤炭开采与洗选业、黑色金属矿采选业、食品制造业。其中，非金属矿采选业、有色金属矿采选业和农副食品加工业的区位商值大于其对应的 RCA 指标值，说明这三个产业的经济效益优势要强于其规模优势；而石油和天然气开采业、医药制造业、非金属矿物制品业、煤炭开采与洗选业、黑色金属矿采选业、食品制造业这几个产业的区位商值小于其对应的 RCA 指标值，并且石油和天然气开采业、非金属矿物制品业、煤炭开采与洗选业、黑色金属矿采选业、食品制造业的区位商值均小于 1.25 的下限，说明这几个行业的经济效益优势要明显弱于其规模优势。

从变化情况来看，较强竞争力产业由 2010 年的八个上升到 2011 年的九个，其中黑色金属矿采选业与食品制造业由 2010 年的中度竞争力的产业进入 2011 年的较强竞争力产业，而通用设备制造业则由较强竞争力产业降为中度竞争力产业。

（3）四川具有中度竞争力的产业有：通用设备制造业，造纸及纸制品业，专用设备制造业，电力、热力的生产和供应业，电子计算机及办公设备制造业（高技术产业），化学原料及化学制品制造业，通信设备、计算机及其他电子设备制造业，黑色金属冶炼及压延加工业，金属制品业，电子及通信设备制造业（高技术产业），烟草制造业。其中，造纸及纸制品业，专用设备制造业，电力、热力的生产和供应业，电子计算机及办公设备制造业，化学原料及化学制品制造业，通信设备、计算机及其他电子设备制造业，金属制品业，电子及通信设备制造业的区位商值均大于 RCA 值，特别是电力热力生产和供应业与电子计算机及办公用品制造业的区位商值大于 1.25 的较强竞争力下限，说明这些产业经济效益良好。其他产业区位商值低于 RCA 值。

四川具有较强竞争力和中等竞争力的产业很多，共有九个大类行业具有较强竞争力，十二个行业具有中度竞争力，行业跨度较大，说明四川的工业发展总体比较均衡，产业结构布局相对合理，整体工业具有相对均衡的发展竞争力。其中，航空航天器制造业、医药制造业科技含量较高，应重点发展。农副食品加工业是四川的传统行业，该行业的大力发展有利于带动上游的农副产品销售，促进农村经济发展；其他几个产业属于劳动密集型产业，这些产业的发展有利于增加就业机会，但在劳工短缺的新形势下，这些产业要适度发展，避免加剧"用工荒"。

2. 重庆市

（1）重庆具有极强竞争力的产业有：交通运输设备制造业。其 RCA 值为 3.886546，区位商值为 3.412502，该产业的区位商值小于其 RCA 指标值，说明该产业的规模优势要强于经济效益优势。该产业中的汽摩行业优势十分明显，庆铃集团、长安铃木、力帆集团、宗申集团为重点企业。交通运输设备制造业属于重化工业，重庆背靠能源大省四川，这为该产业的发展提供了能源基础。

从横向比较来看，重庆的交通运输设备制造业两项指标在西部十一个省市区均排在第一位，且遥遥领先于其他省区，说明重庆在该产业的发展上具有极强的比较优势。

（2）重庆具有较强竞争力的产业有：电子计算机及办公设备制造业（高技术产业）、医疗设备及仪器仪表制造业（高技术产业）、烟草制品业。其中，医疗设备及仪器仪表制造业（高技术产业）、烟草制品业的区位商值大于对应的 RCA 指标值，说明这些产业的经济效益优势要强于其规模优势；电子计算机及办公设备制造业的区位商值小于其 RCA 指标值，其经济效益优势明显弱于其规模优势。

从变化情况来看，较强竞争力产业由 2010 年的 4 个下降至 2011 年的 3 个，其中电子计算机及办公设备制造业进入较强竞争力产业，而非金属矿采选业、医药制造业降为中度竞争力产业。

（3）重庆具有中度竞争力的产业有：非金属矿采选业，非金属矿物制品业，仪器仪表及文化办公用机械制造业，医药制造业（高技术产业），通用设备制造业，电气机械及器材制造业，煤炭开采和洗选业，通信设备、计算机及其他电子设备制造业，有色金属冶炼及压延加工业，化学原料及化学制品制造业，电力、热力的生产和供应业。其中非金属矿采选业、仪器仪表及文化办公用机械制造业、医药制造业、通用设备制造业、电气机械及器材制造业、有色金属冶炼及压延加工业、化学原料及化学制品制造业的区位商值大于其 RCA 值，而且非金属矿采选业的区位商高于 1.25 的较强竞争力下限，说明该产业的经济效益优势要强于其规模优势；其他产业的区位商值均小于其 RCA 指标值，说明这些产业的经济效益还有待进一步提高。

总体来看，重庆市作为直辖市，应大力发展高科技产业，加快工业的技术进步。

3. 广西壮族自治区

（1）广西具有极强竞争力的产业有：有色金属矿采选业。其 RCA 值为 3.041253，区位商值为 2.910364，该产业的区位商值小于其 RCA 指标，说明该产业的规模优势要强于经济效益优势。

有色金属矿采选业是广西新增的极强竞争力产业。过去广西没有极强竞争力产业，2011 年实现了零的突破。从横向比较来看，广西的有色金属矿采选业 RCA 指标在西部十一个省市区排名位居第四，区位商指标排在第三位，说明该行业具有极强的横向比较优势。

（2）广西具有较强竞争力的产业有：农副食品加工业，非金属采矿选业，交通运输设备制造业，饮料制造业，烟草制品业，电力、热力的生产和供应业，有色金属冶炼及压延加工业，黑色金属冶炼及压延制造业，非金属矿物制品业，造纸及纸制品业，石油加工、炼焦及核燃料加工业。其中农副食品加工业、有色金属冶炼及压延加工业、非金属矿物制品业、饮料制造业这几个行业的区位商值大于其 RCA 指标值，说明这几个行业的经济效益优势要大于其规模优势。而其他产业的区位商值要小于其 RCA 指标，并且电力、热力的生产和供应业，交通运输设备制造业，造纸及纸制品业，石油加工、炼焦及核燃料加工业，黑色金属冶炼及压延制造业的区位商值均小于 1.25 的下限，说明这些产业的经济效益优势要远远弱于其规模优势。

从变化情况来看，较强竞争力产业由 2010 年的 10 个上升至 2011 年的 11 个，其中造纸及纸制品业和石油加工、炼焦及核燃料加工业进入较强竞争力产业。

（3）广西具有中度竞争力的产业有：专用设备制造业、黑色金属矿采选业、医药制造业（高技术产业）、食品制造业。其中食品制造业、医药制造业的区位商值大于其 RCA 值，说明这两个产业的经济效益优势大于其规模优势，并且，医药制造业的区位商值已经大于 1.25 的上限；而其他产业的区位商值小于 RCA 指标值，说明这些产业的经济效益优势弱于其规模优势。

广西具有较强竞争力的产业较多，共有 11 个大类行业，且行业跨度较大，说明广西的工业发展总体比较均衡，产业结构布局相对合理，整体工业具有相对均衡的发展竞争力，但高科技产业发展不足。

4. 云南省

（1）云南具有极强竞争力的产业有：烟草制品业、有色金属冶炼及压延加工业、有色金属矿采选业。这三个产业的区位商值均小于其 RCA 值，说明这几个产业经济效益优势要弱于其规模优势。

烟草制品业为云南支柱产业，是云南产值的重要来源，云南品牌烟草畅销不衰，著名的品牌有"红塔山"、"玉溪"、"红梅"；云南具有丰富的矿产资源，有色金属矿是其最大的矿产资源优势，因此云南有色金属矿物采选与冶炼行业具有极强的竞争力。

从横向比较来看，云南烟草制品业两项指标在西部十一个省市区中均排在第一位，且大幅度超过其他省市区，说明云南烟草制品业具有极强的比较优势；有色金属冶炼及压延加工业和有色金属矿采选业 RCA 指标均位居第三，区位商指标排在第三位和第四位。

（2）云南具有较强竞争力的产业有：非金属矿采选业、电力热力生产和供应业、黑色金属矿采选业、黑色金属冶炼及压延加工业、煤炭开采和洗选业、化学原料及化学制品制造业。这几个产业的区位商值均小于其 RCA 值，说明这几个产业的经济效益优势要远远弱于其规模优势，其中黑色金属矿采选业、黑色金属冶炼及压延加工业、煤炭开采和洗选业、化学原料及化学制品制造业的区位商值均小于 1.25 的下限。

从变化情况来看，较强竞争力产业由 2010 年的 5 个上升至 2011 年的 6 个，其中煤炭开采和洗选业、化学原料及化学制品制造业进入较强竞争力产业，而医药制造业降为中等竞争力产业。

（3）云南具有中等竞争力的产业有：医药制造业（高技术产业）、饮料制

业。这些产业对应的RCA指标值分别为：1.205418、1.096908；区位商值分别为：0.905436、0.546424。这两个产业的区位商值均小于其RCA值且远远小于1.25的下限，说明这两个产业的经济效益优势要远远弱于其所对应的规模优势。

从RCA与区位商指标来看，云南整体工业竞争力相对偏弱，较多的行业属于较弱竞争力行业，在所有行业中占比达到2/3，这与云南区位劣势有关，地处西部相对偏远的地理位置对云南工业的发展产生了较多的制约，其优势竞争力行业基本体现在利用自身的自然资源方面，高科技产业发展相对落后。

5. 贵州省

（1）贵州具有极强竞争力的产业有：航空航天器制造业（高技术产业）、烟草制造业，煤炭开采和洗选业，饮料制造业，电力、热力的生产和供应业。其中航空航天器制造业（高技术产业），烟草制造业，煤炭开采和洗选业，电力、热力的生产和供应业的区位商值均低于RCA指标值，说明这些产业的经济效益优势远远弱于规模优势，饮料制造业的区位商值大于其对应的RCA指标值，说明该产业的经济效益优势要强于其规模优势。

贵州的航空航天器制造业拥有极强的比较优势，2011年贵州省航空航天器制造业产值与西部十一个省市区相比，仅仅次于陕西和四川，完成总产值87.6亿元，实现利润1.9亿元。[①] 贵州的烟草制品业与电力热力生产和供应业竞争力最为突出，而饮料制造业有茅台、董酒等十个知名品牌，"两烟一酒"是贵州的支柱产业，这两个产业对贵州经济贡献较大。另外，贵州是我国重要的能源基地，煤炭开采与洗选业较为发达，水能资源较为丰富，电力行业发展强劲，电力的外送能力较强。

从横向比较来看，贵州的电力热力生产和供应业RCA指标在十一省市区中排在第二位，并大幅超越其他省市区，这说明贵州的该产业规模比较优势相对较强，但区位商指标排在第十位，说明该行业的经济效益比较优势远不如规模优势；航空航天器制造业、烟草制造业、煤炭开采和洗选业、饮料制造业RCA指标均排在第二位，区位商指标依次排在第三位、第二位、第三位、第一位，说明这几个产业的横向比较优势也很明显。

---

① 数据来源：2012年《中国高技术产业统计年鉴》。

(2) 贵州具有较强竞争力的产业有：非金属矿采选业、医药制造业（高技术产业）、化学原料及化学制品加工业、黑色金属冶炼及压延加工业。其中非金属矿采选业区位商值高于 RCA 值，说明该产业经济效益优势优于其规模优势，而其他产业的区位商值均低于 RCA 指标值，并且化学原料及化学制品加工业、黑色金属冶炼及压延加工业未达到较强竞争力水平，说明这些产业的经济效益优势远远弱于其规模优势。

从变化情况来看，较强竞争力产业由 2010 年的 5 个下降至 2011 年的 4 个，其中有色金属冶炼及压延加工业降为中等竞争力产业。

(3) 贵州具有中度竞争力的产业有：有色金属冶炼及压延加工业、非金属矿物制品业、食品制造业。其中食品制造业的区位商值高于其 RCA 指标值，说明该产业的经济效益优势要强于其规模优势；非金属矿物制品业以及有色金属冶炼及压延加工业的区位商值远低于该产业的 RCA 值，说明这两个产业的经济效益优势弱于规模优势。

综合来看，贵州的区位劣势以及历史积累薄弱，使其工业发展竞争力相对较弱，其工业优势主要依托自身的自然资源，其采矿业与冶炼业具有相对明显的优势，但在高科技行业，其竞争力非常弱。因此，需要政府对高科技行业进行更多的扶持和政策上的倾斜。

（二）西北地区

1. 陕西省

(1) 陕西具有极强竞争力的产业有：航空航天器制造业，石油和天然气开采业，煤炭开采与洗选业，石油加工、炼焦及核燃料加工业。其中煤炭开采与洗选业与石油加工、炼焦及核燃料加工业的区位商值大于其 RCA 指标值，说明这两个产业的经济效益优势强于其规模优势。航空航天器制造业、石油和天然气开采业区位商值小于其 RCA 指标值，说明这两个产业的经济效益优势弱于其规模优势。

陕西得天独厚的石油、天然气、煤炭资源优势，为其工业发展提供了坚实的资源基础和能源基础，同时也可以为国内其他地区提供能源。煤炭、石油、天然气作为陕西能源工业的三大主要产品，在陕西的经济中占据着主导地位，

在全国具有突出的优势,因此大力发展这三大产业,有利于带动整个省份经济的发展。合理开发资源,同时鼓励发展技术含量、附加值高的深加工产品和新型合金材料,可以适当扩大石油天然气资源当地转化和增值。

陕西省是我国航空航天产业第一大省,是中国唯一拥有两个整机生产企业的省份,占有全国1/4的航空专业人才和高精尖设备,也是中国大中型飞机设计、研发、试飞、生产的重要基地,具有一批独占性的航空产业资源。"中国航空城"阎良是我国唯一、亚洲最大的集飞机设计研究、生产制造、试飞鉴定和科研教学为一体的航空工业基地。

从横向比较来看,陕西航空航天器制造业 RCA 指标值和区位商指标值在西部十一个省市区排名均位居第一,石油和天然气开采业 RCA 指标值在西部十一个省市区排名仅次于新疆,位居第二,区位商指标值排在第四位;石油加工、炼焦及核燃料加工业 RCA 指标值排名第三,区位商指标排在第二位;煤炭开采与选洗业 RCA 指标值排在第四位,区位商指标值排在第二位,说明陕西省这些行业极具比较优势。

(2)陕西具有较强竞争力的产业有:有色金属冶炼及压延加工业、有色金属矿采选业、烟草制品业、饮料制造业、电力热力的生产和供应业、交通运输设备制造业。这几个产业的区位商值均小于其 RCA 值,并且均低于 1.25 的下限,说明这些产业的经济效益优势要远远弱于其规模优势。

从变化情况来看,较强竞争力产业数量仍为 6 个,其中电力、热力的生产和供应业为新增较强竞争力产业,而专用设备制造业降为中等竞争力产业。

(3)陕西具有中度竞争力的产业有:专用设备制造业、食品制造业、医疗设备及仪器仪表制造业(高技术产业)、医药制造业(高技术产业)。这几个产业的区位商值均小于其 RCA 值,并且均低于 0.8 的下限,说明这些产业的经济效益优势要远远弱于其规模优势。

总体来看,陕西省在西部地区属于一个竞争力较强的省份,尤其是其自身的能源优势,为其工业发展提供了能源基础,而且一些科技含量较高的行业也有一定程度的发展。

2. 甘肃省

(1)甘肃具有极强竞争力的产业有:有色金属冶炼及压延加工业,石油加工、炼焦及核燃料加工业，石油和天然气开采业。其中有色金属冶炼及压延加工业，石油加工、炼焦及核燃料加工业的区位商值均小于其RCA指标值，说明这两个产业的经济效益优势弱于其规模优势，而石油和天然气开采业的区位商值大于其RCA指标值，说明该产业的经济效益优势要优于其规模优势。

有色金属冶炼及压延加工业和石油加工、炼焦及核燃料加工业是甘肃工业经济的支柱产业，竞争力十分突出。并且，甘肃作为国家石油储备基地，石油资源开采行业具有极强的竞争力。

从横向比较来看，甘肃有色金属冶炼及压延加工业的RCA值和区位商指标在西部十一省市区中位居第一，石油加工及炼焦加工业位居第一，区位商指标分别排在第三位，且大幅度领先西部其他省份同类行业，说明甘肃这两个行业具有极强的横向比较优势；石油和天然气开采业RCA指标排第四位，区位商指标排第三位。

（2）甘肃具有较强竞争力的产业有：黑色金属冶炼及压延加工业、烟草制品业、电力热力生产和供应业。其中烟草制品业的区位商值大于其RCA指标值，说明该产业的经济效益优势要强于其所对应的规模优势；电力热力生产和供应业及黑色金属冶炼及压延加工业的区位商均小于其RCA指标值，说明这些产业的经济效益优势要弱于其所对应的规模优势，而电力热力生产和供应业的区位商指标值远低于1.25的下限。

从变化情况来看，较强竞争力产业数量由2010年的4个降为2011年的3个，其中有色金属矿采选业降为中等竞争力产业。

（3）甘肃具有中度竞争力的产业有：有色金属矿采选业、煤炭开采和洗选业、饮料制造业。其中有色金属矿采选业的区位商值大于其RCA指标值，说明该产业的经济效益优势要强于其规模优势，饮料制造业和煤炭开采和洗选业的区位商值小于其RCA指标值，说明这两个产业的经济效益优势要弱于其规模优势。

从整体来看，甘肃工业与云南、贵州等西部省份相似，集中于资源密集型产业，特别偏重于矿产采选和冶炼行业，而精细、高科技、高附加值产业发展相对落后。

3. 青海省

（1）青海具有极强竞争力的产业有：石油和天然气开采业、有色金属冶炼及压延加工业、有色金属矿采选业、电力热力的生产和供应业。其中石油和天然气开采业、有色金属冶炼及压延加工业、电力热力的生产和供应业的区位商值均小于其RCA指标值，说明这三个产业经济效益优势要低于其规模优势，而电力热力的生产和供应业的区位商值甚至远远低于0.8的中等竞争力的下限。

石油、有色金属等作为青海的支柱产业，在拉动工业经济增长上发挥着重要作用。有色金属矿采选业和有色金属冶炼及压延加工业是青海的特色产业，青海省铝工业发展迅速，电解铝产能已居全国前列，是我国铝工业大省。青海有丰富的油气、地热资源，使其成为国家的能源储备与开发基地，同时也促进了电力热力供应业的发展。

从横向比较也可以看出，青海省有色金属矿采选业RCA指标在西部十一个省市区中排在第二位，区位商指标排在第一位；有色金属冶炼及压延加工业RCA值与区位商指标分别排在第二位；石油和天然气开采业RCA指标排在第三位，区位商指标排在第二位，具有较强的比较优势；电力、热力的生产和供应业RCA值和区位商指标均排在第三位，具有较强的比较优势。

（2）青海具有较强竞争力的产业有：煤炭开采与洗选业、化学原料及化学制品加工业、黑色金属冶炼及压延加工业。其中煤炭开采与洗选业和化学原料及化学制品加工业的区位商值均大于2.5，高出RCA值一个档次，说明青海以上产业的经济效益优势要远远强于其规模优势。

青海的化学原料及化学制品加工业具有较大的排放性，在青海这个环境脆弱地区发展这些行业时，要注意对环境的保护。

（3）青海具有中度竞争力的产业有：非金属矿采选业、非金属矿物制品业。这两个产业对应的RCA指标值分别为1.087345、0.804437；区位商指标值分别为1.238365、0.450254。其中非金属矿采选业的区位商值大于其对应的RCA指标值，说明该产业的经济效益优势强于其规模优势，非金属矿物制品业的区位商值小于其对应的RCA指标值，说明该产业的经济效益优势弱于其规模优势。

从总体来看，青海省的发展依然是过多地依赖于自身的矿产资源，造成其工业结构及布局的不均衡。整个工业以矿产开发与冶炼为主导，资源利用效率不高。因其地质环境，生态环境脆弱，不太利于工业的发展。青海在工业发展过程中应注重环境保护，坚持可持续发展原则。

4. 宁夏回族自治区

（1）宁夏具有极强竞争力的产业有：煤炭开采和洗选业、电力热力的生产和供应业、有色金属冶炼及压延加工业。其中电力热力的生产和供应业的区位商值大于其对应的 RCA 指标，说明该产业的经济效益优势强于其规模优势，而其他两个产业的区位商值均小于其对应的 RCA 指标，说明这些产业得经济效益优势弱于其规模优势，有色金属冶炼及压延加工业的区位商值远远低于 2.5 的下限。

宁夏煤炭开采和洗选业、电力热力生产和供应业尤其突出。宁夏的煤炭资源丰富，煤炭采掘与加工成为其优势支柱产业。并且，宁夏煤炭品种齐全，产业条件较好，具有优质动力煤、太西无烟煤、焦炭及煤炭的液化气化等优势产品；在电力资源方面，宁夏有丰富的火电、水电资源，人均发电量居全国第二位，这些资源为宁夏建立能源基地提供了强有力的保证；[①] 另外，在有色金属冶炼方面，宁夏具有国内最大的钽铌生产企业，国内最大的科技先导型的钽铌研究中心和国内唯一的铍材研制加工基地。

横向比较显示，宁夏煤炭开采与洗选业 RCA 指标排第三位，并大幅度超过其他省市区，区位商指标则排在第五位，说明该产业具有极强的比较优势；电力热力生产和供应业 RCA 指标排第一位，并大幅度超过其他省市区，区位商指标则排在第二位，说明该产业具有极强的比较优势；有色金属冶炼及压延加工业 RCA 指标排在第四位，区位商指标排在第五位。

（2）宁夏具有较强竞争力的产业有：石油加工、炼焦及核燃料加工业，食品制造业，化学原料及化学制品制造业。其中石油加工、炼焦及核燃料加工业，食品制造业的区位商值均大于其对应的 RCA 指标，说明这两个产业的经济效益优势强于其规模优势，化学原料及化学制品制造业的区位商值小于其

---

① 数据来源：宁夏信息网。

RCA 值，并且低于 0.8 的下限，说明该产业的经济效益优势远远小于其规模优势。

从变化情况来看，较强竞争力产业数量仍为 3 个，其中石油加工、炼焦及核燃料加工业，化学原料及化学制品制造业为新增较强竞争力产业，而造纸及纸制品业、非金属矿物制品业降为中等竞争力产业。

（3）宁夏具有中度竞争力的产业有：造纸及纸制品业、纺织业、非金属矿物制品业、黑色金属冶炼及压延加工业。其中造纸及纸制品业、非金属矿物制品业、黑色金属冶炼及压延加工业的区位商值小于其 RCA 指标，说明这三个产业的经济效益优势小于其规模优势；而纺织业的区位商值大于其 RCA 指标值，并且处于 1.25 以上，高出 RCA 指标一个档次，说明该产业的经济效益优势远远强于其规模优势。

就总体来看，宁夏的工业竞争力情况也表现为资源依托型，主要集中在能源开采与加工行业，其工业发展更多地集中在劳动密集型产业，低附加值的产业；高科技、高附加值行业十分薄弱。

5. 新疆维吾尔自治区

（1）新疆具有极强竞争力的产业有：石油和天然气开采业，石油加工、炼焦及核燃料加工业。其中石油和天然气开采业的区位商值小于其 RCA 指标值，说明它的规模优势要强于效益优势，而石油加工、炼焦及核燃料加工业的区位商值大于其 RCA 指标值，说明其效益优势要强于其规模优势。

新疆石油、天然气资源储量丰富，为石油、天然气开采、加工提供了强有力的资源基础，新疆的油气可就近加工，降低了原料成本，减少了中间环节，降低了成本。新疆也是国家的战略能源储备基地，是我国"西气东输"的源头，能源及相关产业的发展具有重要战略地位。

从横向比较来看，新疆的石油和天然气开采业两项指标在西部十一个省市区均排在第一位，且大幅度超过其他省市区；石油加工、炼焦及核燃料加工业 RCA 指标排在第二位，区位商指标排在第一位，说明新疆在石油和天然气开采业，石油加工、炼焦及核燃料加工业方面比较优势十分突出。

（2）新疆具有较强竞争力的产业有：化学纤维制造业、黑色金属矿采选业、有色金属矿采选业、黑色金属冶炼及压延加工业。其中化学纤维制造业、黑色金属矿采选业和黑色金属冶炼及压延加工业的区位商值均小于其 RCA 值，说明这三个产业的经济效益优势要弱于其规模优势（其中化学纤维制造业的区位商为负值，黑色金属冶炼及压延加工业的区位商值远远小于 1.25 的下限），有色金属矿采选业的区位商值大于其 RCA 指标值，说明该产业的经济效益优势要优于其规模优势。

从变化情况来看，较强竞争力产业数量由 2010 年的 3 个上升到 2011 年的 4 个，其中化学纤维制造业是新增较强竞争力产业。

（3）新疆具有中度竞争力的产业有：电力热力的生产和供应业、食品制造业、化学原料及化学制品制造业、非金属矿物制品业。

其中电力、热力的生产和供应业的区位商值大于其对应的 RCA 值，说明该产业的经济效益优势要优于其规模优势。其他产业的区位商值均小于其对应的 RCA 指标值，且说明这些产业的经济效益不太理想，其中食品制造业和非金属矿物制品业的区位商值均小于 1.25 的下限。

总体来看，新疆工业布局尚属合理，竞争力最突出的行业在于资源行业特别是石油行业，但在高科技产业方面竞争力相对较弱。

6. 内蒙古自治区

（1）内蒙古具有极强竞争力的产业有：煤炭开采与洗选业、有色金属矿采选业、黑色金属矿采选业、非金属矿采选业。以上产业的区位商值均小于其对应的 RCA 指标，说明这些产业的经济效益优势弱于其规模优势。

内蒙古煤炭开采业极具优势。2007 年底，内蒙古煤炭探明储存量超过山西，居全国第一，煤炭工业的飞速发展，促进了煤炭转换和深加工产业的发展；内蒙古黑色金属、有色金属、贵金属等金属矿产种类繁多，从而促进了黑色、有色和非金属矿采选业的发展。

从横向比较上可以看出，内蒙古煤炭开采与洗选业、黑色金属矿采选业、非金属矿采选业 RCA 指标在西部十一省市区中均排在第一位，说明内蒙古这些产业具有极强的规模竞争力。煤炭开采与洗选业的区位商指标排在第三位，有色金属矿采选业的区位商指标排在第一位，黑色金属矿采选业的区位商值排在第一位，非金属矿采选业的区位商指标排在第七位。

（2）内蒙古具有较强竞争力的产业有：食品制造业、有色金属冶炼及压延

加工业、电力热力的生产和供应业、农副食品加工业。其中食品制造业、农副食品加工业的区位商值均低于其RCA指标值，说明这两个产业的经济效益优势要弱于其规模优势；有色金属冶炼及压延加工业、电力热力的生产和供应业的区位商值均高于其RCA值，说明这两个产业的经济效益优势要强于其规模优势，电力热力的生产和供应业的区位商值甚至远远高于极强竞争力2.5的下限。

内蒙古较强竞争力产业很大一部分是对极强竞争力产业的一个延续，因其主要体现在矿产加工、食品加工、电力热力生产和供应等行业。内蒙古的风力资源丰富，这有利于新能源的开发。另外，丰富的自然资源，为其发展绿色食品产业提供了得天独厚的资源优势和生态优势，整体品牌形象明显提升。蒙牛乳业（集团）和伊利实业集团已成为国内著名的乳业集团。

从变化情况来看，较强竞争力产业数量仍为4个，其中食品制造业为新增较强竞争力产业，而非金属矿采选业退出较强竞争力产业。

(3) 内蒙古具有中度竞争力的产业有：黑色金属冶炼及压延加工业、饮料制造业、医药制造业、化学原料及化学制品制造业、非金属矿物制品业。这些产业的区位商值低于RCA指标值，这些产业的经济效益优势要远远低于其规模优势。

总之，内蒙古以电力、煤炭矿产为主的能源工业发展强劲，传统的农畜产品加工业持续发展，高科技产业相对不足，需要予以更多的扶持。

小　结

西部具有极强竞争力产业主要集中在资源密集型产业和轻工业，包括(1) 矿产资源采选业（即采掘工业），如煤炭开采与洗选业、黑色金属矿采选业、石油和天然气开采业、非金属矿采选业；(2) 资源加工业，包括电力热力生产和供应业、有色金属冶炼及压延加工业、石油加工及炼焦加工业、非金属矿物制品业；(3) 轻工业，包括饮料制造业、烟草制品业、食品制造业、农副食品加工业、医药制造业。总体来说，西部工业处于加工业的低端，这也是东西部差距大的主要原因。

西部地区各产业的RCA和区位商指标见表1~3。

表1 西部极强竞争力产业

行业	省份	RCA值	省份	RCA值	省份	RCA值	省份	RCA值
石油和天然气开采业	新疆	15.43195	陕西	7.244043	青海	6.140317	甘肃	2.7912995
电力、热力的生产和供应业	宁夏	3.841728	贵州	3.26145	青海	2.577064		
有色金属冶炼及压延加工业	甘肃	6.0403942	青海	5.875974	云南	3.93218	宁夏	2.609524
煤炭开采和洗选业	内蒙古	6.247238	贵州	5.753006	宁夏	4.512605	陕西	3.901123
交通运输设备制造业	重庆	3.886546						
饮料制造业	四川	4.654554	贵州	4.252973				
石油加工、炼焦及核燃料加工业	甘肃	4.041079	新疆	3.535092	宁夏	2.720304		
航空航天器制造业	陕西	12.58285	贵州	6.785412		2.645819		
黑色金属矿采选业	内蒙古	2.752282						
有色金属矿采选业	内蒙古	4.301513	青海	3.823098	云南	3.499831	广西	2.676818
烟草制品业	云南	18.31982	贵州	6.587676				
化学纤维制造业	新疆	2.655145						
非金属矿采选业	内蒙古	2.515429						

表2 2011年西部十一省市区RCA指标

	内蒙古	广西	重庆	四川	贵州	云南	陕西	甘肃	青海	宁夏	新疆
煤炭开采和洗选业	6.24724	0.06787	0.95891	1.33194	5.75301	1.36492	3.90112	1.02205	2.20541	4.51260	0.76936
石油和天然气开采业	0.39472	—	0.04909	1.65465	—	—	7.24404	2.79130	6.14032	0.04957	15.43195
黑色金属矿采选业	2.75229	1.03935	0.08969	1.27285	0.25575	1.97328	0.37097	0.26218	0.58172	0.08554	1.60142
有色金属矿采选业	4.30151	3.04125	0.05327	1.53088	0.46222	3.49983	1.48005	1.17587	3.82310	—	1.36930

续表

	内蒙古	广西	重庆	四川	贵州	云南	陕西	甘肃	青海	宁夏	新疆
非金属矿采选业	2.51543	2.04306	1.22455	2.39120	2.19012	2.15149	0.43786	0.42383	1.08734	0.08529	0.52754
农副食品加工业	1.35369	2.16456	0.76768	1.47367	0.45430	0.75206	0.70341	0.55350	0.23803	0.44884	0.76984
食品制造业	2.13746	0.83673	0.71333	1.26980	0.87136	0.71328	1.07809	0.35319	0.38420	1.46365	1.00089
饮料制造业	0.90179	1.45073	0.74871	4.65455	4.25297	1.09691	1.32857	0.90794	0.52538	0.50813	0.78322
烟草制品业	0.42231	1.44803	1.28219	0.84213	6.58768	18.31982	1.38823	1.74063	0.00000	0.36959	0.56244
纺织业	0.64955	0.35144	0.39973	0.68783	0.03374	0.04909	0.25690	0.06787	0.23684	1.13599	0.48763
纺织服装鞋帽制造业	0.14486	0.31517	0.32535	0.35739	0.05493	0.01454	0.11401	0.03724	0.17010	0.03257	0.03748
造纸及纸制品业	0.38750	1.30134	0.78394	1.11639	0.47347	0.49429	0.39449	0.10398	—	1.19660	0.17346
石油加工、炼焦及核燃料加工业	0.64902	1.25541	0.10316	0.37138	0.30561	0.71025	2.72030	4.04108	0.56697	1.90910	3.53509
化学原料及化学制品制造业	0.83564	0.73963	0.88032	0.94130	1.49551	1.32183	0.47168	0.63012	1.76819	1.32206	0.85489
医药制造业	0.85253	0.97407	1.04354	1.63791	2.04028	1.20542	1.00729	0.48894	0.66695	0.62200	0.09932
化学纤维制造业	0.00347	—	0.07244	0.73935	—	0.21269	0.10608	0.02680	—	—	2.02067
非金属矿物制品业	0.81276	1.37508	1.10033	1.50660	0.95580	0.76813	0.77014	0.59475	0.80444	0.97910	0.83435
黑色金属冶炼及压延加工业	1.15237	1.40684	0.73443	0.90891	1.25838	1.52957	0.62445	1.94376	1.29216	0.92947	1.34930
有色金属冶炼及压延加工业	2.09006	1.42564	0.88446	0.62229	1.24009	3.93218	1.53943	6.04039	5.87597	2.60952	0.40055
金属制品业	0.31742	0.50490	0.69743	0.90108	0.34684	0.26626	0.36328	0.23983	0.12348	0.40055	0.32281

续表

	内蒙古	广西	重庆	四川	贵州	云南	陕西	甘肃	青海	宁夏	新疆
通用设备制造业	0.26697	0.40454	0.97428	1.24740	0.18838	0.25251	0.62223	0.16876	0.22085	0.41802	0.03789
专用设备制造业	0.45161	1.11964	0.56143	1.08489	0.20789	0.27727	1.07856	0.31686	0.04294	0.44653	0.13265
交通运输设备制造业	0.22564	1.63746	3.88655	0.64259	0.41925	0.25681	1.25589	0.05670	0.01262	0.03018	0.03102
电气机械及器材制造业	0.24066	0.49815	0.97143	0.50965	0.24120	0.17694	0.43037	0.46483	0.15113	0.33432	0.58313
通信设备、计算机及其他电子设备制造业	0.03884	0.32958	0.92020	0.91511	0.11802	0.03012	0.23888	0.04815	0.00439	0.01668	0.03633
仪器仪表及文化办公用机械制造业	0.00803	0.20998	1.05223	0.27782	0.19189	0.19757	0.90202	0.03535	0.07916	0.31969	0.01629
电力、热力的生产和供应业	2.03057	1.42875	0.85260	0.96728	3.26145	2.12007	1.26966	1.63244	2.57706	3.84173	1.19999
航空航天器制造业	—	0.09618	—	2.64582	6.78541	—	12.58285	0.42403	—	—	—
电子及通信设备制造业	0.05509	0.34417	0.33414	0.87374	0.17342	0.01483	0.34955	0.07089	0.00679	0.02490	0.05343
电子计算机及办公设备制造业	0.00408	0.28587	2.07758	0.96090	—	0.06784	0.00288	—	—	—	—
医疗设备及仪器仪表制造业	0.02492	0.29143	1.29181	0.41882	0.14179	0.19505	1.04542	0.03994	0.08702	0.35536	0.01842

表3 2011年西部十一省市区产业区位商指标

	内蒙古	广西	重庆	四川	贵州	云南	陕西	甘肃	青海	宁夏	新疆
煤炭开采和洗选业	5.88559	0.04844	0.75393	0.79369	3.26627	0.67011	4.27538	1.00571	2.78937	2.56572	0.37467
石油和天然气开采业	0.17197	—	0.00872	0.23859	—	—	3.30035	3.61862	3.84406	0.04291	8.46276
黑色金属矿采选业	1.42633	0.92744	0.00856	0.92502	0.15142	1.12330	0.11132	0.29296	0.28872	0.00281	1.28495

087

续表

	内蒙古	广西	重庆	四川	贵州	云南	陕西	甘肃	青海	宁夏	新疆
有色金属矿采选业	2.74304	2.91036	0.05184	1.62827	0.19420	2.33172	1.00681	1.51943	5.91933	—	1.74390
非金属矿采选业	1.00861	2.02531	1.27216	3.03369	3.41952	1.92555	0.18410	0.36595	1.23837	0.03534	0.24215
农副食品加工业	0.91060	3.88386	0.82092	1.42700	0.22394	0.88897	0.30214	0.41040	0.06923	0.51831	0.27312
食品制造业	1.50400	0.90237	0.72185	0.99467	1.37456	0.33934	0.42030	0.15331	0.27837	1.91364	0.19765
饮料制造业	0.53440	1.62152	0.74885	5.45864	11.52143	0.54642	0.61742	0.73570	0.25319	0.96520	0.52954
烟草制品业	0.10959	1.28146	1.48768	0.76857	3.76559	9.77813	0.61045	1.98380	—	0.25768	0.23318
纺织业	0.58557	0.25621	0.44513	0.77148	0.00053	0.04758	0.14656	0.04903	0.09773	1.92104	0.13283
纺织服装鞋帽制造业	0.05966	0.60477	0.51370	0.42651	0.02753	0.01096	0.09912	0.03005	0.08758	0.02515	0.00392
造纸及纸制品业	0.40805	0.75709	1.06226	1.21313	0.06783	0.27259	0.23856	0.03778	—	-0.11293	0.11466
石油加工、炼焦及核燃料加工业	0.48268	0.81185	0.12643	0.49701	0.10950	0.28000	3.82366	3.67907	0.74330	2.22705	4.11713
化学原料及化学制品制造业	0.64029	0.79540	0.90548	1.07379	1.22775	0.59110	0.19365	0.36664	3.20246	0.57632	0.84523
医药制造业	0.56048	1.26005	1.05978	1.59713	1.69127	0.90544	0.58022	0.81558	0.39860	1.03793	0.05030
化学纤维制造业	—	—	0.05074	0.55052	—	0.51914	0.11558	—	—	—	-0.22405
非金属矿物制品业	0.45734	1.61883	1.09384	1.18712	0.28725	0.27575	0.37970	0.66540	0.45025	0.90987	0.52700
黑色金属冶炼及压延加工业	0.94385	1.18568	0.87563	0.63454	0.25956	0.89561	0.26833	1.66392	0.94264	0.33340	0.54747
有色金属冶炼及压延加工业	2.21303	1.58703	1.02012	0.48350	0.70995	2.30371	0.81824	4.14904	2.84052	1.71204	0.18756

续表

	内蒙古	广西	重庆	四川	贵州	云南	陕西	甘肃	青海	宁夏	新疆
金属制品业	0.27800	0.72739	0.88066	0.96842	0.14639	0.10187	0.14367	0.23958	0.06402	0.37156	0.07852
通用设备制造业	0.15172	0.52397	1.32429	1.15059	0.14982	0.10570	0.33213	0.12980	0.07106	0.36976	0.02118
专用设备制造业	0.13784	1.07604	0.70351	1.10879	0.12352	0.07932	0.33491	0.17964	0.03290	0.65740	0.07771
交通运输设备制造业	0.02550	1.09723	3.41250	0.66193	0.07509	0.11474	0.37864	0.02886	-0.00526	0.07190	-0.01003
电气机械及器材制造业	0.12772	0.83039	1.18718	0.54339	0.12501	0.07843	0.07909	0.47486	0.03834	0.31041	0.55587
通信设备、计算机及其他电子设备制造业	0.03436	2.60490	0.28162	1.02729	0.07941	0.04770	0.14991	0.10858	0.00094	0.09579	0.05718
仪器仪表及文化办公用机械制造业	0.00188	0.34753	1.19692	0.35244	0.15295	0.13290	0.36125	0.00904	0.07345	1.27049	0.00707
电力、热力的生产和供应业	5.40575	0.68844	0.54130	1.81654	0.52277	1.29670	0.95582	0.17297	0.55050	3.99041	1.27254
航空航天器制造业	—	0.18905	—	2.82278	2.00913	—	5.84074	1.12239	—	—	—
电子及通信设备制造业	0.03534	0.69433	0.31598	1.09397	0.09700	0.03328	0.17955	0.13475	0.00000	0.09823	0.05099
电子计算机及办公设备制造业	0.01196	1.21968	1.69127	1.92368	—	0.06933	0.00607	—	—	—	—
医疗设备及仪器仪表制造业	0.00987	0.29265	1.46850	0.47469	0.16992	0.10806	0.46444	0.01577	0.06034	0.95059	0.00617

注：1. 本表结果均由规模以上工业企业数据计算。

2. 医药制造业、航空航天器制造业、电子及通信设备制造业、电子计算机及办公设备制造业、医疗设备及仪器仪表制造业属于高技术产业，其余产业为传统产业。

3. 资料来源：根据 2012 年《中国工业统计年鉴》以及《中国高技术产业统计年鉴》整理而得。

三 西部产业竞争力与上年度比较

(一) RCA指标比较

从总体上看,2011年西部各行业RCA指标较2010年有所下降。在已统计的39个行业中只有煤炭开采与洗选业,石油加工、炼焦及核燃料加工业,电力热力生产和供应业,医药制造业、纺织服装鞋帽制造业,电子计算机及办公设备制造业,金属制品业,通用设备制造业这9个行业指标值上升,其他各行业的指标值均下降。在RCA指标上升的行业中有两个特点:一是能源类居多,这与当年中国的能源需求的宏观形势密切相关。二是高技术行业,如电子计算机及办公设备制造业和医药制造业的指标值大幅度上升,从一定程度上反映出结构优化的趋势,但航空航天器制造业指标值大幅度下降,这一形势不容乐观。大多数行业的升降幅度很小(见表4)。

表4 RCA指标比较

行业\年份	2011	2010	与上年比较
煤炭开采与洗选业	2.44351	2.2842	上升0.159
石油和天然气开采业	2.52716	2.608603	下降0.081
黑色金属矿采选业	1.17669	1.27379	下降0.097
有色金属矿采选业	2.01785	2.40938	下降0.352
非金属矿采选业	1.70812	1.712972	下降0.005
农副食品加工业	1.13871	1.194381	下降0.056
食品制造业	1.14636	1.231727	下降0.085
饮料制造业	2.11054	2.135913	下降0.025
烟草制造业	2.37352	2.517858	下降0.144
石油加工、炼焦及核燃料加工业	1.32027	1.311598	上升0.009
非金属矿物制品业	1.07180	1.114915	下降0.043
黑色金属冶炼及压延加工业	1.09428	1.102946	下降0.009
有色金属冶炼及压延加工业	1.73119	1.801329	下降0.07
航空航天器制造业	2.51747	2.981952	下降0.464
电力热力生产和供应业	1.51664	1.486534	上升0.03
医药制造业	1.10953	0.90396	上升0.206

续表

行业＼年份	2011	2010	与上年比较
电子及通信设备制造业	0.31852	0.343576	下降 0.025
纺织服装鞋帽制造业	0.20534	0.170261	上升 0.035
电子计算机及办公设备制造业	0.46039	0.081511	上升 0.379
化学纤维制造业	0.34695	0.399125	下降 0.052
金属制品业	0.52483	0.496378	上升 0.028
电气机械及器材制造业	0.46251	1.026574	下降 0.564
纺织业	0.45057	0.463576	下降 0.013
通用设备制造业	0.62810	0.624785	上升 0.003
造纸及纸制品业	0.70747	0.719949	下降 0.012
化学原料及化学制品加工业	0.88836	0.89676	下降 0.008
医疗设备及仪器仪表制造业	0.39337	0.444765	下降 0.051
专用设备制造业	0.71836	0.856113	下降 0.138
交通运输设备制造业	0.95218	1.027264	下降 0.075

（二）区位商指标比较

从总体上看，2011年西部各行业区位商指标较2010年有所下降，但区位商指标情况要好于RCA指标。在已统计的39个行业中有13个行业指标值上升，其他各行业的指标值均下降。区位商指标值上升的行业比RCA多4个，其中煤炭开采与洗选业、电力热力生产和供应业、电子计算机及办公设备制造业、农副食品加工业、食品制造业指标值大幅度上升，而航空航天器制造业指标值大幅度下降（见表5）。

表5　产业区位商东西部比较（西部较具优势行业）

行业＼年份	2011	2010	与上年比较
煤炭开采与洗选业	2.44098	1.808075	上升 0.633
有色金属矿采选业	1.79121	1.757961	上升 0.033
非金属矿采选业	1.45202	1.406824	上升 0.045
饮料制造业	2.15333	2.558874	下降 0.406
烟草制品业	1.65930	2.246894	下降 0.588
航空航天器制造业	1.70871	3.14452	下降 1.436

续表

行业＼年份	2011	2010	与上年比较
有色金属冶炼及压延加工业	0.99481	1.049288	下降 0.054
电力热力生产和供应业	1.92331	1.292364	上升 0.631
石油加工、炼焦及核燃料加工业	1.29350	1.50774	下降 0.214
石油和天然气开采业	1.67905	2.374974	下降 0.696
农副食品加工业	1.00528	0.750789	上升 0.254
医疗设备及仪器仪表制造业	0.29518	0.469986	下降 0.175
纺织服装鞋帽制造业	0.19722	0.138073	上升 0.059
电气机械及器材制造业	0.37034	0.50926	下降 0.139
化学纤维制造业	0.15724	0.398714	下降 0.241
金属制品业	0.41526	0.382083	上升 0.033
电子计算机及办公设备制造业	0.48089	0.147244	上升 0.334
纺织业	0.37822	0.366453	上升 0.012
交通设备制造业	0.51564	0.624746	下降 0.109
专用设备制造业	0.46775	0.517499	下降 0.050
造纸及纸制品业	0.51553	0.500765	上升 0.015
黑色金属矿采选业	0.78333	0.726567	上升 0.058
通用设备制造业	0.44932	0.586538	下降 0.137
非金属矿物制品业	0.71482	0.865974	下降 0.151
黑色金属冶炼及压延加工业	0.72268	0.76969	下降 0.047
食品制造业	0.81087	0.605011	上升 0.206
医药制造业	0.72063	0.967037	下降 0.246
电子及通信设备制造业	0.28234	0.446026	下降 0.164
化学原料及化学制品加工业	0.75153	0.697792	上升 0.054

四 东西部产业竞争力比较

（一）东西部 RCA 指标比较

东西部 RCA 指标比较如表 6、表 7 所示。表 4 显示，西部地区 RCA 指标高于东部的行业有16个，所涉及的行业包括：（1）矿产资源采选业：煤炭开采与洗选业、石油和天然气开采业、黑色金属矿采选业、有色金属矿采选业、非金属矿采选业；（2）矿产资源加工业：石油加工、炼焦及核燃料加工业，非金属矿物制品业，黑色金属冶炼及压延加工业，有色金属冶炼及压延加工业；（3）轻工业：食品制造业、农副食品加工业、烟草制品业；（4）高技术产业：医药制造业、航空航天器制造业；（5）能源生产和供应业：电力、热力生产和供应业。西部这些行业相对于东部有着明显的比较优势，其中以资源优势相关的行业占据主导地位，而科技含量较高的产业，如电子及通信设备制造业，电子计算机及办公设备制造业，电气机械及器材制造业，通用设备制造业，专用设备制造业，交通运输设备制造业，通信设备、计算机及其他电子设备制造业，医疗设备及仪器仪表制造业等RCA指标明显低于东部地区，并且表5中前11个行业的差距非常大。

表6 RCA指标东西部比较（西部较具优势行业）

行业	东部	西部
煤炭开采与洗选业	0.38379	2.44351
石油和天然气开采业	0.60831	2.52716
黑色金属矿采选业	1.01869	1.17669
有色金属矿采选业	0.42371	2.01785
非金属矿采选业	0.66680	1.70812
农副食品加工业	0.78444	1.13871
食品制造业	0.85910	1.14636
饮料制造业	0.66815	2.11054
烟草制造业	0.58265	2.37352
石油加工、炼焦及核燃料加工业	0.97420	1.32027
非金属矿物制品业	0.83055	1.07180
黑色金属冶炼及压延加工业	0.99023	1.09428
有色金属冶炼及压延加工业	0.63221	1.73119
航空航天器制造	0.79771	2.51747
电力热力生产和供应业	0.87032	1.51664
医药制造业	0.86730	1.10953

表7　RCA指标东西部比较（东部较具优势行业）

行业	东部	西部
电子及通信设备制造业	1.49507	0.31852
纺织服装鞋帽制造业	1.27237	0.20534
电子计算机及办公设备制造业	1.56375	0.46039
化学纤维制造业	1.38517	0.34695
金属制品业	1.22594	0.52483
电气机械及器材制造业	1.22864	0.46251
纺织业	1.22001	0.45057
通用设备制造业	1.16405	0.62810
造纸及纸制品业	1.06539	0.70747
化学原料及化学制品加工业	1.05718	0.88836
医疗设备及仪器仪表制造业	1.35783	0.39337
专用设备制造业	0.99134	0.71836
交通运输设备制造业	0.97604	0.95218
通信设备、计算机及其他电子设备制造业	1.39164	0.41109
仪器仪表及文化办公用机械制造业	1.32210	0.34054

（二）东西部产业区位商指标比较

东部和西部产业区位商比较如表8、表9所示。西部具有比较优势的行业有煤炭开采与洗选业，有色金属矿采选业，非金属矿采选业，饮料制造业，烟草制造业，航空航天器制造业，有色金属冶炼及压延加工业，电力热力生产和供应业，石油加工、炼焦及核燃料加工业，石油和天然气开采业，农副食品加工业。西部这些行业的经济效益较好。但是，西部的区位商指标明显不如RCA指标，西部具有比较优势的产业仅有11个行业，比RCA指标的优势行业少5个。这说明西部工业整体经济效益不如东部。某些行业虽然具有规模上的比较优势，却没有效益上的比较优势，西部工业经济的发展存在着较大的粗放性。

表8 产业区位商东西部比较（西部较具优势行业）

行业	东部	西部
煤炭开采与洗选业	0.31576	2.44098
有色金属矿采选业	0.43578	1.79121
非金属矿采选业	0.71005	1.45202
饮料制造业	0.63284	2.15333
烟草制品业	0.70795	1.65930
航空航天器制造业	1.02800	1.70871
有色金属冶炼及压延加工业	0.73435	0.99481
电力热力生产和供应业	0.99217	1.92331
石油加工、炼焦及核燃料加工业	1.01176	1.29350
石油和天然气开采业	0.68494	1.67905
农副食品加工业	0.80372	1.00528

表9 产业区位商东西部比较（东部较具优势行业）

行业	东部	西部
医疗设备及仪器仪表制造业	1.506793	0.29518
纺织服装鞋帽制造业	1.41189	0.19722
电气机械及器材制造业	1.32518	0.37034
化学纤维制造业	1.58128	0.15724
金属制品业	1.32080	0.41526
电子计算机及办公设备制造业	1.64694	0.48089
纺织业	1.29837	0.37822
交通设备制造业	1.17117	0.51564
专用设备制造业	1.08090	0.46775
造纸及纸制品业	1.12560	0.51553
黑色金属矿采选业	1.25994	0.78333
通用设备制造业	1.28470	0.44932
非金属矿物制品业	0.87603	0.71482
黑色金属冶炼及压延加工业	1.13116	0.72268
食品制造业	0.96423	0.81087
医药制造业	0.73059	0.72063
电子及通信设备制造业	1.59700	0.28234
化学原料及化学制品加工业	1.17767	0.75153
通信设备、计算机及其他电子设备制造业	1.47923	0.36075
仪器仪表及文化办公用机械制造业	1.42956	0.27285

专题篇
Special Topics

B.6
东西部发展不平衡实证分析

　　本章将从区域经济学理论上对东西部经济发展差距不断拉大问题进行实证研究,即用库兹涅茨区域"倒 U 型理论"[①] 来检验,重在检验我国在实行了西部大开发战略政策后至"十一五"时期,西部地区经济发展差异程度究竟产生了什么样的影响,能否推动东西部差距的倒 U 型曲线关系的出现。我们选取了 1978~2011 年的数据,这至少可以反映西部大开发政策实施后至"十一五"时期的效果。在反映经济增长的指标选择上,由于人均收入比总量收入更能真实地反映出地区之间经济发展的差距,本文选取人均 GDP 指标。为了真实反映人均 GDP 指标的变化,我们剔除了通货膨胀因素,并分别采用 β 绝对收敛、时间序列方法和锡尔系数进行比较分析。

一　我国区域经济差异的 β 绝对收敛分析

　　Sala-i-martin 提出的检验 β 绝对收敛的基本回归方程为:

---

① 关于该理论的阐述及相关文献综述参见《中国西部工业发展报告》,2011。

$$\frac{1}{T-t}\log\left[\frac{y_{iT}}{y_{it}}\right] = x_i^* - \frac{1-e^{-\beta(T-t)}}{T-t}\log\left[\frac{\hat{y}_i^*}{\hat{y}_{it}}\right] + u_{it} \tag{1}$$

其中 i 为区域数目，t 和 T 分别为期初和期末，y_{it} 和 y_{iT} 分别为期初和期末的人均产出或收入，x_i^* 为稳定状态的人均增长率，$\hat{y}_i$ 为每个有效工人的产出，$\hat{y}_i^*$ 为稳定状态每个有效工人的产出水平，β 为收敛速度，u_{it} 为误差项，如果假定 x_i^* 和 $\hat{y}_i^*$ 保持不变，t = 0，则由上式可以得到：

$$\frac{1}{T}\log\left[\frac{y_{iT}}{y_{i0}}\right] = \alpha - \frac{1-e^{-\beta T}}{T}\log(y_{i0}) + u_{it} \tag{2}$$

将式（2）简化后，可以得到式（3）：

$$g_i = \alpha_i + \delta_i \log(y_{i0}) + u_i \tag{3}$$

在式（3）中，分析西部地区内部各省份之间差距时，i 的取值为西部的各个省区；在分析东西部地区差距时，i 的取值为全国、东部地区和西部地区。如果 $\delta_i < 0$，则表明被测区域经济收敛。否则表示被测区域经济发散。

我们分别对西部和东西部地区的数据进行了检验。对于西部地区，我们把式（3）分为两个不同时段来考察西部各地区经济增长的收敛趋势，模型回归结果如表 1 所示。

表 1　西部地区内部各省市的 β 绝对收敛回归结果

年份	1978~1999	2000~2011	1978~2011
常数项	0.043785 *** (0.0018)	0.027029 (0.7112)	0.068305 * (0.0436)
$\log(y_{i0})$	-0.003950 (0.3700)	0.006994 (0.7602)	-0.012231 (0.3320)
R^2	0.080982	0.009747	0.094168

注："*、**、***"分别代表通过显著水平为 10%、5%、1% 的 t 检验。

由表 1 可以看出，1978~1999 年，δ_i 的估计系数为负值，但是系数不显著，说明西部各地区之间没有明显的收敛趋势；2000~2011 年，即西部大开

发以后，西部各地区的 δ_i 估计系数为正值，但是系数不显著，说明西部各地区依然没有明显的收敛趋势。综上所述，西部大开发以后，由于其地区之间经济差异波动较大，我国西部地区没有出现明显的绝对收敛趋势；1978~2011年，我国西部地区内部相对差距有缩小的迹象（绝对差距依然扩大），且不能通过10%的显著性水平下的 t 检验，因此，不能得出西部地区内部出现了 β 绝对收敛的结论。

对于东西部地区，我们主要分析1978~2011年东部地区内部之间以及东西部地区之间的收敛趋势，模型回归结果如表2所示。

表2 东部地区内部之间以及东西部地区之间的收敛趋势的 β 绝对收敛回归结果

	东部地区(1978~2011)	东西部地区(1978~1999)	东西部地区(2000~2011)
常数项	0.087160 *** (0.0000)	-0.035160 (0.5529)	0.091734 (0.4815)
$\log(y_{i0})$	-0.016637 *** (0.0006)	0.028025 (0.3335)	-0.013503 (0.6920)
R^2	0.792857	0.749761	0.216396

注："*、**、***"分别代表通过显著水平为10%、5%、1%的 t 检验。

由表2可以看出，1978~2011年，我国东部地区 δ_i 的估计系数为负值，并且能通过5%的显著性水平下的 t 的检验，说明我国东部地区内部各省份之间的经济增长具有收敛性。1978~1999年，我国东西部地区 δ_i 的估计系数为正值，说明东西部各地区间没有明显的收敛趋势；2000~2011年，即西部大开发以后，东西部地区的 δ_i 估计系数为负值，且系数不显著，说明东西部地区经济虽然相对差距有缩小的迹象，但是并未出现绝对差距上的收敛趋势。综上所述，我们可以得出我国东西部地区没有出现明显的绝对 β 收敛的趋向，即表明东西部地区的经济发展差距并没有呈现倒 U 型分布。样本区间在1978~1999年的 δ_i 估计系数小于样本区间在2000~2011年的系数值，说明东西部地区在样本区间2000~2011年的 β 值（0.02）大于其在样本区间2000~2010年的 β 值（0.005），说明前者的收敛速度快于后者。

二 东西部地区间收敛性的时间序列分析

为了准确研究我国东西部经济发展差异的变化趋势，构建如下模型来研究我国东西部经济发展差距是否呈现倒 U 型关系。

（一）绝对差距

模型如下：

$$\ln S_t = \beta_0 + \beta_1 \ln y_t + \beta_2 \ln^2 y_t + \varepsilon_t \tag{4}$$

其中，S 是指标准差（衡量绝对差距），其计算公式为：$S = \sqrt{\dfrac{\sum_{i}^{N}(y_i - \bar{y})^2}{N}}$，$y_i$ 表示 i 区域的人均实际 GDP 的值，$\bar{y}$ 表示各区域人均实际 GDP 的平均值，N 为地区个数，y_t 为西部地区人均实际 GDP 的值。

1. 单位根检验

本文采用 Augmented Dickey-Fuller（ADF）单位根检验法来检验变量的平稳性，以防止模型出现伪回归。结果如表 3 所示。

表 3 ADF 单位根检验结果

变量	检验类型(C,T,L)	ADF 值	1% 临界值	5% 临界值	10% 临界值	结论
lnS	(C,T,1)	-2.438665	-4.273277	-3.557759	-3.212361	非平稳
lny	(C,0,0)	3.947080	-3.646342	-2.954021	-2.615817	非平稳
DlnS	(0,0,0)	-1.306404	-2.639210	-1.951687	-1.610579	非平稳
Dlny	(0,0,0)	-0.604983	-2.639210	-1.951687	-1.610579	非平稳
$D^2\ln S$	(0,0,1)	-6.119582	-2.644302	-1.952475	-1.610211	平稳
$D^2\ln y$	(0,0,0)	-7.883954	-2.641672	-1.952066	-1.610400	平稳

注：检验类型（C, T, L）分别表示在单位根方程中包括的漂移项，时间趋势项和滞后阶数。滞后阶数采用 AIC 或 SCI 准则。

由表 3 可知，lnS 和 lny 序列的 ADF 检验统计量均大于 1%、5% 和 10% 的显著性水平临界值，其一阶差分序列 ADF 检验统计量也均大于 1%、5% 和

10%的显著性水平临界值,但其二阶差分序列的ADF检验统计量则均小于1%、5%和10%的显著水平临界值,说明单位根检验确定了$\ln S$和$\ln y$序列均为二阶单整I(2)序列,具备了进行协整检验的前提。

2. Johansen协整检验

下面采用Johansen检验模型(4)中各变量的协整关系,检验结果如表4所示。

表4 Johansen协整检验结果

原假设	特征根	迹统计量 (p值)	5%临界值 (迹统计量检验)	最大特征值 统计量(p值)	5%临界值(最大 特征值统计量检验)
0个协整 向量	0.356040	16.18979 (0.0107)	12.32090	13.64369 (0.0184)	11.22480
至少一个 协整向量	0.078850	2.546104 (0.1306)	4.129906	2.546104 (0.1306)	4.129906

由表4可以看出,在5%的显著性水平下,迹统计量检验和最大特征值统计量检验均显示$\ln S$和$\ln y$序列存在协整关系。

3. 拟合模型

使用普通最小二乘法(OLS)估计模型(4),得:

$$\ln S_t = -12.30032 + 4.210106 \ln y_t - 0.212443 \ln^2 y_t + \varepsilon_t$$
$$se = (1.214660) \quad (0.349335) \quad (0.024803)$$
$$t = (-10.12656) \quad (12.05176) \quad (-8.565387) \tag{5}$$
$$R^2 = 0.991537, DW = 0.306317, F = 1815.950(0.0000)$$

由以上结果可知[①]:$DW = 0.306317$,很明显DW值小于d_L值(1.333),说明该模型存在序列相关,因此本文在此基础上需要对模型(4)进行修正以消除序列自相关性。

为解决自相关问题,采用柯克伦—奥科特迭代法对原回归方程进行修正得

---

① 由于DW统计量是对原假设$\rho = 0$的一种假设检验:$u_t = \rho u_{t-1} + e_t$。其统计量计算方法如下:$DW = 2(1 - \hat{\rho})$。在本部分中$k = 2$,$n = 34$,因此通过查表可知在5%的显著性水平下所应对的DW临界值分别为$d_U = 1.580$,$d_L = 1.333$。

到结果如式（6）所示。

$$\hat{\ln S_t^*} = -14.50505 + 4.818933\ln y_t^* - 0.2542821(\ln^2 y_t)^*$$
$$se = (2.968163)\quad(0.817475)\quad(0.055703)$$
$$t = (-4.886879)\quad(5.894900)\quad(-4.564950)$$
$$R^2 = 0.997559, DW = 2.11794, F = 2757.950(0.0000)$$

(6)

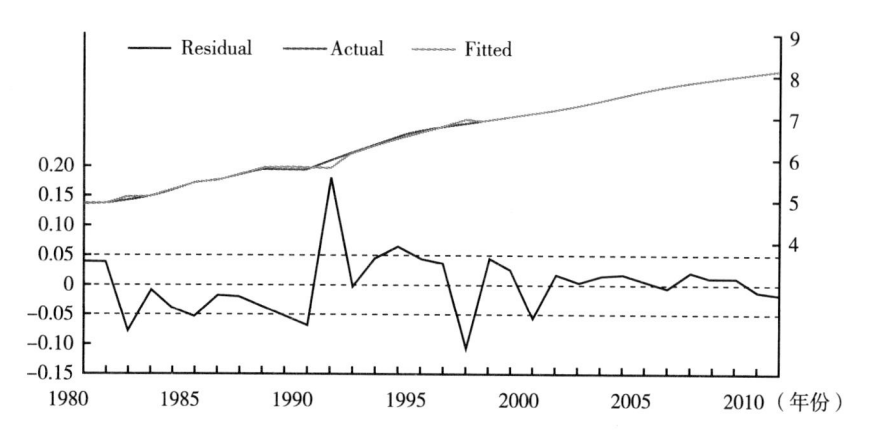

图1 柯克伦—奥科特迭代法对原回归方程修正

由上述结果可知，模型中 DW = 2.117 > d_U = 1.580，说明模型中已无自相关，同时可见，可决系数 R^2、t、F 统计量也达到理想水平。

4. 结果分析

由式（6）可知，东西部地区之间的绝对差距呈现库兹涅茨的倒"U"型发展态势，即恶化→改善态势。曲线虽然理想，但由图1可以看出，在我们选择的时间跨度 1978~2011 年，曲线正处于倒"U"型曲线的前半段（近似于一条向上倾斜的曲线），即处于恶化阶段，表明 1978~2011 年我国东西部地区间的绝对差距依然在不断扩大，并未出现绝对收入水平上的收敛。通过式（7）可计算我国东西部地区间绝对差距库兹涅茨曲线拐点：

$$\xi = \exp(-\beta_1/2\beta_2) = \exp(-4.818933/2\times -0.254282) = \exp(10.21781) = 13037.28 \quad (7)$$

式（7）结论表示：当我国西部地区人均实际 GDP 小于 13037.28 元时，东西部地区间的绝对差距随着人均实际 GDP 的增加而扩大；当我国西部地区人均实际 GDP 大于 13037.28 元时，东西部地间的绝对差距随着人均实际 GDP

的增加而缩小；在我国西部地区人均实际GDP等于13037.28元时达到东西部地区间绝对差距的最大值，即我国东西部地区之间绝对差距出现缩小态势的理论拐点大约在西部地区人均实际GDP为13037.28元左右。2011年中国西部地区人均实际GDP为5556.834元（以1978年为基期），若根据保守预测来看，我们估计大约在2021年左右，我国西部地区人均实际GDP将达到13037.28元左右，也就是说，我国东西部地区间的绝对差距将在2021年左右出现理论上的拐点，之后随着西部地区人均实际GDP的增加而缩小；若根据乐观预测来看，我们估计大约在2020年左右，我国西部地区人均实际GDP将达到13037.28元左右，也就是说，我国东西部地区间的绝对差距将在2020年左右出现理论上的拐点，之后随着西部地区人均实际GDP的增加而缩小。①

（二）相对差距

模型如下：

$$CV_t = \alpha_0 + \alpha_1 \ln y_t + \alpha_2 \ln^2 y_t + \varepsilon_t \qquad (8)$$

其中，CV是指变异系数（用于衡量相对差距），其计算公式为：$CV = \sqrt{\dfrac{\sum_{i}^{N}(y_i - \bar{y})^2}{N}} \Big/ \bar{y}$，$y_i$表示$i$区域的人均实际GDP的值，$\bar{y}$表示各区域人均实际GDP的平均值，N代表地区个数，y_t为西部地区人均实际GDP的值。

1. 单位根检验

本文采用Augmented Dickey-Fuller（ADF）单位根检验法来检验变量的平稳性，以防止模型出现伪回归。结果如表5所示。

---

① 西部各省市区人均实际GDP增长率的假设：《西部大开发"十二五"规划及到2020年中长期发展思路研究》称据保守方案预计2009~2015年西部地区人均GDP增速将达到9.5%，2015~2020年西部地区人均GDP增长速度将达到10%；据乐观方案预计2009~2015年西部地区人均GDP增速将达到10%，2015~2020年西部地区人均GDP增速将达到10.5%。据此研究报告，我们对西部地区人均GDP的年均增长率分为保守和乐观2中情形，以保守情形为例：2009~2015年为9.5%，2016~2020年为10%，2021~2030年为10.5%，2031~2040年为11%。乐观情形对应年一次高0.5%。

表 5 ADF 单位根检验结果

变量	检验类型(C,T,L)	ADF 值	1%临界值	5%临界值	10%临界值	结论
CV	(0,0,1)	0.063488	−2.639210	−1.951687	−1.610579	非平稳
$\ln y$	(C,0,0)	3.947080	−3.646342	−2.954021	−2.615817	非平稳
DCV	(C,T,0)	−3.566038	−4.273277	−3.557759	−3.212361	非平稳
$D\ln y$	(0,0,0)	−0.604983	−2.639210	−1.951687	−1.610579	非平稳
$D^2 CV$	(0,0,0)	−7.714151	−2.641672	−1.952066	−1.610400	平稳
$D^2 \ln y$	(0,0,0)	−7.883954	−2.641672	−1.952066	−1.610400	平稳

注：(C，T，L) 中的 C、T、L 分别代表检验中是否存在截距项、趋势项和滞后阶数，滞后阶数的确定依据 AIC 准则自动选取。

由表 5 可知，CV 和 lny 序列的 ADF 的检验统计量均大于 1%、5% 和 10% 显著性水平临界值，lny 一阶差分序列的 ADF 检验统计量也大于 1%、5% 和 10% 的显著水平临界值，CV 一阶差分序列的 ADF 检验统计量值大于 1% 的显著水平临界值，但其二阶差分序列的 ADF 检验统计量则均小于 1%、5% 和 10% 的显著水平临界值，说明单位根检验确定了 CV 和 lny 序列均为二阶单整 I(2) 序列，具备了进行协整检验的前提。

2. Johansen 协整检验

下面采用 Johansen 检验模型 (8) 中各变量的协整关系，检验结果如下：

表 6 Johansen 协整检验结果

原假设	特征根	迹统计量(p 值)	5%临界值(迹统计量检验)	最大特征值统计量(p 值)	5%临界值(最大特征值统计量检验)
0 个协整向量	0.355791	13.64098 (0.0299)	12.32090	13.63167 (0.0185)	11.22480
至少一个协整向量	0.000300	0.009308 (0.9371)	4.129906	0.009308 (0.9371)	4.129906

由表 6 可以看出，在 5% 的显著性水平下，迹统计量检验和最大特征值统计量检验均显示 CV 和 lny 序列存在协整关系。

3. 拟合模型

使用普通最小二乘法（OLS）估计模型（8），得：

$$\begin{aligned}
CV_t &= -2.386663 + 0.752859\ln y_t - 0.049849\ln^2 y_t + \varepsilon_t \\
se &= (0.293295) \quad (0.084352) \quad (0.005989) \\
t &= (-8.137411) \quad (8.925258) \quad (-8.323595) \\
R^2 &= 0.852692, DW = 0.296542, F = 89.72205(0.0000)
\end{aligned} \tag{9}$$

当计量经济模型中出现序列相关性时，OLS 参数估计量不再有效，拟合优度检验和方程显著性检验以及变量的显著性 t 检验也都失去意义，因此，我们必须对得到的模型进行序列相关性检验。本文应用 DW 检验对模型进行序列自相关检验。由以上结果可知：DW = 0.296542，很明显 DW 值小于 d_L 值（1.333），说明该模型存在序列相关，因此本文在此基础上需要对模型进行修正以消除序列自相关性。

为解决自相关问题，采用柯克伦—奥科特迭代法对原回归方程进行修正得到结果如下：

$$\begin{aligned}
\dot{CV}_t^* &= -2.936426 + 0.904823\ln y_t^* - 0.060302(\ln^2 y_t)^* \\
se &= (0.720097) \quad (0.198192) \quad (0.013497) \\
t &= (-4.077819) \quad (4.565390) \quad (-4.467957) \\
R^2 &= 0.959575, DW = 2.124332, F = 160.2266(0.0000)
\end{aligned} \tag{10}$$

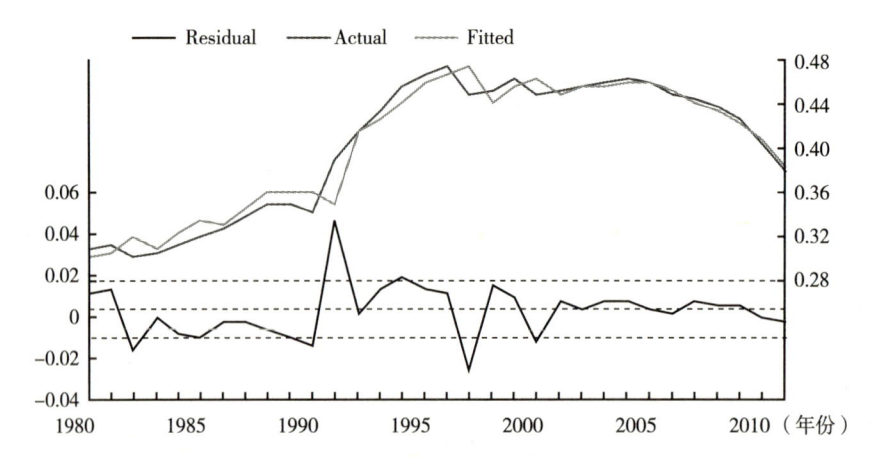

图 2　柯克伦—奥科特迭代法对原回归方程修正

由上述结果可知,模型中 DW = 2.124 > d_U = 1.580,说明模型中已无自相关,同时可见,可决系数 R^2、t、F 统计量也达到理想水平。

4. 结果分析

由模型(10)可知,东西部地区间经济增长速度的差距同样呈现库兹涅茨的倒"U"型发展态势,即表现为恶化→改善态势。经过计算,东西部之间经济增长速度的差距呈现缩小趋势的拐点出现在西部地区人均实际 GDP 为 1812.395 元,即 2003 年左右。由图 2 可以看出,从 2003 年左右开始,曲线处于倒"U"型曲线的后半段(近乎于一条向下倾斜的曲线),即改善阶段,这表明,在国家政策支持下,西部经济增长速度明显加快,东西部之间经济增长速度差距出现了明显的收敛趋势。

三 西部各省市区发展状况

(一)全国及西部、中东部地区锡尔系数比较分析

在实证分析东西部差距演变趋势的基础上,下面将通过锡尔系数的测算对区域内经济差异进行分析和研究,分别从全国、西部、中东部层面分析有关区域内部经济差异状况,特别是分析和研究西部地区自身(各省市区之间)的经济发展态势。

锡尔系数是锡尔在 20 世纪 60 年代运用信息理论提出的一个可以按加法分解的不平等指数,它是衡量一组数据之间差异程度的常用指标。锡尔系数越大,表明地区间差异越大。其计算公式为:

$$T = \sum_{i=1}^{N} y_i \log \frac{y_i}{p_i} \tag{11}$$

其中,N 为地区数,y_i 为第 i 个地区的 GDP 占全部地区的份额,p_i 为 i 地区的人口占全部地区的份额。

本研究分别计算了全国及西部和中东部地区的锡尔系数,分析结果如表 7 所示。

表7　全国及西部、中东部地区锡尔系数

年份	全国	西部地区	中东部地区
1978	0.1594	0.0201	0.1733
1979	0.1437	0.0167	0.1510
1980	0.1411	0.0164	0.1476
1981	0.1256	0.0136	0.1283
1982	0.1152	0.0159	0.1189
1983	0.1088	0.0153	0.1091
1984	0.1056	0.0157	0.1028
1985	0.1047	0.0209	0.0998
1986	0.1026	0.0212	0.0964
1987	0.0992	0.0187	0.0909
1988	0.0962	0.0190	0.0877
1989	0.0913	0.0159	0.0833
1990	0.0832	0.0167	0.0786
1991	0.0991	0.0173	0.0965
1992	0.1104	0.0184	0.1047
1993	0.1229	0.0362	0.1072
1994	0.1115	0.0200	0.0991
1995	0.1148	0.0207	0.0964
1996	0.1080	0.0190	0.0909
1997	0.1123	0.0229	0.0924
1998	0.1178	0.0224	0.0964
1999	0.1255	0.0216	0.1038
2000	0.1359	0.0253	0.1118
2001	0.1368	0.0249	0.1130
2002	0.1393	0.0250	0.1147
2003	0.1434	0.0284	0.1181
2004	0.1335	0.0335	0.1113
2005	0.1154	0.0164	0.0598
2006	0.1131	0.0185	0.0875
2007	0.0972	0.0202	0.0566
2008	0.0965	0.0245	0.0525
2009	0.1098	0.0251	0.0488
2010	0.0542	0.0259	0.0447
2011	0.0508	0.0279	0.0429

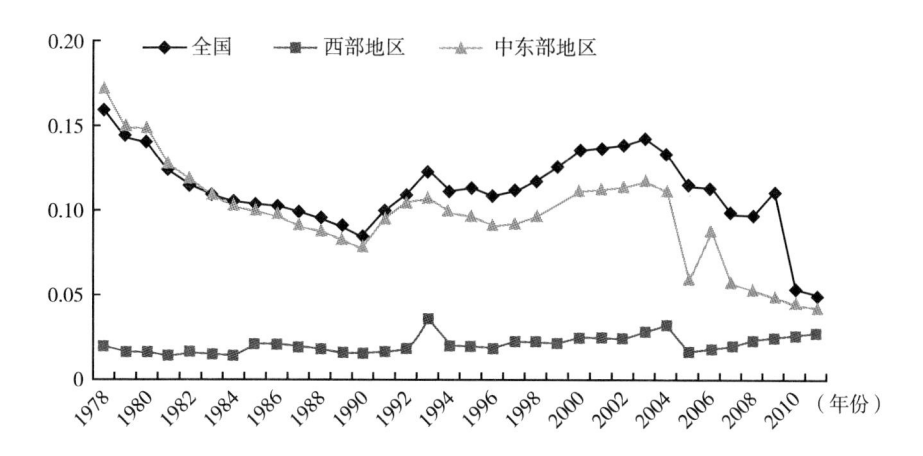

图3 全国及西部、中东部地区锡尔系数比较

通过表7、图3分析可以发现，全国和中东部锡尔系数的变化呈近似倒N型曲线，即随着经济的发展，中东部地区与全国经济的差距呈先缩小后扩大然后再缩小的过程，即改善→恶化→再改善的过程，后期恶化的拐点出现在2003年，也就是说，各个省份之间的经济发展差距在2003年之后逐渐缩小，但通过各个地区的锡尔系数走势（见图3）可以发现这种缩小的差距主要是由于中东部地区各个省份之间的经济差异在逐渐缩小所影响，但西部地区锡尔系数变化趋势是波动向上的。特别是从2005年开始呈线性正相关，反映出西部地区各省市区之间的差距从2005年开始正在不断扩大，即在本轮经济高增长中，西部各省市区之间发展出现不平衡趋势。全国锡尔系数在2009年出现反弹，其原因就是在一定程度上受西部地区锡尔系数上升所影响，但在2010年又出现下降的趋势直到2011年，说明全国范围内各地区间的经济差异呈逐渐缩小的态势。锡尔系数分析表明，西部地区在与中东部地区经济差距拉大的同时，其内部各省市区之间的不平衡性也逐渐突出。

（二）西部各省市区人均GDP与东部的比较

虽然西部地区与东部地区在人均地区生产总值方面差距不断拉大，表现为近U型趋势，但各省市区与东部地区的差距表现各不相同。特别值得注意的是内蒙古在近两年的人均GDP已经赶超东部平均水平，而新疆、陕西和宁夏等附录：

表1 西部地区人均实际GDP(1978=100)

单位：元

年份	重庆	四川	贵州	云南	西藏	陕西	甘肃	青海	宁夏	新疆	内蒙古	广西
1978	272.05	261.05	173.57	223.32	371.51	291.72	346.15	425.75	365.60	316.87	318.38	222.96
1979	292.72	280.89	186.76	240.29	399.74	313.89	372.46	458.11	393.39	340.95	342.57	239.90
1980	312.11	299.31	194.74	252.44	416.97	332.18	391.48	478.15	403.51	353.24	358.69	248.69
1981	326.00	312.39	201.35	261.59	436.54	345.50	407.19	496.71	414.03	366.11	372.40	256.33
1982	352.65	336.58	215.83	279.94	468.31	371.57	436.23	526.30	440.24	395.15	397.79	274.04
1983	388.10	371.39	237.20	305.97	508.57	408.25	477.71	583.64	480.84	432.61	434.86	299.91
1984	443.63	426.18	270.31	348.12	573.86	464.66	543.14	657.16	543.17	494.19	495.07	338.79
1985	499.63	479.98	302.59	389.69	644.62	520.93	608.20	736.53	604.82	553.75	555.35	377.78
1986	536.29	516.09	323.54	416.68	691.34	559.65	651.96	775.15	643.37	592.83	597.18	403.66
1987	590.46	568.15	355.45	457.79	749.08	615.11	716.74	850.71	699.95	651.07	658.22	442.52
1988	650.54	623.71	388.67	500.87	817.76	673.09	785.62	933.47	762.40	714.27	722.59	483.71
1989	671.46	641.85	398.87	513.52	835.25	687.75	803.72	958.18	775.47	729.00	742.05	495.86
1990	691.50	658.91	401.86	521.35	843.83	688.70	808.62	977.15	786.40	719.82	755.89	503.70
1991	750.43	714.49	432.59	561.60	905.11	741.51	871.38	1052.89	833.08	772.86	817.45	539.58
1992	853.85	811.69	487.42	633.20	1024.92	836.65	982.98	1184.55	938.03	868.39	924.12	608.53

续表

年份	重庆	四川	贵州	云南	西藏	陕西	甘肃	青海	宁夏	新疆	内蒙古	广西
1993	968.28	919.67	547.57	711.65	1147.70	942.79	1105.24	1332.38	1051.56	974.68	1041.18	684.32
1994	1087.42	1032.16	610.46	793.75	1275.90	1054.54	1232.54	1484.50	1167.94	1084.00	1162.85	764.41
1995	1199.79	1136.23	667.54	869.27	1391.79	1158.84	1333.63	1622.82	1272.89	1181.51	1276.42	838.64
1996	1310.77	1241.76	724.68	944.01	1506.06	1264.45	1449.93	1759.71	1378.85	1278.28	1390.24	913.37
1997	1423.01	1322.49	780.75	1018.55	1619.33	1371.38	1567.38	1892.06	1481.26	1373.36	1506.89	988.69
1998	1526.01	1415.50	829.93	1085.07	1718.44	1468.10	1673.37	2011.86	1573.53	1456.35	1611.76	1056.55
1999	1635.71	1513.37	880.75	1154.51	1820.70	1570.54	1784.08	2135.68	1678.03	1543.64	1722.28	1128.01
2000	1762.64	1630.84	943.20	1237.23	1958.66	1690.59	1923.67	2284.11	1783.16	1605.69	1859.38	1213.44
2001	1904.80	1758.50	1009.96	1325.59	2080.97	1823.47	2068.85	2445.40	1900.36	1714.00	2009.55	1303.77
2002	2067.30	1911.02	1090.84	1430.72	2236.09	1981.07	2241.21	2637.39	2040.46	1841.32	2190.35	1412.24
2003	2262.72	2096.07	1189.96	1558.67	2432.92	2170.22	2456.41	2874.61	2214.03	1995.52	2408.90	1542.61
2004	2479.67	2300.80	1298.53	1700.68	2639.13	2379.37	2687.57	3135.10	2404.12	2164.28	2647.35	1687.04
2005	2738.44	2721.04	1512.84	1878.16	2905.83	2637.83	3020.40	3464.02	2640.13	2352.75	2944.33	1970.15
2006	3056.84	3082.03	1692.32	2100.61	3227.50	2960.20	3387.52	3867.42	2935.33	2599.20	3302.25	2192.08
2007	3450.57	3536.83	1929.49	2381.72	3645.79	3367.82	3851.15	4383.29	3318.20	2903.68	3757.52	2476.90
2008	3757.75	3872.32	2098.08	2594.51	3955.24	3678.54	4204.49	4788.23	3590.78	3129.63	4104.15	2688.46
2009	4076.84	4200.81	2286.20	2813.51	4270.91	4002.99	4575.32	5196.28	3874.00	3370.44	4463.23	2909.20
2010	5116.92	4724.59	2759.01	3089.24	4548.73	4468.94	5205.96	5683.00	4228.39	3681.52	4834.09	3387.58
2011	5227.70	5160.82	3024.32	3355.42	4938.99	4874.17	5681.30	6156.91	4578.28	3980.23	5262.41	3674.76

表2 东部地区人均实际GDP（1978=100）

单位：元

年份	北京	天津	河北	辽宁	上海	江苏	浙江	福建	山东	广东
1978	1248.17	1141.15	361.99	675.31	2496.43	427.22	329.84	270.59	314.87	366.99
1979	1305.57	1196.07	383.68	712.37	2578.39	452.55	349.07	285.46	333.56	386.85
1980	1396.62	1280.18	410.89	762.49	2760.18	486.90	375.05	305.78	358.45	412.39
1981	1446.07	1327.28	425.26	791.71	2864.55	506.36	390.19	316.94	372.24	426.27
1982	1547.71	1419.59	454.92	849.27	3075.88	544.82	419.62	339.24	400.42	456.79
1983	1683.94	1553.48	498.52	932.18	3372.40	599.64	460.78	371.10	439.93	499.29
1984	1913.42	1766.20	567.16	1066.11	3849.48	686.61	526.72	421.50	501.85	566.63
1985	2122.88	1981.01	636.49	1199.41	4325.26	773.84	592.26	471.89	565.16	633.89
1986	2214.77	2129.71	683.18	1291.79	4648.93	834.78	638.25	506.95	608.85	679.85
1987	2389.99	2336.70	751.16	1421.65	5115.56	919.93	703.38	555.27	669.58	746.63
1988	2624.85	2567.52	823.53	1561.95	5633.75	1009.27	773.50	608.12	733.86	817.28
1989	2719.00	2630.72	844.49	1604.28	5798.37	1034.56	797.49	623.26	747.64	836.87
1990	2777.20	2687.74	837.28	1648.22	5988.28	1037.55	822.97	623.25	747.78	838.16
1991	3060.25	2796.83	905.29	1766.97	6262.42	1120.20	905.67	663.05	809.20	887.83
1992	3470.63	3156.87	1025.14	2005.50	7127.54	1267.30	1026.33	748.47	920.13	1000.88
1993	3919.02	3566.06	1157.20	2270.45	8097.34	1432.41	1161.22	843.64	1044.55	1126.30

续表

年份	北京	天津	河北	辽宁	上海	江苏	浙江	福建	山东	广东
1994	4380.69	4002.56	1297.58	2551.80	9109.76	1607.41	1304.62	944.15	1177.30	1258.08
1995	4370.13	4407.12	1428.48	2813.47	9684.28	1771.77	1438.87	1029.89	1300.90	1359.24
1996	4777.20	4817.76	1560.13	3077.16	10624.02	1937.13	1574.20	1124.69	1425.77	1475.37
1997	5300.68	5237.39	1694.25	3344.95	11307.48	2105.71	1684.66	1221.23	1549.79	1591.76
1998	5688.33	5624.00	1814.72	3590.45	12134.83	2259.89	1808.04	1310.10	1661.16	1694.32
1999	6068.89	6040.60	1939.93	3851.51	12972.35	2421.91	1937.77	1402.86	1778.88	1791.78
2000	6094.88	6274.30	2084.32	4162.74	12633.05	2584.93	2045.58	1479.02	1903.97	1832.46
2001	6476.89	6775.00	2248.97	4497.65	13910.94	2788.91	2207.28	1587.86	2052.27	1965.24
2002	6866.94	7368.74	2440.26	4895.93	15072.54	3031.67	2390.27	1719.19	2228.68	2123.12
2003	7384.08	8075.34	2671.40	5377.76	15749.95	3324.32	2611.34	1879.60	2440.54	2308.05
2004	7927.17	8776.72	2923.48	5910.18	17029.48	3646.22	2850.28	2055.56	2670.53	2433.69
2005	8565.66	9591.52	3234.21	6572.46	18571.95	4035.85	3057.39	2272.54	2950.74	2446.74
2006	9388.74	10485.40	3619.27	7318.73	20499.08	4502.17	3388.14	2544.00	3302.92	2724.23
2007	10377.46	11541.35	4105.21	8303.03	22861.42	5089.40	3806.96	2885.73	3747.47	3062.43
2008	10961.06	11996.90	4471.08	9067.08	24665.61	5541.91	4124.81	3143.55	4086.69	3324.04
2009	11550.68	12535.47	4847.16	9883.89	26450.21	6009.18	4448.43	3408.16	4434.01	3591.47
2010	11421.54	13099.93	5239.12	10786.28	24389.43	6521.29	4676.47	3700.22	4841.25	3664.85
2011	12133.83	13726.61	5690.03	12242.20	26158.14	7101.68	5096.46	4016.04	5264.64	3981.69

地区的人均 GDP 距东部地区的差距较小。但差距较小的地区的一个共同特征就是其人口相对较少，因而反映出西部地区人力资源的利用效率较低。但从这些分析中还是可以看出，我国在 20 世纪末实行的西部大开发政策对于西部一些地区，特别是一些原先相对欠发达地区，的确起到了一些推动作用。

B.7
西部地区承接国际产业转移的效率研究

——基于东西部的比较*

改革开放30多年来，我国吸引外资数量逐年上升，总体效果显著，但随着经济结构调整的迫切性不断加强，承接国际产业转移的效率问题日益凸显。如何对我国承接国际产业的质量进行科学、全面的评估，探究影响承接效率的因素，对我国尤其是西部地区在后危机时代承接新一轮产业转移具有重要意义。

一 问题的提出

西部大开发十多年来，外资向西部地区梯度转移趋势日益明显。尤其是自2005年以来，在一系列优惠政策的带动下，西部地区利用外商投资大幅增长，表现为两个特征：一是绝对数额大幅度增长，从2005年的19.41亿美元增加到2011年的115.71亿美元（见表1），年均增长率为42.9%，分别高于东部和中部地区30.4个和32.7个百分点；二是吸引外资占全国的比重在不断提高（见图1），从2005年的2.68%上涨到2011年的9.97%，而且从2007年开始所占比重的提高有加速的趋势。可以预见，伴随着第四次国际产业转移的开始以及东部地区"腾笼换鸟"战略的实施，西部地区承接国际产业转移将面临更大的机遇。

---

* 国家社科基金项目"基于空间优化的产业转移与区域经济协调发展研究"（11CJL059）。

表1 中国东部、中部、西部地区外商直接投资情况

单位：亿美元

地区＼年份	2005	2006	2007	2008	2009	2010	2011
东部地区	535.58	595.29	663.55	783.40	775.89	898.55	966.04
中部地区	48.26	60.22	65.73	74.36	53.35	68.58	78.36
西部地区	19.41	29.94	33.74	66.19	71.09	90.22	115.71

数据来源：2005~2010年数据来源于中国投资指南网，WWW.FDI.GOV.CN；2011年数据来源于中国商务部全国利用外资情况统计。

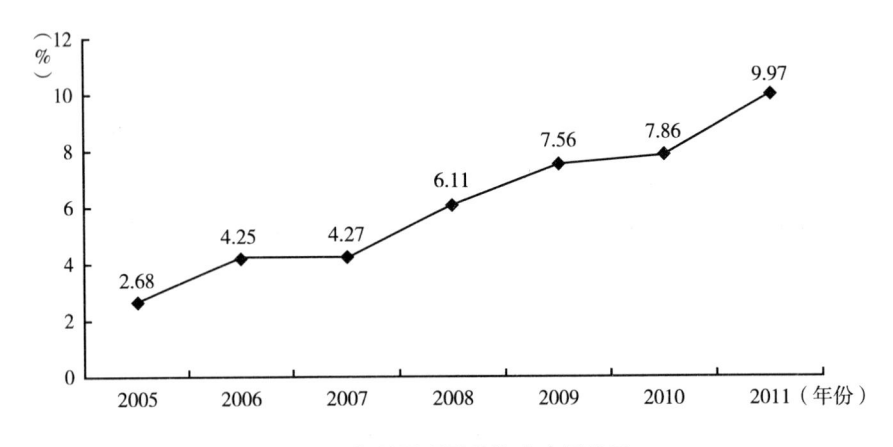

图1 西部地区吸引外资占全国比重

毋庸置疑，承接产业转移不仅会给西部地区带来大量的资金和技术，增加就业机会，而且可以带动该地区的经济结构调整和优化。但是，任何事物都有正反两面性。由于经济相对落后，西部地区对国内外的投资渴望度较高，在以往承接产业转移的过程中显现出只重数量不重效率的问题，不仅造成严重的环境破坏，还可能导致西部地区进一步陷入国际分工体系中的"路径依赖"和"低端锁定"。因此，西部地区如何把握国内外产业转移出现的新动向，在提升区位优势上增强科学性，减少招商引资的盲目性，尤其是如何提高承接产业转移的效率，将是摆在西部地区面前的重要而严峻的课题。

二 文献综述

目前，国内外关于产业转移的效率研究并不多见，与之相关的研究主要集

中在FDI利用质量、FDI的绩效评价等方面，综合考虑影响转移企业意愿的承接地经济条件、转移的经济效果以及资源环境约束等方面来全面评价承接产业转移的效率研究比较少见。

Kumar（2002）是研究东道国利用FDI的绩效水平的代表人物。他首次指出，不同FDI项目对东道国发展变化的影响依赖于FDI带来的新知识及其在经济中扩散的范围、FDI为东道国制造的商品提供国外新市场的机会、对东道国技术能力构建的贡献等，FDI质量随东道国的视角不同而变化很大。基于东道国从FDI获得的收益，他提出了衡量一国利用FDI绩效的指标体系，包括：子公司产出的本地化程度、对现代产业发展的贡献、出口导向的范围、子公司的R&D活动组织技巧、技术和净资本等方面[1]。Kumar对FDI质量问题的研究具有开创性意义，但是他的FDI质量评价标准侧重于对引进FDI利用的质量，忽略了东道国自身的条件和FDI本身的质量；而且这些指标并不能概括FDI对东道国的主要影响，对不同东道国引进FDI的目标和意义也未给予必要的考虑。

随着中国利用FDI规模不断扩大，对于FDI对中国经济影响的研究日益增多，主要集中在探讨FDI对中国技术进步、贸易增长、结构优化和利益分配等方面的影响（江小涓，2002、2006；梁琦，2004），以及产业转移对中国开放经济的整体影响（朱廷珺，2006、2009）。但是，对于利用FDI的质量应从哪些方面进行评价、评价的标准是什么等这些东道国更为关注的问题，总体来说缺乏系统研究。其中，张宏（2004）基于FDI的项目规模、技术含量、产业和区域分布以及FDI对国有资产流失的影响等因素评价了中国利用FDI的质量[2]，张建勤（2000）强调了FDI对国内企业的冲击和对FDI的吸收、消化的评价标准[3]，何洁（2000）提出了FDI企业经济效益的评价标准[4]，Buckley等

---

[1] Kumar N., Globalization and the Quality of Foreign Direct Investment, New Delhi: Oxford University Press, 2002: 169.

[2] 张宏：《"跨国并购"与山东的积极引资政策》，《山东社会科学》2004年第4期，第43~46页。

[3] 张建勤：《我国利用外资质量的现状与对策建议》，《当代亚太》2000年第5期，第45~48页。

[4] 何洁：《外国直接投资对中国工业部门外溢效应的进一步精确量化》，《世界经济》2000年第12期，第29~36页。

人（2004）主要从 FDI 的项目规模、产业结构的变化和产业关联等方面评价中国利用 FDI 的质量[1]。这些文献多是从 FDI 的效应角度提出利用 FDI 质量的评价指标，没有形成系统的指标评价体系。

较为系统地提出中国利用 FDI 质量的评价体系的是北京市社科"九五"规划课题（2001）——"建立北京市利用外资质量评价体系的构想"，该课题组根据 OECD 提出的评价外商直接投资对东道国社会经济贡献作用的标准，结合北京市城市性质和资源特点，构建了北京利用外资质量评价体系并赋予了不同的权重[2]。陈自芳（2005）基于 FDI 的溢出效应提出了利用 FDI 质量评价标准，包括 FDI 对东道国经济的直接作用和间接作用两大类，每一类有 7 个标准，并赋予每个具体标准不同的权重[3]。以上两个评价标准体系是目前国内评价 FDI 质量较为全面的指标体系，既包括了 FDI 的正面效应，也包括了其负面效应，涵盖了 FDI 对东道国影响的一些重要方面。但是这两个评价指标体系存在的缺陷是将 FDI 质量评价赋予主观权重，即使能评估利用 FDI 总体状况，但不一定与客观现实相符，偶尔产生的一致性，并不能成为评价 FDI 质量的普遍方法。

之后傅元海、彭安民（2007）提出了中国利用 FDI 质量的评价标准，基本上包含了影响东道国利用 FDI 质量的主要指标，但没有提出具体的分析方法。基于此标准，汪春、杨晓优（2011），叶勇、张丹（2011）用因子分析法对我国整体和部分地区利用 FDI 质量进行了分析。虽然这些研究形成了对利用 FDI 质量的系统评价标准并进行了实证分析，然而指标仍存在不完整性。因为中国对 FDI 的引进多是由各地政府进行，如果忽略了政府行为将无法全面地体现利用 FDI 的质量。另外，对我国整体利用 FDI 质量进行研究和对某一省市进行研究，不能够反映我国地区经济增长差异的特点。对某一时点进行的研究，也不能准确地反映我国利用 FDI 质量的总体变化趋势及影响 FDI 利用质量的各

---

[1] Buckley, P. J. &J. Clegg& C. Wang, The Relationship Between Inward Foreign Direct Investment and the Performance of Domestically-owned Chinese Manufacturing Industry. The Multinational Business Review, Winter 2004, Vo. 112 (3): 37 - 38.

[2] "建立北京市利用外资质量评价体系的构想"课题组，外资质量评价指标体系的构成及主要内容，http://www.bjpopss.gov.cn/bjpopss/cgjj/cgjj20010417.htm.zh.

[3] 陈自芳：《提升 FDI 外溢效应及引进外资质量的定量化探索》，《学术研究》2005 年第 10 期，第 48 ~ 54 页。

种指标的力量交替。

综上所述，以往关于承接产业转移的研究主要侧重于承接地吸引FDI的能力和利用FDI的质量，而对承接效率的研究少且缺乏系统性和客观性。尤其在环境、资源矛盾日益严峻的背景下，还没有学者分析在环境约束下我国承接产业转移的效率问题。有鉴于此，本文则着重加强承接产业转移研究的系统性和客观性，构建相对完整的指标体系，并纳入环境约束因素，从而使该问题的研究更具现实意义。

三 实证分析

综合考虑影响产业转移规模和质量的各种因素，本文试图通过构建相对完整的指标体系，采用因子分析的方法以消除因主观赋予权重而可能产生的评估偏差，对我国东、西部地区承接产业转移的综合效率进行对比研究，这既符合我国转变经济发展方式，提高产业承接效率的客观要求，也可以为西部地区在新一轮的承接产业转移热潮中制定新政策提供重要的依据。

（一）评估体系及指标选择

国际产业转移的经验表明，东道国承接产业转移的效率不仅与东道国本身的地区条件（包括基础设施环境、经济环境、社会服务环境）有关，而且与转移产业的质量也有密切的关系。这是因为，东道国从承接产业获得的收益有时滞性，承接时无法确知其收益的性质和大小，但承接产业本身的质量高低将直接决定收益的大小。另外，如前所述，由于各种原因，承接产业转移可能会给欠发达地区带来环境风险，因此，评价承接产业转移效率应在环境约束条件下进行。

循着这样的思路，本文在环境约束条件下，从投入与产出两个方面来度量承接产业转移效率，投入方面是东道国的区位条件和转移产业的质量，产出方面是承接产业对东道国经济、资本、产业结构、税收、贸易、就业等方面产生的各种效应，由此，承接产业转移效率评价指标体系的构建思路可如图2所示。

西部工业蓝皮书

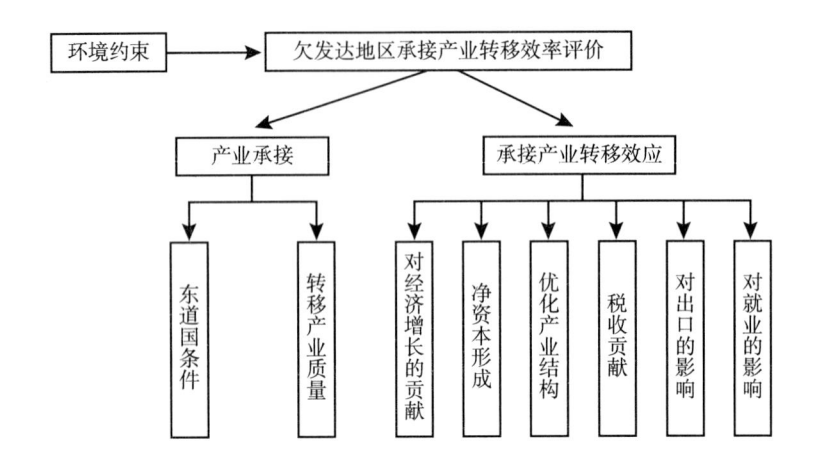

```
                    环境约束 ──→ 欠发达地区承接产业转移效率评价
                                      │
                         ┌────────────┴────────────┐
                      产业承接              承接产业转移效应
                         │                         │
                    ┌────┴────┐      ┌──┬──┬──┬──┬──┐
                   东道    转移     对经  净  优  税  对  对
                   国条    产业     济增  资  化  收  出  就
                    件     质量     长的  本  产  贡  口  业
                                    贡献  形  业  献  的  的
                                          成  结      影  影
                                              构      响  响
```

图 2　承接产业转移效率评价指标体系

根据指标的可测度性、数据可获得性和全面性的原则，本文选择东部地区 10 个省（海南除外）、西部 12 个省的基础设施条件、经济条件、承接产业转移质量、承接产业转移效应、产业结构、环境等方面共 24 个指标（如表 2 所示）。进而采用因子分析法对我国东、西部地区 2001~2011 年承接国际产业转移的效率进行评估比较，考察两个地区承接产业转移效率的变化趋势，剖析承接产业转移效率的内部结构，解析决定东、西部地区承接产业转移效率及其变化的主要因素。

表 2　指标体系

一级指标	二级指标	三级指标	指标		单位
东道国条件	基础设施	交通运输	人均货运量	X1	吨
		固定资产投资	固定资产投资额	X2	亿元
		信息化水平	互联网普及率	X3	%
			移动电话普及率	X4	%
	经济条件	市场潜力	人均消费水平	X5	元
		技术水平	R&D 投入经费/GDP	X6	%
			R&D 人员/就业人员	X7	%
			专利申请数	X8	项
			新产品销售收入	X9	元
		对外开放度	进出口/GDP	X10	%

续表

一级指标	二级指标	三级指标	指标		单位
东道国条件	社会服务条件	政府行为市场化	财政收入/GDP	X11	%
		行政支出规模	行政支出/GDP	X12	%
		政府消费规模	政府消费/GDP	X13	%
转移产业质量	项目规模		外商投资总额/外商投资企业数	X14	万美元
承接产业转移效应	对经济增长的贡献		FDI/GDP	X15	%
	优化产业结构		FDI/高技术产业新产品销售收入	X16	%
			FDI在第三产业中的比重	X17	%
			(FDI/GDP)×单位GDP能耗	X18	%
	税收贡献		外资企业所得税/地区税收收入	X19	%
	对出口的影响		外资企业货物出口额/各地区出口总额	X20	%
	净就业增加		外商投资企业就业/城镇就业人员总数	X21	%
环境约束	生态环境	工业"三废"排放量	废水排放量	X22	%
			废气排放量	X23	万吨
			固体废弃物产生量	X24	亿标 m³

在此需要说明的是，由于国内产业转移的数据不可获得，对于转移产业均用外资（FDI）来衡量，这也与以往的研究方法保持了一致。

（二）东西部地区承接国际产业转移效率的实证分析

1. 研究方法

由于部分评价指标存在相互关联和交叉重叠，不能采用赋予主观权重的方法评估承接国际产业转移效率，以避免评估结果的准确性和客观性受到影响。因此，本文利用SPSS软件，采用因子分析方法进行分析，以消除评估指标的多重共线性，同时也可以从整体上把握承接国际产业转移的效率。

设有p个观测变量x_1，x_2，$\cdots$，x_p，将这些变量进行标准化，经标准化后得到公共因子为F_1，F_2，$\cdots$，F_m（m<p）。m个公共因子要能够解释原来大部分信息，解释不了的部分称为相应变量的特殊因子，记为ε_1，ε_2，$\cdots$，ε_p，

则因子分析模型为：

$$\begin{cases} X_1 = \alpha_{11}F_1 + \alpha_{12}F_2 + \cdots + \alpha_{1m}F_m + \varepsilon_1 \\ X_2 = \alpha_{21}F_1 + \alpha_{22}F_2 + \cdots + \alpha_{2m}F_m + \varepsilon_2 \\ \quad\quad\quad\quad\quad\quad\vdots \\ X_p = \alpha_{p1}F_1 + \alpha_{p2}F_2 + \cdots + \alpha_{pm}F_m + \varepsilon_p \end{cases}$$

在所建立的因子模型中，已将总体中的原有变量分解为公共因子与特殊因子的线性组合 $X_i = \alpha_{i1}F_1 + \alpha_{i2}F_2 + \cdots + \alpha_{im}F_m + \varepsilon_i$，i=1，2，…，p，同样可以把每个公共因子表示成原有变量的线性组合；$F_j = \beta_{j1}X_1 + \beta_{j2}X_2 + \cdots + \beta_{jp}X_p$，j=1，2，…，m，称之为因子得分函数，用它可以计算每个观测记录在各公共因子上的得分，从而解决公共因子不可测量的问题。

2. 数据来源

由于指标较多，有关数据的收集较难，而且数据来源和统计口径也可能不一致。本文中涉及的各类指标数据分别查自历年的《中国统计年鉴》《中国税务统计年鉴》《中国科技统计年鉴》《中国高技术产业统计年鉴》《中国能源统计年鉴》和各省的《省级统计年鉴》，政府消费数据查自《中经网统计数据库》，政府行政管理费和一般财政支出数据来自《新中国60年统计资料汇编》及《中国统计年鉴》。

在统计口径方面，工业企业是按照《中国统计年鉴》新的统计口径来选取，即年销售额在500万元以上的各地区规模以上工业企业；"三资企业"包括外商投资和港澳台商投资工业企业；FDI是各地区实际利用的外商直接投资额，由于统计标准不同，两个地区的FDI的加总额略大于商务部直接统计的全国总额，但不影响本文的结论；"工业三废"的排放量是未能达到环境资源部规定的排放标准的排放量。部分年份的数据缺失，采用插值法处理。

另外，在综合评价时，要保证各个指标与综合得分是正相关的。由此上述24个指标中有几个逆向指标，因此需要把逆向指标处理成正向指标。处理方法为：

$$X = \frac{\max(x_i) - x_i}{\max(x_i) - \min(x_i)}$$

3. 实证结果与分析

为了消除评估指标的多重共线性，避免因赋予主观权重而使评估结果的准确性、客观性受到影响。本文利用 SPSS 软件，采用因子分析方法评估承接国际产业转移效率。公因子数目 m 按照主成分累计方差贡献率大于或等于90%的原则确定，选择主成分旋转后的方差贡献率作为权重 W，得到东、西部地区承接产业转移效率的综合得分 E，公式如下：

$$E = W_1Z_1 + W_2Z_2 + \cdots + W_mZ_m \tag{1}$$

利用式（1）得到承接产业转移效率的综合得分，以此判断我国东、西部地区承接国际产业转移效率的时间变化趋势，具体操作如下。

（1）主成分分析

由于指标较多，且单位不同，首先输入数据进行标准化处理，再进行主成分分析。按照主成分累计方差贡献率大于或等于90%的原则，对于东部地区，得到的三个主因子的累计方差贡献率为94.909%，表示这三个主因子解释了原来所有变量94.909%的信息，如表3所示。

表3 东部地区方差贡献分析

主因子	初始解 特征值 λ	初始解 方差贡献率（%）	初始解 累计方差贡献率（%）	旋转后 特征值 0λ	旋转后 方差贡献率（%）	旋转后 累计方差贡献率（%）
因子1	19.164	79.852	79.852	17.764	74.016	74.016
因子2	2.843	11.846	91.698	3.411	14.213	88.229
因子3	0.771	3.211	94.909	1.603	6.608	94.909

同样，对于西部地区，得到的三个主因子的累计方差贡献率为91.215%，如表4所示。

表4 西部地区方差贡献分析

主因子	初始解 特征值 λ	初始解 方差贡献率（%）	初始解 累计方差贡献率（%）	旋转后 特征值 λ	旋转后 方差贡献率（%）	旋转后 累计方差贡献率（%）
因子1	15.954	66.476	66.476	14.840	61.832	61.832
因子2	4.629	19.289	85.765	4.445	18.522	80.354
因子3	1.308	5.450	91.215	2.607	10.861	91.215

利用式（1）和旋转后的方差贡献率，计算出2001～2011年我国东西部地区承接国际产业转移效率指数的综合得分，如表5所示。

表5 2001～2011年东西部地区承接国际产业转移效率指数

年份	2001	2002	2003	2004	2005	2006	2007	2008	2009	2010	2011
东部	-0.94	-0.92	-0.80	-0.42	0.14	0.20	-0.15	0.02	0.54	0.92	1.4
西部	-0.46	-0.30	-0.67	-0.36	-0.71	-0.38	-0.21	0.43	0.54	0.96	1.15

可以看出，十年间我国东、西部地区的效率综合得分均从负值转为正值，并逐步增大，说明承接国际产业转移的效率总体均呈现由低向高的趋势，并且东部效率提升较西部为快。

（2）影响因素分析

进一步通过因子载荷矩阵剖析影响东、西部地区承接国际产业转移效率的因素。

对于东部地区，第一主因子在大多数指标上有较高的载荷，如人均货运量（X1）、固定资产投资额（X2）、互联网普及率（X3）、移动电话普及率（X4）、人均消费水平（X5）、R&D投入经费/GDP（X6）、R&D人员比重（X7）、专利申请数（X8）、新产品销售收入（X9）、政府消费规模（X13）、FDI/GDP（X15）、废气排放量（X23）、工业固体废弃物产生量（X24）、这些指标反映了地区的基础设施、信息化水平、科技水平等，主要体现为地区的经济发展状态，将这一主因子命名为"综合经济因子"。

第二个主因子在进出口占GDP比重（X10）和外商投资企业货物出口额/地区出口总额（X20）上面有较大的载荷，这两个指标主要反映地区的贸易情况，将其命名为"贸易因子"。

第三个主因子在行政支出规模（X11）、政府行为市场化（X12）上面有较大的载荷，这两个指标在一定程度上反映了产业承接地区的政府行为，将其命名为"政府因子"。

对于西部地区，第一主因子同样在大多数指标上有较大的载荷，如人均货运量（X1）、固定资产投资额（X2）、互联网普及率（X3）、移动电话普及率

（X4）、人均消费水平（X5）、R&D投入经费占GDP比重（X6）、R&D人员占城镇就业人员比重（X7）、政府行为市场化（X12）、对税收的贡献（X19）、废气排放量（X23）等，将这一主因子命名为"综合经济因子"。

第二个主因子在对经济增长的贡献（X15）、FDI在高技术产业新产品销售收入中的比重（X16）、FDI在第三产业中的比重（X17）、（FDI/GDP）×单位GDP能耗（X18）等上面有较大的载荷，而这几个指标反映了外商直接投资对西部地区经济增长的影响和对产业结构的优化，故将其命名为"发展因子"。

第三个主因子在行政支出规模（X12）、政府消费规模（X13）、废水排放量（X22）、固体废弃物产生量（X24）上面有较大载荷，这几个指标在一定程度上反映了西部地区的政治环境和自然环境，故将其命名为"环境因子"。

由于主成分方差贡献率递减，即主成分在计算承接产业转移综合效率时的权重依次递减，这三个主因子对于承接产业转移效率的重要程度也依次递减。从表6和表7可以看出随着时间的变化，三类因子对东、西部地区承接产业转移效率的作用也是不同的。

由表6显示，在对东部地区承接产业转移效率的贡献中，综合经济因子在2007年以前有所波动，但幅度不大，这一时间综合得分的提高主要得益于贸易因子的迅速提高。在2008年金融危机以后，综合经济因子的贡献明显提高，而贸易因子的贡献有所下降，体现了其在影响承接产业转移效率上的不稳定性，这是由于进出口容易受外部经济环境的影响；政府因子的作用则呈现较大的波动性，说明东部政府的行政能力对承接产业转移效率的提高虽起到一定作用，但不稳定。

表6 东部地区承接国际产业转移效率的内部结构

因子\年份	2001	2002	2003	2004	2005	2006	2007	2008	2009	2010	2011
综合经济	-0.98	-1.03	-1.05	-0.73	-0.18	-0.06	-0.24	0.16	0.85	1.30	1.95
贸 易	-1.65	-1.13	-0.33	0.65	1.29	1.38	1.07	0.16	-0.45	-0.36	-0.64
政 府	0.26	0.09	0.30	0.39	1.41	0.78	-1.85	-1.74	-0.42	0.14	0.65

值得提出的是，行政行为在东部承接产业效率中占据了一定的比重。政府的行政效率和清廉度历来是长期投资者所关注的焦点，也是投资环境的重要组成部分之一。这一因素的突出说明随着经济的发展，我国东部地区在借鉴国外成功经验的基础上，正在尝试着解决承接国际产业转移中的政府职能问题并取得了显著的成效，从而使其成为影响承接产业转移效率的因素之一。

由表7可以看出，在对西部地区承接产业转移效率的贡献中，综合经济因子也始终占据绝对地位并且影响力稳定增强；发展因子作用则有升有降，体现了西部地区吸引的FDI更易受政策或外部经济环境的影响，进而影响到它对西部地区承接产业转移效率的作用发挥，这与西部地区主要依赖政府政策倾斜、企业自身缺乏对外资足够吸引力有很大关系；环境因子则呈现较大的波动性，并较多体现为负面影响，说明政治环境的不透明与自然环境的恶化使得产业转移在西部地区经济发展和经济结构调整中的作用尚未得到充分发挥且不稳定。

表7 西部地区承接国际产业转移效率的内部结构

因子\年份	2001	2002	2003	2004	2005	2006	2007	2008	2009	2010	2011
综合经济	-0.93	-0.89	-0.77	-0.77	-0.42	-0.38	-0.30	0.19	0.90	1.38	1.99
发展	1.18	1.41	-0.50	0.50	-1.79	-0.87	-1.17	0.59	0.05	0.68	-0.09
环境	-0.98	-0.05	-0.93	0.27	-1.03	0.13	1.79	1.83	-0.24	-0.19	-0.59

需要指出的是，在东、西部地区承接产业转移效率的评价过程中，环境因素"废气排放量"与"固体废弃物排放量"都在各自的第一个主因子上占有较高的权重，这说明环境因素也是影响地区承接产业转移效率的重要指标，因此地区在承接产业转移的过程中要注意对环境的保护。

以上分析表明，我国东部地区承接产业转移的效率总体呈由低到高的趋势，承接产业转移的模式逐渐由数量型向质量型转变，其效率提高的动力逐渐倾向于地区综合经济发展，这主要得益于东部地区得天独厚的地理、自然条件。西部地区承接产业转移的效率也有明显提高，但更多地体现为政策推动，而且呈现较大的不稳定性，表现滞后于东部地区。与东部地区相比，西部地区承接产业转移的效率还未完全体现，这与西部地区在承接产业转移过程中出现的重"承接"轻"对接"，盲目承接产业转移，注重承接产业的经济效益而忽视社会效益和生态效益均有关系。

四 西部地区承接产业转移的政策建议

在西部大开发战略大力实施并相继出台的一系列优惠政策的带动下，承接国内外产业转移正成为我国西部地区经济发展的重要契机和我国协调区域发展的强劲动力。但由于外商在西部地区的投资主要集中于劳动密集型的原材料和农牧产品初加工等工业和高耗能的能源开发型加工项目，导致承接产业转移的效率不高，西部地区必须认真汲取东部地区的经验和教训，科学地承接产业转移。基于国务院发布的《关于中西部地区承接产业转移的指导意见》，结合实证分析的结果，对西部地区如何提高承接产业转移效率提出以下建议。

（一）加快基础设施建设，降低物流成本

由前分析，综合经济因子对东、西部地区承接国际产业转移的效率均有重要的影响，尤其是基础设施（交通运输、固定资产投资、移动电话普及率、互联网普及率）在第一主因子上具有较大载荷。可见，要提高地区承接产业转移的效率，首先要加强基础设施建设，降低物流成本。

目前，我国西部地区的基础交通设施存在着交通运输系统密度低、道路等级低、质量差、道路通达度低、出海条件差等问题；邮电通信、供水供电与其他地区还有较大差距[1]。虽然西部大开发十年来有了较大发展，但仍然存在信息闭塞、交通不便等问题，尤其是相邻省份的交通不便，不利于区域性大市场的形成，从而不足以吸引国内外产业和生产要素向西部地区转移，严重削弱西部地区承接国内外产业转移的能力。因此，西部地区须大力加强对水利、交

---

[1] 谢晓霞：《西部地区基础设施状况分析》，《中国工业经济》2001年第10期。

通、通信等基础设施建设的投资。借鉴他国的经验，西部地区可以通过争取国家对西部地区基础设施建设的优惠贷款等方式，综合发展公路、铁路、河运、通信等基础设施，加强区域之间的联系，为承接产业转移创造良好条件。同时要充分发挥市场经济的自发调节功能，促进基础设施建设，激发民间投资的积极性，推动基础设施的资本市场建设。

（二）慎重选择引进外资类型

西部地区承接国内外产业转移，不能仅是简单地引进生产能力、扩大生产规模，更重要的是要以此提高西部地区的产业水平，促进本地区产业结构升级。因此，西部地区在承接外来产业时，不能盲目引进外资，要树立正确的产业方向发展观念，可以在产业承接前期进行评估，结合自身状况，有计划、有区别地合理引进。由实证结果可知，金融危机时期，东部地区贸易因子的数值下降，尤其是2009年、2010年为负值，这在很大程度上导致了东部地区承接产业转移的效率的下降。西部地区在承接产业转移过程中，不必依赖东部发展的固有模式，承接以国内市场需求为主的内向型企业，如劳动密集型产业以减弱其区位劣势，以国际市场为导向、出口创汇为目标的外向型企业并不一定适合我国西部地区。

（三）注重产业结构优化升级，培养经济发展的内生动力

西部地区承接产业转移效率不高，主要是由两个原因所致。一是西部地区承接的产业转移单一，多为劳动密集型和资源密集型产业，且多为初级加工，这些加工制造业虽对当地就业有一定的积极影响，但由于其附加值低，技术含量少，对经济发展的贡献不大；另一方面，西部地区没有形成本区域内的支柱产业，单纯依靠承接劳动密集型和资源密集型产业，对本地相关产业带动性不强，甚至对本地优势产业形成威胁。西部地区要把承接产业转移与自身发展相结合，注重本区域特色优势产业发展，围绕本地支柱产业展开承接，争取承接一些新兴项目，加快第三产业的发展，提高产业水平；注重对支柱产业的延伸开发，延长产业链，把培育和发展具有竞争力的优势主导产业，形成规模经济作为产业承接的重要目标之一。

（四）注重对环境的保护

产业转移不是简单的复制，更不能转移污染和落后。通过上面对东部地区的实证分析，我们可以看到，环境因素也是影响承接产业转移效率的一个重要因素，而且较差的环境对效率的影响是负面的。自然资源作为统筹全国经济发展的战略资源，不能过分依赖。西部地区生态环境脆弱，即使是有选择地承接资源型产业的转移，也会造成对环境的破坏。环境的恶化，进一步影响承接产业转移的质量，进而陷入恶性循环。因此，西部地区要坚持把资源承载能力、生态环境容量作为承接产业转移的重要依据，严把产业准入门槛，承接有利于本地区发展的产业，吸引高科技、高水平企业而非高污染、高消耗的产业进入，促进产业结构的优化升级。

（五）加快各类产业园区建设

西部地区产业基础薄弱、产业竞争力不强，不利于对产业转移的有效承接。良好的产业园区建设，有利于增强落后地区产业的集聚力和竞争力，增强承接产业转移的"硬实力"。通过对资源在区域间的有效整合，促进产业结构的优化升级，为经济持续发展提供内生动力。西部地区在今后承接产业转移的过程中，要加强各类产业园区的建设，尤其是注重新产业园区的建设。在园区建设初期，要明确其满足承接产业转移和提高科技创新的目的，以主导产业为依托，发挥特色优势，通过产业园区内的专业化分工、规模化生产，提高产业竞争力和产业配套协作能力。

（六）不断推进制度创新

从根本上来说，影响承接产业转移效率的各因素都可以归结到制度上来，因此制度创新是承接产业转移、实现产业结构调整与升级的保障，尤其是西部地区必须不断推进制度创新，以弥补其在区位、需求等方面的不足。政府仍需在制度安排方面发挥举足轻重的作用，在承接产业转移中把管理型政府转变为服务型政府，加大政策创新力度，增强承接产业转移的竞争力和吸引力；加强

政务环境，转变干部作风，推进政府职能转变，规范行政审批，改进服务方式，提高行政效率，树立诚信形象，为外来投资者提供最优的政务环境；抓好人才教育培养，加大职业技术培训力度，根据企业用工需求开展订单式教育培训，为企业提供合格的、高素质的劳动力；加快发展与产业转移发展相关的生产性服务业，为引进企业提供完善的专业的配套服务。

B.8
产业转移对四川省环境影响分析

改革开放三十多年来，我国东部沿海地区凭借着沿海区位优势以及中央政策的大力支持，经济发展取得了骄人的成绩，并步入发达经济区域。然而，随着经济的进一步发展，当地劳动力成本、土地价格的不断攀升，能源、原材料价格不断上涨，再加上人民币升值，使得外向型经济和资本投资的收益开始降低，传统产业的盈利空间受到严重挤压；另外，东部沿海地区正在进入产业结构调整与升级阶段，传统产业正快速向中西部地区转移。因此，产业转移已然成为东部地区优化产业结构，规避企业风险，寻找经济新的发展道路的必然趋势。在这一形势下，西部地区各省区市纷纷出台各种优惠政策以吸引东部地区的产业转移，赢得新的发展机遇。但是，东部转移到西部的产业以传统产业居多，主要是资源、能源密集型产业和劳动密集型产业。这些产业的进入，在给西部带来经济增长的同时，也必然会产生一定程度的"外部性"，即对西部的环境带来负面影响。而西部地区是长江、黄河的上游，是中华大地的水源汇集地，西部环境的破坏，必然要影响到东部地区的可持续发展。因此，有必要对产业转移对西部地区的环境影响进行评估，以便采取相关的对策或措施。考虑到四川省是西部地区经济总量最大的省份，也是承接产业转移较多的省份，本文将对产业转移对四川省的环境影响进行分析、评估，以考察产业转移究竟对四川省的环境有无影响及影响程度。

一 四川省承接产业转移的现状

四川省作为西部地区的经济强省不论是在经济实力、市场环境、产业基础、基础设施还是在自然资源、劳动力等方面均具有承接产业转移的优势。另外，积极承接产业转移是四川省推进新型工业化、新型城镇化、农业现代化的重要途

径,是构建现代产业体系、加快转变经济发展方式的客观要求,也是建设西部经济发展高地的重要战略举措。因此,政府提出了优厚的承接产业转移扶持政策,包括财政扶持政策、税收扶持政策、金融促进政策、要素支持政策。在这些因素的促进下,四川省在承接产业转移方面已经取得了巨大的成果。

据四川省人民政府公布的数据显示,四川省引进国内省外到位资金2008年达到2998.2亿元,2009年达到4063.7亿元,2010年为5336亿元,2011年为7083亿元,2012年达到7795亿元,五年时间吸引外资总量增加1.6倍。2008年四川省开始突出对电子信息、装备制造、能源电力、油气化工、钒钛钢铁、饮料食品和现代中药等7大优势产业和航空航天、汽车制造、生物工程等3大潜力产业的承接,重点承接我国东部发达地区特别是长三角、珠三角及毗邻地区的产业转移。一批重大项目重点突破、有序承接和成功落地,推动现代产业迅速成长。2011年,富士康、一汽大众、仁宝、纬创、联想等项目净增工业总产值655亿元,带动电子信息、汽车制造产业领先增长,为全省规模以上工业增长贡献1.5个百分点;富士康成都基地进出口总额达到169亿美元。围绕龙头促配套,已有200余户配套企业聚集成都、遂宁、绵阳、眉山、内江;10个现代汽车配套项目落户资阳,投资总额30亿元。2012年前8个月,总投资220亿元的天亿科技第六代液晶显示器项目、总投资30亿元的海尔集团(天府新区)创新园区项目、总投资21亿元的动漫游戏游艺产业园项目等纷纷落户四川省。同时,仁宝、纬创、联想成都制造基地已投产,戴尔在成都制造的产品已由其合作伙伴生产出货,招商引资为四川省产业发展带来强大动力。

四川省承接东部产业转移,在一定程度上弥补了国外萎缩的市场对东部企业造成的影响,有效缓解了国际市场原材料、能源、动力材料价格不断上涨的压力,使企业拓展了利润空间,同时也给四川省的经济发展注入了新的生机与活力,但对环境的负面影响也不能忽视。

二 产业转移对四川环境影响的实证分析

(一)环境库兹涅茨曲线的验证

为探索污染产业转移对四川省环境的影响,首先论证四川省的环境与经济发展是否符合环境库兹涅茨曲线假说，在此基础上研究产业转移指标对环境库兹涅茨曲线的影响。

1. 指标选取

基于环境库兹涅茨曲线（EKC）理论，选取剔除通货膨胀后人均 GDP[①]作为解释变量（X），用来衡量经济发展，单位是元/人；污染物排放指标作为被解释变量（Y），来衡量环境污染程度与环境质量。根据数据的可获得性，污染物排放指标选取工业废水排放总量（Y_1）、工业 SO_2 排放量（Y_2）、工业烟尘排放量（Y_3）、工业固体废弃物排放量（Y_4）四个指标来衡量，相应的单位分别为万吨、吨、吨、万吨。数据由 1999~2012 年各期的《四川统计年鉴》和 2007 年《中国统计年鉴》整理得到（见附表1）。时间跨度取为 1998[②] ~ 2010[③] 年。

2. 模型选取

考虑到时间序列数据通过对数化以后容易得到平稳序列，而不改变变量的特征，并且可以削弱异常值的影响，所以对各个变量均取对数而得到新的变量序列（见附表2）。进而运用经济增长—环境质量的简约式方程来进行分析。

$$\ln Y = \beta_0 + \beta_1 X + \beta_2 \ln^2 X + \beta_3 \ln^3 X + \varepsilon \tag{1}$$

其中：Y 为污染物排放量，X 为剔除通货膨胀影响的人均 GDP，ε 为随机扰动项。下面用工业废水排放总量（Y_1）、工业 SO_2 排放量（Y_2）、工业烟尘排放量（Y_3）、工业固体废弃物排放量（Y_4）四个指标分别来对 X 做回归，根据公式（2）的回归结果，可以判断环境—经济几种可能的曲线关系：

（1）如果 $\beta_1 > 0$，$\beta_2 < 0$，且 $\beta_3 > 0$，则为三次曲线关系或者说呈 N 型曲线关系；反之，则为倒 N 型曲线关系。

（2）如果 $\beta_1 < 0$，$\beta_2 > 0$ 且 $\beta_3 = 0$，则为二次曲线关系，呈倒 U 型 EKC 关

[①] 本文中提及的人均 GDP 皆为剔除通货膨胀后的人均 GDP，以 1978 年为基准。
[②] 1997 年 3 月 14 日第八届全国人民代表大会第五次会议通过了《第八届全国人民代表大会第五次会议关于批准设立重庆直辖市的决定》，决定批准设立重庆直辖市。在此仅考虑四川省的情况，故选取数据从 1998 年开始。
[③] 有关四川省工业污染物排放的数据 2012 年四川统计年鉴上为 2010 年的相应数据，故数据到 2010 年截止。

系；反之，如果 $\beta_1 > 0$，$\beta_2 < 0$，且 $\beta_3 = 0$，则为 U 型曲线关系。

(3) 如果 $\beta_1 \neq 0$ 且 $\beta_2 = 0$，$\beta_3 = 0$，则环境—经济之间为线性关系。

在 Eviews6.0 统计软件的支持下，利用公式（2），分别用上述提到的四类环境指标与人均 GDP、人均 GDP 的平方项、人均 GDP 的立方项进行回归，并对相应的估计系数进行 t 检验。如果人均 GDP 立方项前的系数 β_3 不显著，那么则表明不存在 U 型曲线或者倒 U 型曲线。剔除 GDP 的立方项重新对方程进行估计，以此类推。

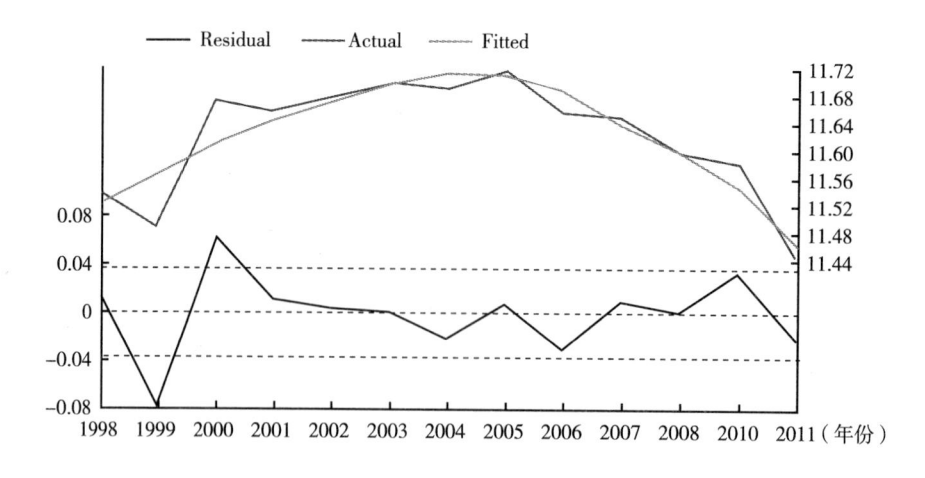

图 1　工业量与人均废水排放总 GDP 关系

3. 模型估计与结果分析

（1）工业废水排放总量与人均 GDP 的 EKC 检验

首先用工业废水排放总量（Y_1）的对数对人均 GDP（X）、人均 GDP 的平方项、人均 GDP 的立方项的对数采用 OLS 进行回归，得回归方程：

$$\ln Y_1 = -25.31903 + 9.488512\ln X - 0.609116\ln^2 X + 0.000249\ln^3 X$$
$$(127.0707)\quad (48.67519)\quad (6.207915)\quad (0.263609)$$
$$t = (-0.262990)\quad (0.259100)\quad (-0.162817)\quad (0.065986)$$
$$R^2 = 0.841990\quad F = 15.98614(0.0006)\quad df = 9$$

运用 t 检验对前的系数是否为 0 进行检验，即 $H_0: \beta_3 = 0$ oversus $H_1: \beta_3 \neq 0$。由于 $t = 0.065986 < 2.2622 = tt0.025$ (9)，所以不拒绝原假设 H_0，认为 $\ln^3 X$ 前的系数不显著，即 $\beta_3 = 0$。那么，表明不存在 N 型曲线或者倒 N 型曲线。

再对用工业废水排放总量的对数对人均 GDP、人均 GDP 的平方项的对数采用 OLS 进行回归,得回归方程:

$$\ln Y_1 = 25.04108 + 9.401123\ln X - 0.601159\ln^2 X$$
$$(5.154533) \quad (1.316165) \quad (0.083835)$$
$$t = (-4.858070) \quad (7.142813) \quad (-7.170709)$$
$$R^2 = 0.841914 \quad F = 26.62826(0.0000) \quad df = 10$$

回归结果通过 t 检验、F 检验、R^2 检验,结果表明工业废水排放总量与人均 GDP 之间存在倒 U 型曲线关系。

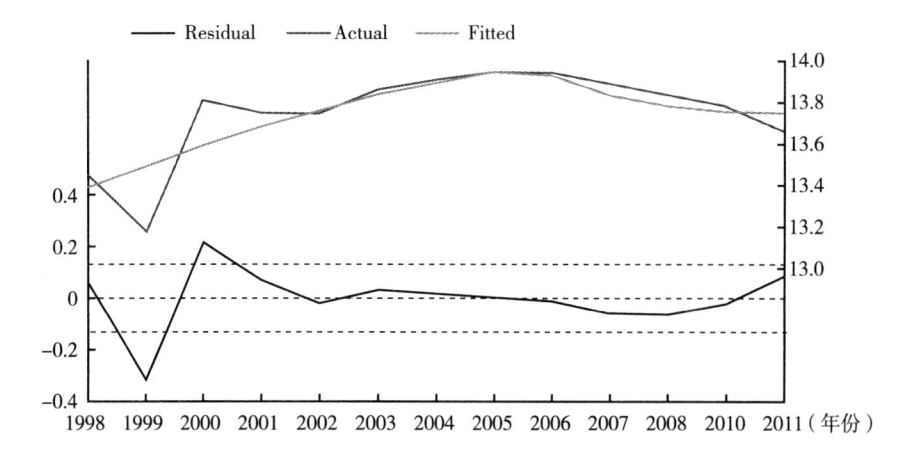

图 2 工业 SO_2 排放量与人均 GDP 关系

当经济发展水平较低的时候,工业废水排放量较少,但是随着人均收入的增加,工业废水排放量由低趋高,环境恶化程度随经济的增长而加剧;当经济发展达到一定水平后,即当人均 GDP 达到 2487.83 元/人时,即从 2005 年开始,随着人均收入的进一步增加,工业废水排放量又由高趋低,其环境污染的程度逐渐减缓,环境质量逐渐得到改善;这种现象符合环境库兹涅茨曲线。四川省 2010 年人均 GDP 已达到 4724.59 元/人,也就是说随着人均 GDP 的上升,工业废水排放量呈下降趋势。

(2) 工业排放量与人均 GDP 的 EKC 检验

回归估计结果表明,工业排放量(Y_2)与人均 GDP 呈倒 U 型曲线关系,满足 EKC 检验。回归方程为:

$$\ln Y^2 = -57.47323 + 17.94767\ln X - 1.127542\ln^2 X$$
$$(18.55198) \quad (4.737087) \quad (0.301737)$$
$$t = (-3.097957) \quad (3.788756) \quad (-3.736939)$$
$$R^2 = 0.679483 \quad F = 10.60795(0.0034) \quad df = 10$$

在显著性水平为0.05的情况下,由于 $t(\beta_1) = 3.788756 > 2.2281 = t_{0.025}(10)$,$t(\beta_2) = 3.732223 - 2.2281 = t_{-0.025}(10)$,t检验结果显著;此外,回归结果通过F检验、$R^2$检验,表明工业$SO_2$排放量与人均GDP之间存在倒U型曲线关系。由上述回归方程可进一步计算出工业SO_2排放量—经济增长倒U型曲线的转折点约为2860.52元/人,当人均GDP小于2860.52元/人,即在2005年之前,工业SO_2排放量随着人均GDP的增加而增加,当人均GDP大于2860.52元/人,即在2006年之后,工业SO_2排放量随着人均收入的增加而减少,环境污染的程度逐渐减缓,环境质量逐渐得到改善。

(3) 工业烟尘排放量与人均GDP的EKC检验

回归估计结果表明,工业烟尘排放量(Y_3)与人均GDP呈倒U型曲线关系,满足EKC检验。回归方程为:

$$\ln Y_3 = -71.07974 + 22.58057\ln X - 1.507098\ln^2 X$$
$$(29.01004) \quad (7.407464) \quad (0.471831)$$
$$t = (-2.450177) \quad (3.048354) \quad (-3.194148)$$
$$R^2 = 0.867124 \quad F = 32.62893(0.0000) \quad df = 10$$

回归结果通过t检验、F检验、R^2检验,结果表明工业烟尘排放总量与人均GDP之间存在倒U型曲线关系。由回归方程进一步计算出工业烟尘排放量—经济增长的倒U型曲线的转折点约为1792.57元/人,对于人均GDP低于1792.57元/人,即2001年之前,工业烟尘排放将随着人均GDP的上升而增加;一旦人均GDP突破1792.57元/人的临界值时,此时人均GDP的继续提高将有助于降低工业烟尘的排放。

(4) 工业固体废弃物排放量与人均GDP的EKC检验

回归结果表明,工业固体废弃物排放量(Y_4)与人均GDP呈U型曲线关系,回归方程如下:

$$\ln Y_4 = 738.9179 - 188.8397\ln X + 112.13278\ln^2 X$$
$$(248.0108) \quad (63.32742) \quad (4.033748)$$

$$t = (2.979378) \quad (-2.981958) \quad (3.007818)$$
$$R^2 = 0.517297 \quad F = 5.358347(0.0262) \quad df = 10$$

在显著性水平 α = 0.05 的条件下，回归方程通过 t 检验、F 检验、R^2 检验，又 $\beta_1 < 0$，$\beta_2 > 0$，故工业固体废弃物排放量与人均 GDP 呈 U 型曲线关系。由上述回归方程可进一步计算出工业固体废弃物排放量—经济增长的 U 型曲线的转折点约为 2397.57 元/人。当人均 GDP 小于 2397.57 元/人，即 2004 年之前，工业固体废弃物排放量随着人均 GDP 的增加而降低，当人均 GDP 大于 2397.57 元/人，即 2005 年之后，工业固体废弃物排放量随着人均收入的增加而增加，环境污染的程度逐渐加强，环境质量日趋恶劣。

（二）剔除产业转移影响后环境库兹涅茨曲线的检验

1. 产业转移对四川省经济增长的影响

（1）指标选取

基于数据的可得性，我们选择外商直接投资（FDI）数据。外商直接投资是外商以控制经营管理权为核心，以获取利润为目的的投资方式。它作为产业转移的主要途径来影响四川省的经济与环境。因此，下面用实际利用的外商直接投资额作为衡量产业转移的指标。数据由 1999~2012 年各期的《四川统计年鉴》整理得到（见附表 3）。时间跨度为 1998~2010 年。

（2）模型选取

拟定生产函数：$X = e^{\alpha_0} FDI^{\alpha_1}$

其中，α_1 为产业转移对经济增长的报酬率，X 表示剔除通货膨胀影响的人均 GDP，单位为元/人，FDI 表示外商直接投资，单位为万美元。考虑到模型非线性，故对其进行对数变换：$\ln(X) = \alpha_0 + \alpha_1 \ln(FDI)$。

（3）模型估计与结果分析

用人均 GDP 的对数对外商直接投资（FDI）的对数做最小二乘估计，得回归方程：

$$\ln(X) = 2.617388 + 0.449739\ln(FDI) \quad (0.533909) \quad (0.046097)$$
$$t = (4.902314) \quad (9.756428)$$
$$R^2 = 0.896410 \quad F = 95.18789(0.0000) \quad df = 11$$

回归结果表明,产业转移对经济增长的报酬率为 0.449739%,即在其他条件不变的情况下,四川省的实际可利用的外商直接投资每增加 1 万美元,人均 GDP 增加 0.00449739 元/人。

2. 剔除产业转移影响的环境库兹涅茨曲线检验

为了更好地验证产业转移对环境带来的影响,下面将剔除产业转移的影响,即剔除外商直接投资对人均 GDP 的影响来验证四川省经济与环境发展是否符合环境库兹涅茨曲线。

剔除外商直接投资影响的人均 GDP[①] = 人均 GDP × (1 - α_1%),故对人均 GDP 按上述公式进行处理,处理结果见附表 4。再对工业废水排放总量(Y_1)、工业 SO_2 排放量(Y_2)、工业烟尘排放量(Y_3)、工业固体废物排放量(Y_4)四个指标与剔除外商直接投资影响的人均 GDP 进行回归检验,检验结果如下。

(1) 工业废水排放总量与新人均 GDP 的 EKC 检验

运用 OLS 得回归方程:

$$\ln Y_1 = -24.99868 + 9.395694 \ln XX - 0.601159 \ln^2 XX$$
$$(5.148602) \quad (1.315410) \quad (0.083835)$$
$$t = (-4.855430) \quad (7.142789) \quad (-7.170702)$$
$$R^2 = 0.841913 \quad F = 26.62822(0.0000) \quad df = 10$$

回归结果显示,工业废水排放总量与剔除产业转移影响的人均 GDP 仍然呈倒 U 型曲线关系,只是转折点变为 2476.62 元/人,较未剔除产业转移影响前,曲线左移。也就是说,FDI 使得四川省工业废水排放量随着人均 GDP 增加而呈下降的趋势的出现延后了。

(2) 工业 SO_2 排放量与新人均 GDP 的 EKC 检验

运用 OLS 得回归方程:

$$\ln Y_2 = -57.39216 + 17.93745 \ln XX - 1.127539 \ln^2 XX$$
$$(18.53067) \quad (4.734376) \quad (0.301737)$$
$$t = (-3.097145) \quad (3.788768) \quad (-3.736822)$$
$$R^2 = 0.679481 \quad F = 10.59970(0.0034) \quad df = 10$$

---

① 下文称新人均 GDP。

同样的，回归结果显示，工业 SO_2 排放量与剔除产业转移影响的人均 GDP 仍然呈倒 U 型曲线关系，只是转折点变为 2847.65 元/人，较未剔除前的 2860.52 元/人，转折点降低了，曲线左移。

（3）工业烟尘排放量与新人均 GDP 的 EKC 检验

采用 OLS 得回归方程为：

$$lnY_3 = 70.97763 + 22.56689lnXX - 1.507092ln^2XX$$
$$(28.97673) \quad (7.403227) \quad (0.471832)$$
$$t = (-2.449470) \quad (3.048251) \quad (-3.194129)$$
$$R^2 = 0.867123 \quad F = 32.62871(0.0000) \quad df = 10$$

模型通过 t 检验、F 检验、R^2 检验，又因为 $\beta_1 < 0$，$\beta_2 < 0$，故工业烟尘排放量与人均 GDP 呈倒 U 型曲线关系。剔除 FDI 的影响后，曲线左移，转折点约为 1784.51 元/人。说明 FDI 加速了四川省的工业烟尘排放量对第二个转折点的跨越。也就是说 FDI 在给四川省带来先进的生产技术和设备的同时，也带来了污染。

（4）工业固体废弃物排放量与新人均 GDP 的 EKC 检验

回归结果表明，工业固体废弃物排放量（Y_4）与剔除 FDI 影响后的人均 GDP 仍呈 U 型曲线关系，回归方程如下：

$$lnY_4 = 738.0661 - 188.73011lnXX + 12.13277ln^2XX$$
$$(247.7253) \quad (63.29102) \quad (4.033745)$$
$$t = (2.979373) \quad (-2.981942) \quad (3.007817)$$
$$R^2 = 0.517297 \quad F = 5.358343(0.0262) \quad df = 10$$

通过进一步的计算，当人均 GDP 达到 2386.78 元/人后，工业固体废弃物的排放量随经济增长而增加。此转折点较未剔除产业转移影响前的转折点左移，说明东部沿海产业转移减少了工业固体废弃物排放量，提高了资源的利用效率。

为了便于比较，现将污染物排放量的四个指标（工业废水排放总量、工业 SO_2 排放量、工业烟尘排放量、工业固体废弃物排放量）分别与人均 GDP 和剔除 FDI 影响的人均 GDP 的回归结果整理如表 1 所示。

表 1　回归结果比较

		β_0	β_1	β_2	β_3	转折点（元/人）	结果
Y_1	剔除前	-25.04108	9.401123	-0.601159	0	2487.83	倒 U 型
	剔除后	-24.99868	9.395694	-0.601159	0	2476.62	倒 U 型
Y_2	剔除前	-57.47323	17.94767	-1.127542	0	2860.52	倒 U 型
	剔除后	-57.39216	17.93745	-1.127539	0	2847.65	倒 U 型
Y_3	剔除前	-71.07974	22.58057	-1.507098	0	1792.57	倒 U 型
	剔除后	-70.97763	22.56689	-1.507092	0	1784.51	倒 U 型
Y_4	剔除前	738.9179	-188.8397	12.13278	0	2397.57	U 型
	剔除后	738.0661	-188.7301	12.13277	0	2386.78	U 型

三　结论

以上分析说明虽然外商直接投资形成的产业转移确实促进了四川省的经济发展，但是不可否认外商直接投资也同时造成四川省的环境发生了一定程度的恶化。外商直接投资所引进的生产技术相对先进，产生的污染一般比国内企业相对较少，国内产业转移所造成的污染更加严重。因此，如果加上国内其他省份对四川的投资，则产生的环境负面影响更加严重，并会导致环境改善拐点的到来进一步延后。因此，产业转移所引起的环境补偿问题应该予以重视。

另外，四川环境的恶化也有自身的原因，从模型的分析可以看出，FDI 所占四川省投资总额比重毕竟很小，因而也并不是四川环境恶化的主要原因。四川省乃至整个西部在全国 GDP 导向的形势下，过多注重经济增长，忽视环境的改善，则是环境恶化的主要原因。并且，西部地区为了获取更高的经济增长，偏重招商引资额，并在承接产业转移的过程中，没有对落后工艺和淘汰产业进行严格限制，一些沿海淘汰了的高污染、高能耗的产业被转移到西部地区，由此导致了污染转移，使承接产业转移的地区环境质量下降。因此，四川及整个西部地区有必要强化环境规制，加强环境的保护与治理，建立环境补偿制度。

作为东部发达地区来说，也应积极支持西部改善环境。西部地区地处长江、黄河的上游，是东部地区的水源所在地，支持西部改善环境就是改善自身的环境，为西部提供环境补偿。东部产业转移及从西部获取能源、资源，获得了自身的发展，但无疑也加剧了西部的环境问题，改善西部环境也是东部自身的责任。

附表1 四川省"三废"排放情况

年份 \ 指标	工业废水排放总量 Y_1（万吨）	工业SO_2排放量 Y_2（吨）	工业烟尘排放量 Y_3（吨）	工业固体废物排放量 Y_4（万吨）	人均GDP（元/人）X1978年=100
1998	102740.56	695498.00	703966.00	991.90	1415.50
1999	97536.48	526157.00	534426.00	476.13	1513.37
2000	116978.84	994063.59	798909.54	407.14	1630.84
2001	114920.01	940771.51	765955.87	315.11	1758.50
2002	117638.22	930169.15	713908.05	191.73	1911.02
2003	120159.97	1050541.55	744440.83	132.87	2096.07
2004	119223.32	1098646.14	761972.29	120.89	2300.80
2005	122590.22	1140820.09	633955.22	115.70	2721.04
2006	115348.00	1121000.00	475000.00	84.86	3082.03
2007	114576.73	1022643.82	330474.53	217.90	3536.83
2008	108699.87	968914.30	218904.08	13.40	3872.32
2009	107096.05	946424.13	195699.56	61158.50	4200.81
2010	93444.15	937631.60	259650.60	32240.00	4724.59

注：人均GDP为剔除通货膨胀影响后的值，以1978年为基准，即1978年=100。
数据来源：1999~2012年《四川统计年鉴》，部分数据来源于2007年《中国统计年鉴》。

附表2 四川省"三废"排放数据的ln取值

年份 \ 指标	$\ln(Y_1)$	$\ln(Y_2)$	$\ln(Y_3)$	$\ln(Y_4)$	$\ln(X)$
1998	11.539962	13.452383	13.46449	6.8996223	7.2552381
1999	11.487982	13.173355	13.18895	6.1656909	7.3220942
2000	11.669748	13.809556	13.59100	6.0091571	7.3968505
2001	11.651992	13.754456	13.54888	5.7529218	7.4722165
2002	11.675369	13.743122	13.47851	5.2560881	7.5553924
2003	11.696579	13.864816	13.52039	4.8893712	7.6478194
2004	11.688754	13.909589	13.54367	4.7948810	7.7410122
2005	11.716603	13.947258	13.35973	4.7510006	7.9087694
2006	11.655709	13.929732	13.07107	4.4409651	8.0333437
2007	11.649000	13.837902	12.70828	5.3840362	8.1709861
2008	11.596346	13.783931	12.29639	2.5955888	8.2616091
2009	11.581481	13.760446	12.18434	11.0212241	8.3430326
2010	11.445119	13.751112	12.46709	10.3809632	8.4605361

注：数据由附表1整理得到。

附表3 四川省历年外商直接投资

年份	外商直接投资FDI(万美元)	ln(FDI)
1998	50400.00	10.82775
1999	45378.00	10.72278
2000	43694.00	10.68497
2001	58188.00	10.97143
2002	65925.00	11.09627
2003	58209.00	10.97180
2004	70129.00	11.15809
2005	88686.00	11.39286
2006	120819.00	11.70205
2007	149322.00	11.91386
2008	308842.00	12.64059
2009	358980.00	12.79102
2010	602517.00	13.30887

注：①FDI数据来源于1999~2011年各期四川统计年鉴，为实际利用的外商直接投资额。
②ln(FDI)的数据由FDI数据整理得到。

附表4 四川省历年人均GDP

年份	人均GDP(X)1978年=100(元/人)	剔除外商直接投资影响的人均GDP(XX)(元/人)	ln(XX)
1998	1415.50	1409.13	7.250731
1999	1513.37	1506.56	7.317587
2000	1630.84	1623.51	7.392343
2001	1758.50	1750.59	7.467709
2002	1911.02	1902.43	7.550885
2003	2096.07	2086.64	7.643312
2004	2300.80	2290.45	7.736505
2005	2721.04	2708.80	7.904262
2006	3082.03	3068.17	8.028836
2007	3536.83	3520.92	8.166479
2008	3872.32	3854.90	8.257102
2009	4200.81	4181.92	8.338525
2010	4724.59	4703.34	8.456029

B.9
四川省全要素生产率测算与经济增长因素分析

进入21世纪以来,在国家西部大开发战略的实施和深入推进下,四川省经济也进入历史上持续高速增长时期。2011年,全省生产总值(GDP)进入"两万亿俱乐部",达到了21026.68亿元,按可比价格计算比1978年增长26.6倍,年均递增10.45%。"十一五"时期,四川省经济总量更是取得了跨越式增长,年均递增13.71%。"十二五"时期,四川省提出围绕转变经济发展方式的主线,加快经济发展,把科技进步和创新作为转变经济发展方式的重要支撑,全省生产总值突破3万亿元大关,年均增长12%以上。

经济发展方式的转变,取决于经济发展的效率。本文则通过研究四川省全要素生产率来考察和分析四川经济发展的效率和源泉。全要素生产率(TFP)是分析经济长期增长源泉的重要工具,是衡量单位总投入的总产量的生产率指标。全要素生产率是指除各生产要素(如资本、劳动力等)投入外的技术进步、组织创新、生产创新等,是剔除生产要素投入贡献后所得的余值。这个概念最早是由美国经济学家罗伯特·索洛(Robert M. Solow, 1957)提出,故也称为索洛余值。因全要素生产率在分析经济增长源泉上的巨大优势,近年来,国内众多学者利用全要素生产率来分析中国经济增长的源泉,并取得了非常好的效果。其中具有代表性的如:舒元(1993)利用生产函数法估算我国1952~1990年全要素生产率增长率为0.02%,对产出增长的贡献率为0.3%[5];李京文等人(1996)对我国的全要素生产率与经济增长问题进行了全面系统的分析,定量研究了1953~1995年资本、劳动和全要素生产率对经济增长的贡献;王小鲁(2000)利用生产函数法估算我国1953~1999年全要素生产率增长率为-0.17%,1979~1999年全要素生产率增长率为1.46%,对产出增长的

贡献率为14.9%；郭庆旺等人（2005）利用隐性变量法和潜在产出法估算我国1979~2004年全要素生产率增长率为0.891%，对产出增长的贡献率为9.46%。然而，根据对已有文献检索来看，对四川省全要素生产率的研究却较少。

本文基于索洛余值法测算四川省1979~2011年的全要素生产率增长率（实际应用中可近似看作为技术进步）及其对经济增长的贡献，并简要分析四川省TFP增长率和经济增长的源泉，为四川省加快转变经济发展方式提供理论参考。

一 索洛余值法简介

索洛余值法最早是由罗伯特·索洛（Robert Solow, 1957）提出的，是采用产出增长率扣除各投入要素增长率后的余值来测量全要素生产率的增长率。在假设存在规模收益不变和希克斯中性技术条件下，全要素生产率增长率等于技术进步率。设生产函数为：

$$Y_t = A(t)F(X_t) \tag{1}$$

其中，Y_t为产出，$X_t = (X_{1t} \cdots X_{nt})$为要素投入向量，$A(t)$为希克斯中性技术系数，意味着技术进步不影响投入要素之间的边际替代率。假设$F(X_t)$为一次齐次函数，即关于所有投入要素都是规模收益不变的。式（1）两边同时对t求导并同除以式（1）有：

$$\frac{\dot{Y}_t}{Y_t} = \frac{\dot{A}}{A} + \sum_{n=1}^{N} \delta_n \left[\frac{\dot{x}_{n,t}}{x_{n,t}}\right] \tag{2}$$

其中$\delta_n = \left[\frac{\partial Y_t}{\partial x_{n,t}}\right]\left[\frac{x_{n,t}}{Y_t}\right]$为各投入要素产出份额，于是有：

$$\frac{\dot{A}}{A} = \frac{\dot{Y}_t}{Y_t} - \sum_{n=1}^{N} \delta_n \left[\frac{\dot{x}_{n,t}}{x_{n,t}}\right] \tag{3}$$

式（3）就是全要素生产率增长率的索洛余值公式。

二 数据选取与处理

本文选取的数据主要来源于国家统计局正式出版的历年《四川统计年鉴》和中经网统计数据库，测算的样本区间为1979~2011年，并以1978年为基期。在具体测算四川省全要素生产率过程中，需产出量Y_t、劳动投入L_t、资本投入K_t的时间序列数据，下面我们对所需要的数据进行具体的选取和处理。

（一）产出量

衡量国民经济整体产出量的指标一般采用按可比价格计算的国内生产总值（GDP）或国民生产总值（GNP），本文以四川省国内生产总值作为衡量四川省产出量的指标，各年 GDP 通过 GDP 平减指数折算成1978年基期价（见表1）。

（二）劳动投入

严格来说，劳动投入数据应当是一定时期内劳动提供的"服务流量"，它不仅仅取决于劳动投入量，还与劳动的利用效率、劳动的质量等因素有关，即生产过程中实际投入的劳动量，用标准劳动强度的劳动时间来衡量（张军，施少华（2003））。实际进行劳动投入核算通常以工作小时和劳动工资为变量求得，而我国目前尚没有相关的统计资料。本文采用四川省历年的劳动就业人数作为历年劳动投入的计算指标，具体数据见表1。

表1 四川省1978~2011年国内生产总值和要素投入

年份	国内生产总值（亿元）	劳动力投入（万人）	资本存量（亿元）	年份	国内生产总值（亿元）	劳动力投入（万人）	资本存量（亿元）
1978	184.61	3087.02	193.96	1984	320.05	3643.11	385.35
1979	203.30	3143.54	228.60	1985	358.10	3742.97	429.76
1980	222.62	3259.78	263.88	1986	377.97	3885.74	468.92
1981	231.64	3347.61	286.12	1987	410.86	3967.27	511.27
1982	256.85	3467.50	312.68	1988	441.73	4090.08	552.80
1983	285.14	3564.59	344.60	1989	455.72	4179.57	580.67

续表

年份	国内生产总值（亿元）	劳动力投入（万人）	资本存量（亿元）	年份	国内生产总值（亿元）	劳动力投入（万人）	资本存量（亿元）
1990	497.18	4265.20	622.87	2001	1438.45	4664.80	2137.86
1991	542.49	4425.10	673.41	2002	1585.91	4667.60	2397.54
1992	610.71	4521.20	733.24	2003	1765.86	4683.50	2709.39
1993	690.62	4556.80	805.16	2004	1990.72	4691.70	3058.63
1994	768.78	4587.90	896.80	2005	2241.55	4702.00	3487.18
1995	851.26	4619.10	1026.53	2006	2544.16	4715.00	4049.55
1996	941.49	4627.20	1170.08	2007	2913.07	4731.10	4733.97
1997	1040.66	4641.20	1329.25	2008	3233.50	4740.00	5465.22
1998	1141.30	4651.40	1523.89	2009	3702.36	4756.62	6358.88
1999	1216.96	4654.30	1704.87	2010	4261.42	4772.53	7394.24
2000	1319.97	4658.40	1913.19	2011	4900.63	4785.47	8548.90

（三）资本投入

资本投入应当包括直接或间接构成生产能力的资本总存量，它既包括直接生产和提供各种物质产品和劳务的各种固定资产和流动资产，也包括为生产过程服务的各种服务及福利设施的资产，理论上应当使用资本流量作为投入指标（张军、施少华，2003），由于我国目前没有相关的统计资料，本文以历年的资本存量（1978年价格）替代资本投入。目前，普遍采用戈登·史密斯（Goldsmith）在1951年开创的永续盘存法（PIM）估算资本存量，本文亦采用此方法估算四川省历年资本存量（见表1），并假定资本品的相对效率服从几何递减的模式，即折旧率和重置率是相同的，其数学表达式如下：

$$KC_t = KC_{t-1}(1-\delta_t) + \frac{I_t}{P_t} \tag{4}$$

式（4）中 KC_t 表示 t 年资本存量；KC_{t-1} 表示基期资本存量；δ_t 表示 t 年的折旧率；I_t 表示 t 年投资额；P_t 表示 t 年投资价格指数。可见，要准确估算出资本存量，关键是要获得基期资本存量 K_0、折旧率 δ、当年投资额 I、投资价格指数 P 四个变量的数据，这也是众多学者在测算同一地区 TFP 增长率产生巨大差异的主要原因之一，因此准确估算出历年资本存量是测算出四川省真实

TFP增长率的关键因素。在总结众多研究方法的基础上，本文就各变量序列数据的确定分析如下。

1. 基期资本存量 K_0

根据已有对基期资本存量 K_0 估算方法的分析，本文估算四川省1978年基期资本存量采用1978年基期的投资额除以投资的平均增长率与折旧率之和（Young（2003）、白重恩（2007）），其中投资增长率选用1978~2011年不变价投资平均增长率。

2. 折旧率 δ

根据我国经济发展和技术进步不断加快的实际情况，资本的折旧率也应该是不断加快的趋势，因此设定1978年资本折旧率为10%，每年以0.1%递增。

3. 当年投资 I

根据《OECD资本度量手册（2001）》建议使用固定资本形成额作为投资流量，因此本文采用固定资本形成总额作为当年的投资指标。

4. 投资价格指数 P

相关统计资料没有公布四川省1983年以前的固定资产投资价格指数，根据数据的可得性，对于1978~1982年四川省固定资产投资价格指数用四川省GDP平减指数替代。

三 四川省全要素生产率的测算

（一）建立模型

对于四川省总量生产函数，本文采用柯布—道格拉斯生产函数：

$$Y_t = A_0 K_t^\alpha L_t^\beta e^\mu \quad (t = 1, 2, \cdots, n) \tag{5}$$

式（5）中，Y_t 表示 t 年国内生产总值；K_t 表示 t 年资本投入；L_t 表示 t 年劳动力投入；α 和 β 分别表示资本和劳动力产出弹性；μ 为随机误差项。如果存在规模报酬不变，即 $\alpha + \beta = 1$，则可对式（5）两边取对数得：

$$\ln(Y_t) = \ln(A_0) + \alpha\ln(K_t) + \beta\ln(L_t) + \mu_t \tag{6}$$

式（6）两边同时减去 $\ln(L_t)$ 变为：

$$\ln\left(\frac{Y_t}{L_t}\right) = \ln(A_0) + \alpha\ln\left(\frac{K_t}{L_t}\right) + \varepsilon_t \tag{7}$$

由式（3）和式（6）可以换算为：

$$\frac{\Delta A}{A} = \frac{\Delta Y}{Y} - \alpha\frac{\Delta K}{K} - \beta\frac{\Delta L}{L} \tag{8}$$

其中，$\frac{\Delta A}{A}$ 为 TFP 增长率；$\frac{\Delta Y}{Y}$ 为产出增长率；$\frac{\Delta K}{K}$ 为资本投入增长率；$\frac{\Delta L}{L}$ 为劳动投入增长率。资本投入、劳动力投入和 TFP 对产出增长的贡献率分别为：$\alpha\frac{\Delta K}{K}\Big/\frac{\Delta Y}{Y} \times 100\%$、$\beta\frac{\Delta L}{L}\Big/\frac{\Delta Y}{Y} \times 100\%$ 和 $\left(\frac{\Delta Y}{Y} - \alpha\frac{\Delta K}{K} - \beta\frac{\Delta L}{L}\right)\Big/\frac{\Delta Y}{Y} \times 100\%$。

（二）模型估计及四川省 TFP 测算

首先，我们用 Wald 检验法来检验四川省生产函数规模报酬不变（$\alpha + \beta = 1$）的假设是否成立，即利用无约束回归方程 $\ln(Y_t) = \ln(A_0) + \alpha\ln(K_t) + \beta\ln(L_t) + \mu_t$ 的 OLS 回归结果，对 $\ln(K_t)$ 和 $\ln(L_t)$ 系数的线性约束（$\alpha + \beta = 1$）进行检验。检验结果如下：

原假设	F 统计量	P 值
$\alpha + \beta = 1$	13.15977	0.0010

通过检验我们可知，$P = 0.0010 < 0.05$ 表明在 5% 的显著水平上，我们拒绝原假设，即认为 1979~2011 年四川省生产函数规模报酬不是不变的。因此，我们利用表 1 数据对式（6）进行 OLS 回归，结果如下：

$$\begin{aligned}\ln(Y_t) &= -2.8534 + 0.8292\ln(K_t) + 0.4500\ln(L_t)\\ t &= (-4.36)\quad (76.25)\quad (5.23)\\ \overline{R}^2 &= 0.9986 \quad SE = 0.0357 \quad F = 11952.1 \quad DW = 0.383\end{aligned} \tag{9}$$

我们对式（9）的残差项做德宾 - 沃森检验和滞后一期的拉格朗日乘数检验，分别得到 DW = 0.383 和伴随概率为 0.0000，表明残差序列存在严重的自相关。我们对模型进行修正，重新估计结果如下：

$$\ln(Y_t) = -2.9487 + 0.8363\ln(K_t) + 0.4552\ln(L_t) + [AR(1) = 1.2511, AR(2)$$
$$= -0.5414]t(-2.19)(48.99)(2.64)(7.58)(-3.75) \qquad (10)$$
$$\overline{R}^2 = 0.9997 \quad SE = 0.0156 \quad F = 26695.6 \quad DW = 2.23$$

从回归结果可以看出，模型拟合优度较好，估计系数均通过 t 检验。对残差项做德宾－沃森检验和滞后一期的拉格朗日乘数检验，分别得到 DW = 2.23 和伴随概率为 0.2528，表明残差序列已不存在自相关。对残差做滞后一期的 ARCH 检验，得伴随概率为 0.5072，表明残差序列不存在异方差。因此，我们得到 α = 0.8363，β = 0.4552，将 α 和 β 标准化，得到 α = 0.6475、β = 0.3525，将标准化后的 α、β、实际产出增长率、劳动力投入增长率和资本存量增长率代入式（8），得到四川省 1979～2011 年历年的全要素生产率增长率，同时还可以计算出要素投入对四川省经济增长的贡献率，具体结果见表 2。

表 2　四川省全要素生产率（TFP）增长率及要素贡献率

单位：%

年份	产出增长率	TFP 增长率	劳动力投入贡献率	资本投入贡献率	TFP 贡献率
1979	10.12	-2.09	6.38	114.25	-20.63
1980	9.50	-1.79	13.72	105.15	-18.87
1981	4.05	-2.35	23.44	134.68	-58.11
1982	10.89	3.61	11.60	55.20	33.20
1983	11.01	3.42	8.96	60.03	31.01
1984	12.24	3.81	6.34	62.52	31.14
1985	11.89	3.46	8.13	62.78	29.09
1986	5.55	-1.70	24.23	106.33	-30.57
1987	8.70	2.11	8.50	67.21	24.29
1988	7.51	1.16	14.52	70.00	15.47
1989	3.17	-0.87	24.35	103.08	-27.43
1990	9.10	3.67	7.94	51.73	40.34
1991	9.11	2.54	14.50	57.65	27.85
1992	12.57	6.06	6.09	45.75	48.17
1993	13.08	6.46	2.12	48.54	49.34

续表

年份	产出增长率	TFP 增长率	劳动力投入贡献率	资本投入贡献率	TFP 贡献率
1994	11.32	3.71	2.13	65.11	32.76
1995	10.73	1.12	2.23	87.30	10.46
1996	10.60	1.48	0.58	85.43	13.99
1997	10.53	1.62	1.01	83.62	15.37
1998	9.67	0.11	0.80	98.04	1.16
1999	6.63	-1.08	0.33	116.00	-16.33
2000	8.46	0.52	0.37	93.47	6.17
2001	8.98	1.32	0.54	84.71	14.75
2002	10.25	2.36	0.21	76.72	23.07
2003	11.35	2.80	1.06	74.23	24.72
2004	12.73	4.33	0.44	65.54	34.01
2005	12.60	3.45	0.66	72.00	27.34
2006	13.50	2.96	0.72	77.35	21.93
2007	14.50	3.44	0.83	75.47	23.70
2008	11.00	0.93	0.60	90.93	8.47
2009	14.50	3.79	0.85	73.02	26.13
2010	15.10	4.44	0.78	69.82	29.40
2011	15.00	4.79	0.64	67.41	31.96

数据来源：作者计算。

四 四川省全要素生产率增长与经济增长源泉分析

（一）四川省 TFP 增长分析

我们将索洛余值法测算的四川省 TFP 增长率绘制成图 1，并对 1979~2011 年的四川省 TFP 的增长做简要分析。通过图 1 显示，四川省 TFP 增长变化趋势与经济总体走势（GDP 增长率）较为同步，在 TFP 增长率处于阶段性高点时，四川省经济也处于高速增长态势。例如，1984 年 TFP 增长率为 3.81%，GDP 增长率为 12.24%；1993 年 TFP 增长率为 6.46%，GDP 增长率为 13.08%；2004 年 TFP 增长率为 4.33%，GDP 增长率为 12.73%。

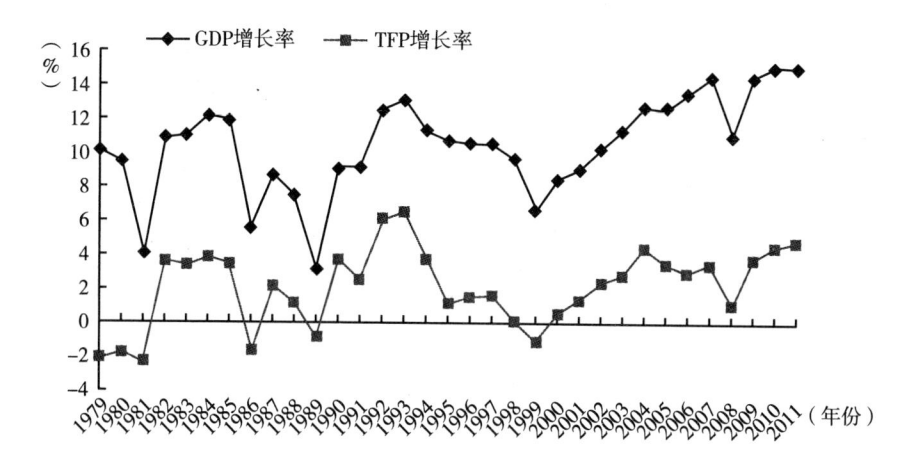

图1 四川省TFP增长率走势

1979~2011年,四川省TFP年均增长2.11%,其走势具有如下特征。

(1) 1979~1989年,四川TFP增长波动较大,年平均增长率为1.95%。四川TFP增长在1979~1981年持续处于样本历史最低点(年均增长-2.08%),之后四川TFP进入持续4年高速、稳定增长,年均增长率达到3.58%,伴随着短暂的正增长后,随后迅速下降到1986年的-1.70%,且1989年甚至下降到-0.87%。其主要原因是,1979年国家开始实行改革开放政策,农村实行家庭联产承包责任制,而城市实行以国营企业放权让利为主的制度改革,极大地解放了劳动生产力,从而促进全要素生产率的快速增长。但1985年开始,经济出现了大的波动,1985年、1988年出现了严重的通货膨胀,政府实行紧缩的经济调整政策,加上1989年严重的政治风波干扰,导致四川TFP增长在1986~1989年陷入了低谷。

(2) 1990~1999年,四川省TFP增长呈现前增后降特征,年均增长率为2.57%,并在1999年跌落到低点的-1.08%。其主要原因是,在国家推进全面改革和建立社会主义市场经济体制的大背景下,四川省开始了非公有制经济快速发展;宏观经济体制改革和流通体制改革稳步推进;高新技术开发区、试验区的建立以及国外先进技术、生产设备和管理模式的大量引进等极大地促进了四川省TFP快速增长,但在20世纪90年代后期四川加大了固定资产投资力度及亚洲金融危机的影响,四川TFP增长开始出现下滑,逐步下降到1999年

的负增长。

（3）2000~2011年，四川 TFP 增长总体上呈现前增后稳的正增长走势，年均增长 2.93%。尤其是 2004 年以后，四川 TFP 持续、稳定、高速增长（2008 年特殊情况除外）。其主要原因是，21 世纪初国家开始实施西部大开发战略，以及四川经济结构调整和体制改革取得重大进展促使四川 TFP 开始快速增长。但在 2008 年先后遭遇了百年罕见的冰冻雨雪灾害、汶川大地震和全球金融危机的影响下，四川经济出现委靡，市场不景气等不利因素，导致 2008 年四川 TFP 增长下降严重。随着全球金融危机影响的逐渐退去，市场信心逐渐增强以及四川开始大力转变经济增长方式等一系列因素影响，四川 TFP 2009 年开始出现连续的恢复性高增长。

（二）四川省经济增长因素分析

本文通过资本投入增长率、劳动力投入增长率、TFP 增长率对经济增长的贡献率，简要分析四川省经济增长的动力源泉。1979~2011 年，按可比价格计算，四川经济年平均增长率为 10.45%。其中劳动力投入年平均增长率为 1.35%，对经济增长的平均贡献为 5.93%；资本投入年平均增长率为 12.20%，对经济增长的平均贡献为 78.82%；TFP 年平均增长率为 2.11%，对经济增长的平均贡献为 15.25%。总体来看，改革开放以来的四川省经济增长的主要源泉来自资本大量投入的推动，其次是全要素生产率，即技术进步的推动，可见四川省的经济增长方式在一定程度上还属于粗放式增长方式，高资本投入，高经济增长的特征明显。但就不同阶段又具有其阶段性特征（见图2）。1992 年和 1993 年四川经济增长的主要动力来源于 TFP 增长的贡献，对经济增长的平均贡献率分别高达 48.17% 和 49.34%。在其他年份，资本投入成为四川经济增长的第一动力，其中在 20 世纪 90 年代中后期（1995~2000 年，不考虑 1999 年特殊情况），资本投入对四川经济增长的贡献率平均高达 89.57%。21 世纪以来，TFP 增长对经济增长的贡献率相对比较稳定，平均为 24.13%。

我们还可以发现四川省经济增长的走势与全要素生产率贡献率波动具有较强的一致性，即 TFP 增长对经济增长贡献大时（此时也是 TFP 高速增长期），经济增长也往往处于高速增长阶段。如 1982~1985 年四川 TFP 增长率为年平均3.58%（贡献率高达31.11%），是增长相对较快的时期，但同时是四川经济增长的高速时期，年平均增长11.51%。再如2009~2011年，四川TFP增长率年均高达4.34%（贡献率高达29.16%），经济增长则达到了历史最高点，年均增长14.87%。可见较高的TFP增长率对四川经济的增长具有巨大的拉动作用，且TFP的增长比资本和劳动力投入的增长对四川经济总量的增长有更大的拉动作用，这对加快四川经济增长具有重要理论指导意义。

因此，"十二五"时期，四川应加快政治经济体制改革、经济结构调整，加大公共教育、科技和提高劳动者素质等方面的投入，鼓励科技和管理创新、提升技术效率和大力促进生产能力改善，不断提高科技进步在经济增长中的贡献率，从而促进经济增长方式转变，实现经济的可持续发展。

五 主要结论

本文利用索洛余值法对四川省1979~2011年的全要素生产率增长率进行测算，并在此基础上，对四川省全要素生产率增长及经济增长源泉做简要分析。主要结论如下。

（1）四川省全要素生产率1979~2011年平均增长率为2.11%，1990年以前四川全要素生产率增长波动较大；1990~1999年，四川TFP增长呈现前增后降特征；2000~2011年，四川TFP增长总体上呈现前增后稳的正增长走势，年均增长2.93%。

（2）1979~2011年，四川经济增长的主要动力来源于资本的投入，资本投入对经济增长的平均贡献率达到78.82%，其次则来源于全要素生产率，其对经济增长的平均贡献率为15.25%，而劳动力投入对经济增长的贡献率最低，为5.93%，四川的经济增长方式还属于资本推动式的粗放型经济增长方式。

（3）四川经济增长的走势与全要素生产率增长波动相一致，即全要素生产率增长对经济增长贡献大时（此时也是TFP高增长期），经济增长往往处于高速增长期，可见较高的TFP增长率对四川经济的增长具有巨大的拉动作用。

B.10
四川省民营经济发展问题与对策研究*

"十一五"以来,四川省民营经济蓬勃发展,在推进四川改革开放、加快经济发展、促进民生改善、构建和谐社会中发挥了不可替代的作用,已经成为推动四川经济社会发展的主要动力。本报告回顾"十一五"时期以来四川民营经济的发展情况,分析目前四川民营经济发展中存在的问题及其原因,并借鉴东部沿海发达地区发展民营经济的经验,提出推动四川民营经济稳定、健康、可持续发展的对策建议。

一 概念界定

改革开放以来,在我国民营经济发展过程中,学术界对民营经济的概念进行了热烈讨论,主要有以下三种观点。

第一种观点认为,民营经济是与国有经济相对应的一种经济形式,将民营经济定义为除国有经济以外的其他一切经济成分,即城乡集体经济、个体私营经济、联营经济、股份制经济、外商投资经济和港澳台投资经济等。

第二种观点认为,外商投资经济和港澳台投资经济不应包括在民营经济中,民营经济只包括城乡集体经济、个体私营经济、联营经济、股份制经济等。

第三种观点认为,民营经济是民有民营经济,仅包括个体工商户和私营企业。

在本报告中,我们采纳第三种观点,民营经济仅包括个体经济和私营经济两个类型。

---

* 本项目为四川省政府项目,由刘方健、纪尽善、刘金石、陈志舟、孙根紧、李涛、范峥、何悦、陈洪进、李元、羊勇、田苗、李克非完成。

二 四川省民营经济的发展现状与特点

（一）企业户数

截至2012年6月30日，四川私营企业总户数达到42.48万户，占全省企业总数的72.1%。从新增户数来看，2006年以来四川私营企业的数量一直呈现快速增长的态势，除2007年外，其余各年份的新增户数均在3万户以上（见表1）。

表1 2006年以来四川省私营企业户数情况

单位：户，%

年份	年末实有户数	新增户数	同期增长率
2006	208952	30247	16.90
2007	226601	17649	8.45
2008	286223	59622	26.31
2009	325476	39253	13.71
2010	361400	35924	11.04
2011	404633	43233	11.96
2012上半年	424821	20188	10.74

数据来源：四川省工商行政管理局《统计资料汇编》（2006~2011），2012年上半年市场主体报告。

2006年以来，四川个体工商户注册登记户数快速稳定增加，年均增长率保持在18%左右，截至2012年6月30日，个体工商户数量达到244.94万户（见表2）。

表2 2006年以来四川省个体工商户户数情况

单位：户，%

年份	年末实有户数	本期开业	同比增长率
2006	1673681	288492	9.32
2007	1822577	270718	8.90
2008	1865897	325589	2.38
2009	2034929	334983	9.06
2010	2184607	331707	7.36
2011	2359649	335825	8.01
2012上半年	2449370	188196	9.23

数据来源：四川省工商行政管理局《统计资料汇编》（2006~2011），2012年上半年市场主体报告。

截至2012年6月30日,四川民营经济主体总户数(包括个体和私营企业,下同)达到287.42万户,占全省市场主体数的94%。

(二)注册资(本)金

在注册资本方面,2006年以来,四川私营企业总注册资本持续快速增长,除2006年外,年均增长率达到16.55%,特别是2012年上半年,私营企业注册资本加速增长,同比增长率为26.82%,截至2012年6月30日,私营企业的注册资本达到7419.16亿元,占全省企业注册资本金比例为32.1%(见表3)。

表3　2006年以来四川省私营企业注册资本情况

单位:万元,%

年份	年末实有资本	本期新增资本	同比增长率
2006	22749611	2132495	10.30
2007	26294114	3544502	15.58
2008	31599455	5305341	20.18
2009	36642302	5042847	15.96
2010	53502700	7446600	16.17
2011	65621300	11425000	21.08
2012上半年	74191600	8570300	26.82

数据来源:四川省工商行政管理局《统计资料汇编》(2006~2011),2012年上半年市场主体报告。

2006年以来,四川个体工商户注册资金持续快速增加,年均增速30%,截至2012年6月30日,注册资金达到774.75亿元,占全省注册资本(金)的3.4%(见表4)。

表4　2006年以来四川省个体工商户注册资金情况

单位:万元,%

年份	年末实有资金	本期新增资金	同比增长率
2006	2561476	488387	23.56
2007	2796486	484998	9.17
2008	3097448	857976	10.76
2009	3940365	935895	27.22
2010	5017917	1478841	27.34
2011	6898490	1880093	37.48
2012上半年	7747500	849010	31.42

数据来源:四川省工商行政管理局《统计资料汇编》(2006~2011),2012年上半年市场主体报告。

截至2012年6月30日,四川民营经济注册资(本)金达到8193.91亿元,占全省注册资(本)金比重为37.5%。

(三)吸纳就业

2006年以来,除2011年外四川私营企业吸纳从业人数稳步增长,截至2012年6月30日,私人企业从业人员总数达到384.86万。从总体来说,2006年以来,私营企业从业人数的绝对数量不断增加,但增长速度不断放慢(见表5)。

表5 2006年以来四川省私营企业就业情况

单位:人,%

年份	从业人员数	同比增长率
2006	2767195	16.28
2007	2929358	5.86
2008	3412540	16.49
2009	3649054	6.93
2010	3722170	2.00
2011	3658280	-1.72
2012上半年	3848600	—

数据来源:四川省工商行政管理局《统计资料汇编》(2006~2011)。

截至2012年6月30日,四川个体工商户就业人员达到445.23万人,2006年以来,四川个体工商户吸纳的就业人员数量快速增长,每年新增就业30万左右,年均增速15%以上(见表6)。

表6 2006年以来四川省个体工商户从业人员情况

单位:人,%

年份	年末实有从业人员数	同比增长率
2006	2992412	19.43
2007	3137956	4.87
2008	3261022	3.92
2009	3633868	11.44
2010	3927972	8.09
2011	4292060	9.27
2012上半年	4452300	10.42

数据来源:四川省工商行政管理局《统计资料汇编》(2006~2011);2010年和2011年四川省人力资源和社会保障事业发展统计公报。

截至2012年6月30日,四川民营经济从业人员达到830万,是四川解决就业问题的重要部分。

(四)税收情况

2007年以来,四川私营企业上缴税收快速增长,从2006年至2011年增加近3.4倍;2012年上半年,私营企业实现税收532亿元,占全省税收总额的比重达到30.2%,2009年以来,在全省税收总额中的比重呈现递增的趋势(见表7)。

表7 2007年以来四川省私营企业纳税情况

单位:亿元,%

年份	私营企业税收	同比增长率	占全省税收总比重
2007	256.13		26.2
2008	373.44	45.80	25.9
2009	475.75	27.40	28
2010	615.32	29.34	27.9
2011	859.44	39.67	30.2
2012上半年	532.01	16.60	30.2

数据来源:四川省工商行政管理局《统计资料汇编(2006~2011)》《四川统计年鉴2007~2011》,四川地税局《私营、个体经济2005~2012年上半年税收收入表》。

2006年以来,四川个体工商户上缴税收保持快速增长,年均增速为25%,2011年实现税收总额123.31亿元。但是,自2006年以来个体工商户纳税占全省税收总额比重呈不断降低的趋势(见表8)。

表8 2006年以来四川省个体工商户纳税情况

单位:万元,%

年份	税收总额	同比增长率	占全省比重
2006	444446	33.85	10.69
2007	596814	34.28	10.41
2008	645555	8.17	9.69
2009	777867	20.5	9.45
2010	1084716	39.45	9.74
2011	1233138	13.68	8.42
2012上半年	608365	—	6.67

数据来源:四川省地方税务局提供个体私营经济有关数据。

截至 2012 年 6 月 30 日，四川民营经济税收总额达到 99.4 亿元，占全省税收总额的 10.9%。

（五）组织形式

在四川私营企业中，截至 2012 年 6 月 30 日 80% 以上的私营企业的组织形式是有限责任公司，且户数及占比呈现逐年增加的趋势。有 15.47% 的私营企业是独资企业，其比重呈逐渐下降的趋势。合伙企业数量较少，且占比也不断降低。股份有限公司数量最少，但户数与占比均呈逐年增加趋势（见表 9）。

表 9　2006 年以来四川省私营企业组织形式情况

单位：户，%

年份	独资企业 户数	独资企业 占比	合伙企业 户数	合伙企业 占比	有限责任公司 户数	有限责任公司 占比	股份有限公司 户数	股份有限公司 占比
2006	45784	17.2	6923	3.3	156227	74.80	18	0.01
2007	49257	21.7	7355	3.3	169950	75.00	40	0.02
2008	53115	18.56	7797	2.72	225176	78.67	135	0.05
2009	56794	17.45	8145	2.55	260271	79.79	320	0.10
2010	58030	16.06	7059	1.95	295540	81.77	780	0.22
2011	61700	15.24	7100	1.75	334900	82.75	1000	0.26
2012 上半年	65700	15.47	5700	1.35	351800	82.81	1600	0.37

数据来源：四川省工商行政管理局《统计资料汇编》（2006~2011）。

（六）上市情况

2006 年以来，四川私营企业上市公司在全省上市公司中所占的比重呈现逐渐上升趋势。截至 2012 年 6 月 30 日，私营企业上市公司在全省占比超过 60%，其中，主板上市公司户数占全省主板上市公司户数近一半，中小板上市公司占比为 77.27%，创业板上市公司全部是私营企业（见表 10）。

（七）科技创新

截至 2012 年 6 月 30 日，在四川私营企业中，认定科技型企业户数占全省科技型企业总数比重，以及政府支持私营企业科技创新资金补贴金额占全省科技创新资金补贴金额比重都已经超过 80%（见表 11）。

表10　2006年以来四川省私营企业上市情况

单位：户，%

年份	私营上市公司 户数	私营上市公司 占比	主板上市公司 户数	主板上市公司 占比	中小板上市公司 户数	中小板上市公司 占比	创业板上市公司 户数	创业板上市公司 占比
2006	28	43.75	27	42.86	1	100.00	—	—
2007	29	45.31	27	44.26	2	66.67	—	—
2008	32	47.76	27	46.55	5	55.56	—	—
2009	36	50.70	27	46.55	6	60.00	3	100.00
2010	45	54.88	27	45.76	12	70.59	6	100.00
2011	51	59.30	28	47.46	16	76.19	7	100.00
2012上半年	53	60.23	29	49.15	17	77.27	7	100.00

数据来源：四川省证监局《2012年上半年私营上市公司数据》。

表11　2006年以来四川省私营企业科技创新情况

年份	科技型私营企业 户数（户）	科技型私营企业 占全省科技型企业总数比重（%）	科技创新资金补贴 金额（万元）	科技创新资金补贴 占全省科技创新资金补贴金额比重（%）
2006	—	—	11394	72.00
2007	—	—	16369	70.10
2008	—	—	23593	71.70
2009	720	65.00	33422	79.10
2010	832	68.20	47864	78.30
2011	1133	82.50	57632	79.60
2012上半年	1133	82.50	58875	81.60

注：2012年上半年科技资金基本已安排全年预算。
数据来源：四川省科技厅《非公经济实体企业科技创新情况表》。

（八）商标情况

2006年以来，四川私营企业驰名商标和著名商标的绝对数量与占全省总体的比重均呈现不断上升的趋势。截至2012年6月30日，私营企业驰名商标占全省的90.00%。截至2011年末，私营企业省著名商标数量占比超过60%（见表12）。

表12　2006年以来四川省私营企业商标情况

单位：个，%

年份	认定驰名商标数量	驰名商标数量	占全省比重	认定省著名商标数量(含复审)	省著名商标数量	占全省比重
2006	8	3	37.50	—	—	—
2007	8	3	37.50	—	66	49.62
2008	11	4	36.36	—	42	48.84
2009	13	3	23.07	178	88	49.44
2010	24	19	79.17	417	225	53.96
2011	33	20	60.61	324	198	61.11
2012上半年	30	27	90.00	无数据，"省著"每年年底认定		

注："驰名商标"由国家工商总局认定；"认定驰名商标"由司法机关认定。省著名商标认定的有效期为三年，三年一复审，超过三年数据就存在重复统计。

数据来源：四川省商标分局《私营企业驰、著名商标认定情况表》。

（九）产业分布

从私营企业在三大产业的分布情况来看，第一产业的私营企业户数比重最小，不到4%，但增长速度较快，年均增长24.05%；第二产业的私营企业户数占比约为20%，2007年以来户数增长速度放缓，比重逐年降低；第三产业的私营企业户数比重最高，约占75%，增长速度也较快，年均增长15.82%（见表13）。

表13　2006年以来四川省私营企业分产业户数及占比情况

单位：%

年份	第一产业 户数	第一产业 占比	第二产业 户数	第二产业 占比	第三产业 户数	第三产业 占比
2006	5181	2.48	58522	28.00	145249	69.52
2007	6298	2.78	65280	28.81	155023	68.41
2008	8639	3.02	76238	26.62	201526	70.36
2009	10763	3.31	83919	25.78	230794	70.91
2010	12534	3.47	83277	23.04	265598	73.49
2011	15100	3.73	90000	22.24	299500	74.03
2012上半年	16200	3.81	93803	22.08	314818	74.11

数据来源：四川省工商行政管理局－统计资料汇编（2006～2011），2012年上半年市场主体报告。

从事第三产业的个体工商户数也明显高于第一、二产业；从事第二产业的个体工商户户数以2010年为节点出现"倒U型"变化，即2010年之后第二产业的个体工商户户数逐步下降，2011年较上一年减少了约2.3万户（见表14）。

表14　2006年以来四川省个体工商户分产业户数及占比情况

单位：户，%

产业		2006	2007	2008	2009	2010	2011	2012上半年
第一产业	户数	10718	13016	16900	21103	22458	23989	26596
	占比	0.73	0.81	0.9	1.03	1.03	1.01	1.09
第二产业	户数	127399	138733	145747	154143	156078	135155	132608
	占比	8.64	8.64	7.79	7.56	7.14	5.72	5.41
第三产业	户数	1336271	1454442	1706832	1863853	2007874	2205646	2290166
	占比	90.63	90.55	91.3	91.41	91.83	93.27	93.5

数据来源：四川省工商行政管理局－统计资料汇编（2006~2011），2012上半年市场主体报告。

从总体上看，截至2012年6月30日，第一产业中民营经济主体达到42796户，占1.49%；第二产业中民营经济主体达到226411户，占7.88%；第三产业中民营经济主体达到2604984户，占90.63%。

（十）区域分布

无论是从户数与注册资金，还是投资者人数及雇工人数情况来看，私营企业在成都经济区的发展情况均比其他几个经济区的发展情况好得多。截至2011年末，成都经济区私营企业的投资者人数、雇工人数以及注册资金在五大经济区中均位列第一，其户数占64.82%；投资者人数占66.39%；雇工人数占50.85%，总注册资金占70.08%。其后的顺序依次为川南经济区、川东北经济区、攀西经济区和川西北生态经济区，其间相对差异不大，但与成都经济区相比差距明显。在川西北生态经济区，私营企业各项指标均远远落后于其他经济区（见表15）。

截至2011年末，在五大经济区中，成都经济区中私营企业的投资者人数、雇工人数以及注册资金都位列第一，截至2011年底，其个体工商户户数占48.19%，从业人员占49.59%，注册资金占47.89%。其后的顺序依次为川东

表15　2011年四川省私营企业区域分布情况

地区	户数 期末实有(户)	户数 占比(%)	投资者人数 期末实有(人)	投资者人数 占比(%)	雇工人数 期末实有(人)	雇工人数 占比(%)	注册资金 期末实有(万元)	注册资金 占比(%)
成都经济区	262274	64.82	574985	66.39	1419723	50.85	45990071	70.08
川南经济区	62605	15.47	122141	14.10	546963	19.59	7767935	11.84
攀西经济区	24321	6.01	63334	7.31	279906	10.02	4384572	6.68
川东北经济区	52343	12.94	98119	11.33	511218	18.31	6521736	9.94
川西北生态经济区	3090	0.76	7551	0.87	34340	1.23	956941	1.46

数据来源：四川省工商行政管理局－统计资料汇编（2006~2011）。

北经济区、川南经济区、攀西经济区和川西北生态经济区。成都经济区与其他经济区的四个指标相差都较大，差距在几倍甚至几十倍之间。川西北生态经济区个体工商业发展水平最低，户数、注册资金和从业人员三项指标均低于其他四个经济区（见表16）。

表16　2011年四川省个体工商户区域分布情况

地区	户数 期末实有(户)	户数 占比(%)	注册资金 期末实有(万元)	注册资金 占比(%)	从业人员 期末实有(人)	从业人员 占比(%)
成都经济区	1142785	48.19	3316056.96	47.89	2140227	49.59
川南经济区	450858	19.01	1309748.53	18.92	699121	16.20
攀西经济区	182520	7.70	569074.48	8.22	353058	8.18
川东北经济区	558902	23.57	1559295.22	22.52	1061293	24.59
川西北生态经济区	36584	1.54	169995.23	2.46	61881	1.43

数据来源：四川省工商行政管理局－统计资料汇编（2011）。

三　四川民营经济发展中存在的问题

（一）企业规模小，生存周期短，发展水平低

四川民营经济近年来虽然取得了长足的发展，但与发达省份相比，民营企

业规模偏小，发展水平较低。截至2012年6月30日，注册资本在100万元以下的私营企业占比为77.86%，100万~500万元的私营企业占14.45%，500万元以上的私营企业占比仅为7.68%，在亿元以上的私营企业占比不足1%。与江苏省相比，2011年江苏全省私营企业总户数为112.78万户，总注册资本为32442.73亿元，户均注册资本为287.66万元，而四川省2012年上半年私营企业总户数仅为42.48万，总注册资本为7419.16亿元，户均资本仅为162.19万元（见图1）。

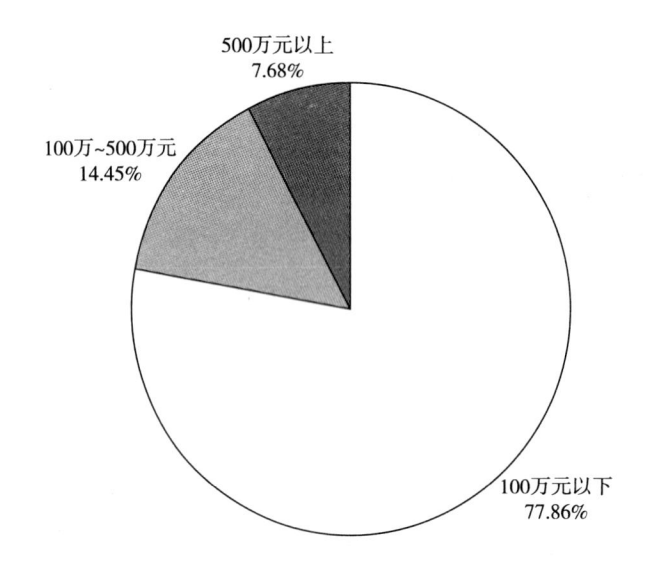

图1　2012年上半年私营企业注册资本规模情况

数据来源：2012年上半年市场主体报告。

四川私营企业生存周期也较短，呈现新增注册和注销户数的"双多"局面。2011年新注册数达到66629户，同比增长13.76%，新注册户数总体上呈增长趋势。但是，注销数也快速增加，2011年达到15630户，较2006年增长了104.69%（见表17）。

四川个体工商户所在行业传统产业居多，而技术密集型和资本密集型产业极少。截至2012年6月30日，四川个体工商户注册资金排前三位的行业与户数排名前三位的行业相同，分别是批发和零售业、住宿和餐饮业、居民服务和其他服务业，注册资金占比分别为51.68%、14.96%和7.87%，这三个行业

表17 私营企业新注册数、注销情况

单位：户，%

年份	新注册数	新注册数同比增长率	注销数	注销数同比增长率
2006	37883	-22.21	7636	57.51
2007	37176	-1.87	14822	94.11
2008	42961	15.56	9321	-37.11
2009	50537	17.63	9182	-1.49
2010	58571	15.90	12483	35.95
2011	66629	13.76	15630	25.21

数据来源：四川省工商行政管理局-统计资料汇编2006~2011。

的注册资金总额占比超过70%，金融业，水利、环境和公共设施管理业，教育占比则排在最后三位，该3个行业注册资金总和不足1亿元，占比不到0.1%（见图2）。

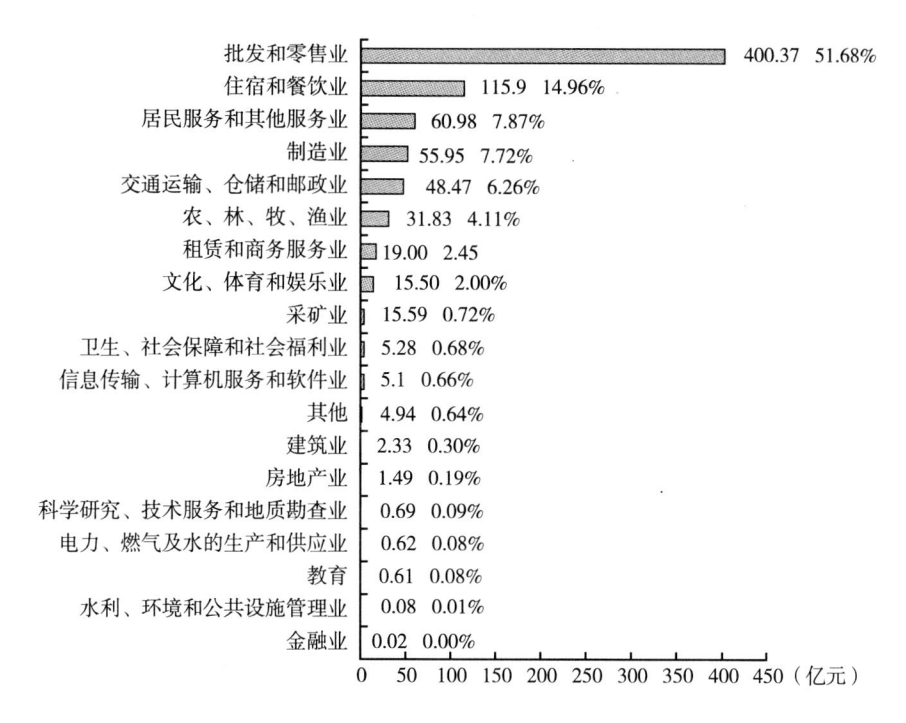

行业	注册资金（亿元）	占比
批发和零售业	400.37	51.68%
住宿和餐饮业	115.9	14.96%
居民服务和其他服务业	60.98	7.87%
制造业	55.95	7.72%
交通运输、仓储和邮政业	48.47	6.26%
农、林、牧、渔业	31.83	4.11%
租赁和商务服务业	19.00	2.45
文化、体育和娱乐业	15.50	2.00%
采矿业	15.59	0.72%
卫生、社会保障和社会福利业	5.28	0.68%
信息传输、计算机服务和软件业	5.1	0.66%
其他	4.94	0.64%
建筑业	2.33	0.30%
房地产业	1.49	0.19%
科学研究、技术服务和地质勘查业	0.69	0.09%
电力、燃气及水的生产和供应业	0.62	0.08%
教育	0.61	0.08%
水利、环境和公共设施管理业	0.08	0.01%
金融业	0.02	0.00%

图2 2012年上半年四川省个体工商户分行业注册资金情况

数据来源：四川省（全局）2012年上半年报-个体1表-个体工商业情况统计表。

（二）生产经营成本上升较快

目前，受原材料价格上涨、劳动力成本、土地和铺面租金上升等因素影响，四川民营经济面临着生产经营成本压力不断增大的困难。据抽样调查显示，2012年1~5月四川省近一半小微企业的净利润因成本上升而下滑，而小微企业基本上是民营企业；在影响企业经营的各种因素中，近半数的企业认为最近6个月以来员工的工资上涨对企业的压力加大，相比2011年大幅度上涨近四成[①]。

（三）科技创新不足，企业缺乏核心竞争力

首先，近年来四川科技型民营企业占全省科技型企业总数比重逐年上升，截至2012年上半年，在全省42.48万户民营企业中，认定为高新技术企业的仅有1133家，不到民营企业总数的1%；已认定的民营企业驰名商标84件，省著名商标511件，虽有历史性突破，但无形资产拥有量仍显不足。总体上，四川真正拥有自主研究开发队伍与实验室的私营企业非常少，发明专利少，原创成果不多，缺少更新换代的主导技术产品以及核心技术储备，企业生产以模仿为主要特征，缺乏核心竞争力。

其次，缺少高素质人才使得民营企业创新乏力。四川高校众多，但高级技术人才、高级管理人才以及高级技师和技术类人才却严重不足，这严重制约了民营企业的发展壮大。

再次，四川民营企业家整体文化科技素质偏低，缺乏战略眼光，对科技创新投入严重不足。如表18所示，截至2012年6月30日，抽样数据显示，四川私营企业家学历层次普遍较低，具有高中及以下学历的占62.58%，具有大专以上学历的仅占30.32%。四川个体工商户经营者的学历水平也普遍较低，具有初中及以下学历的占66.03%，只有25.18%的经营者接受了高中阶段教育，而拥有大专（含）以上的经营者仅占5.9%（见表19）。

---

① 中国经济新闻网，《成本上升是小微企业难以逾越的坎》，2012-07-02，http://www.cet.com.cn/ycpd/xwk/552182.shtml。

表18　截至2012年6月30日四川省私营企业家学历情况

单位：人，%

学历	文盲	小学	初中	高中	大专	本科	硕士	博士	其他
人数	44	1719	15976	27351	13605	6262	2165	181	4749
占比	0.06	2.39	22.17	37.96	18.88	8.69	3.00	0.25	6.59

数据来源：四川省工商行政管理局《私营企业法定代表人在册数据表》。

表19　截至2012年6月30日四川省个体工商户经营者学历情况

单位：人，%

	文盲	小学	初中	高中	大专	本科	硕士	博士	其他
人数	3747	174447	800181	373023	59404	17796	9708	493	42809
占比	0.25	11.77	54.01	25.18	4.01	1.20	0.66	0.03	2.89

数据来源：四川省工商行政管理局工商管理登记数据。

（四）融资难问题十分突出

民营企业大多数是中小企业。从四川中小企业贷款情况来看，2012年上半年，中小企业（不含个人经营性贷款）获得的贷款余额为9898.45亿元，占全部贷款的40.08%。自2010年以来，每年贷款的数量逐年上升，但其增速较为缓慢，2012上半年同比增长了11.07%，远低于民营企业户数和注册资金的增长幅度，民营企业融资困难的局面还没有得到缓解（见表20）。

表20　中小企业贷款情况

单位：亿元，%

年份	中小企业贷款（不含个人经营性贷款）余额	余额增速	占全部贷款的比重
2010	7624.91	—	39.28
2011	8912.02	16.88	39.44
2012上半年	9898.45	11.07	40.08

数据来源：四川省银监局《中小企业贷款情况表》。

民营企业融资难主要有两个方面的原因。其一是融资渠道单一。企业的融资渠道有两条：直接融资和间接融资。由于我国的资本市场发育不完善，对企业发行股票、债券有严格的程序和限制条件，绝大部分民营企业不可能满足发

行股票、债券所需的条件。间接融资也存在诸多困难,与国有企业相比,民营企业难以满足银行抵押贷款的条件,很难从银行取得贷款。其二是民营企业融资成本较高。民营企业所需的贷款金额较少,融资信用度又低,使民营企业的贷款成本较高;另外,由于我国拍卖市场不健全,银行所取得的抵押资产变现困难,因此银行规定的抵押率较低,这就影响了民营企业可获得的贷款数额;同时担保公司收取的担保费用也不低,通常还要求企业以资产进行反担保。

(五)税费负担过重,纳税手续烦琐

民营企业有纳税的义务,但过重的税负则会影响其盈利空间,影响企业的发展。从表7和表8可以看出,2006年以来,四川私营企业纳税额年均增长30%,个体工商户纳税额年均增长25%,四川省民营企业的纳税总额5年间增长了四倍,其增长速度远远超过民营企业的发展速度。另外,税收减免政策方面也存在问题:一是现行有关民营企业的税收优惠规定仅仅局限于减免和优惠税率两种方式,与发达国家的加速折旧、税收抵免、再投资退税、延期纳税等优惠手段相比,显得政策手段单一。此外,企业家在座谈中普遍提出,纳税机关没有为民营企业提供便捷畅通的纳税渠道,服务意识还不强,纳税程序烦琐,间接增加了企业的纳税成本。

(六)产业分布及区域分布不均衡

一是私营企业产业分布不均衡。首先,从产业分布情况来看,四川私营企业多分布于第三产业,2012年上半年第三产业户数占比高达74.11%,第二、三产业的比例为0.3∶1,而同期江苏省第二、三产业的比例为2∶1。江苏省在第二产业特别是制造业中比重较高,而四川在第二产业私营企业的比重过低,说明四川私营企业很难全面进入第二产业,而主要集中在资金、技术门槛较低的第三产业,企业缺乏核心竞争力。其次,从行业分布来看,在国民经济19个行业分布中,私营企业户数和注册资本大多集中在批发和零售业、制造业、租赁与商务服务业等三个行业中,截至2012年6月30日,这三个行业的户数和注册资本分别占私营企业总户数和总注册资本的65.12%和56.65%。换句话说,私营企业主要集中在低端产业,而高端行业如金融、电子信息、文化教育等行业涉足较少。

二是私营企业地区分布不均衡。无论是户数还是注册资本，成都经济区都名列第一，2011年的占比分别为64.82%、54.53%，这反映出私营企业主要集中在成都经济区，而其他地区特别是川西北生态经济区的各项指标占比均低于1.5%，四川私营企业发展在地区之间分布失衡较严重。

（七）部分领域和行业进入难

部分行业虽然在政策上降低了进入门槛，但是在实际操作过程中"玻璃门""弹簧门"现象依然存在，民营企业进入特殊领域的路径被阻塞。如表21所示，四川民营企业在进入基础产业和基础设施、社会事业、市政公用事业、金融服务、商贸流通等行业时存在难度，这些行业的户数及注册资金的占比都很小，吸收就业人员也较少。

表21　2012年上半年部分领域民营企业与国有企业注册资金、户数对比

单位：%

行业	私营企业户数比重	国有企业户数比重	私营企业注册资本比重	国有企业注册资本比重
交通运输建设	68.08	31.29	7.19	90.63
电力建设	50.44	48.77	11.69	83.73
市政公用事业	38.87	58.98	11.18	77.36
石油天然气建设	14.75	72.13	4.52	77.09
金融服务	7.36	91.58	18.22	76.89
土地整治和矿产资源勘探	53.16	46.28	18.88	76.42
电信建设	9.99	40.21	12.94	68.15
文化旅游和体育产业	61.58	37.56	31.74	54.90

数据来源：四川省信息中心《企业注册资金数据表》。

从总体上看，民营企业在"7+3"产业[①]中的户数、注册资金和就业人数都有一定规模，但在高技术行业和注册资本金额较高的行业，民营企业还是太少，从宏观数据来看，"7+3"行业中民营企业在资金密集型产业和技术密集

---

① "7+3"产业是四川省2008~2020年拟重点发展的七大优势产业和三大潜力产业。7大优势产业包括：电子信息产业、装备制造业、能源电力业、油气化工业、钒钛钢铁业、饮料食品业、现代中药业；3大潜力产业包括：航空航天业、汽车制造业、生物工程和新材料产业。

型产业包括垄断性较强的行业的发展并不显著，甚至有倒退的现象。民营企业在食品饮料行业较为集中，而在其他行业如交通安全及管制专用设备制造、钟表与计时仪器制造、天然原油和天然气开采等户数较少，注册资金总量也较少，其他行业如航空航天、现代中药等行业民营企业户数极少。这些行业或是对技术要求较高，或者是对出资金额要求高，或是具有自然垄断的特征。民营企业在这些行业的进入不充分，不仅不利于民营企业的均衡、长远的发展，还对这些行业的市场化进程产生不良影响。

（八）政府服务意识和水平不高

据企业家代表反映，民营企业在办理各种经营证件（照）和税费缴纳过程中，程序繁杂，流程设置不合理，增加了经营成本。同时，在餐饮、住宿、娱乐等服务行业，消防安全、卫生检查等日常管理方式不合理，重罚款轻教育，乱罚款乱收费现象依然存在。另外，在企业维权方面，不能够对企业合法权益提供正常保护，打击了企业的守法积极性。

四　四川省民营经济发展的对策建议

政府部门应根据民营经济发展中存在的实际问题，出台相应的政策措施，保障民营企业主体的合法权益，提高民营企业的自身素质，不断改善民营企业的发展环境，提高四川民营企业的竞争力，为四川经济发展作出更大贡献。

（一）充分认识发展民营经济的重要意义，完善政策，促进民营企业做大、做强

一是要加强社会舆论引导，利用电视、网络、报纸、黑板报等各种媒体形式，向公众展示民营经济在国民经济发展中的地位和作用，广泛宣传民营企业经营者在承担社会责任中的典型代表和光荣事迹，大力推介政府对民营经济发展的支持政策，激发社会公众对民营经济的认同感，形成人人理解民营经济、尊重民营经济、支持民营经济发展的良好社会氛围。

二是要不断完善政策，进一步激发民间投资，调动民间投资积极性，鼓励

民间投资者投资兴办实业，扶持民众自主创业，使个体经济、小微企业数量增多，中小民营企业做大，大型民营企业做强，涌现民营经济千军万马、百舸争流的良好发展局面，提升四川民营经济的整体水平。

（二）加大扶持力度，降低企业的生产经营成本

一是加强对公平经济秩序的维护，加大执法力度，打击哄抬原材料价格等行为，稳定原材料价格，为民营企业发展营造公平有序的竞争环境。

二是促进劳动力的合理流动和配置，应努力为农民工进城务工创造条件，加快农村剩余劳动力向城市第二、三产业转移，并通过职业技术培训的形式将更多的进城务工人员转化为城市产业工人，同时，吸引城市下岗工人实现再就业，缓解企业招工难、人力成本高的问题。加大对个体工商户的扶持力度，实行社保补贴，在财政力量范围之内对符合条件的个体工商户的用工和经营实行社保补贴。

三是设立产业升级配套专项资金，根据本地发展情况，在资金、土地、技术、人才等方面给予优惠政策，加强政策设计并同步形成具体实施方案，使扶持、优惠政策落到实处。

四是制定和落实对于民营企业的税收优惠政策，应出台财政补贴、税收优惠与社会投资相结合的扶持、优惠政策，简化纳税程序，并全力落实税收优惠政策，减轻经营者的负担。

（三）完善科技创新体制，提高企业的核心竞争力

一是构建和健全民营企业技术创新协调机制和创新服务体系，应建立健全向社会开放的信息服务系统，定期举办有关经济与科技信息发布会，并通过网络、报刊、电视台等多种形式扩大信息宣传，为民营企业提供必要的信息服务；同时，还应大力发展技术咨询、技术评估、技术信息等技术经纪业务，向民营企业提供全面且价格低廉的技术服务；引导民营企业走科技增效之路，进一步支持企业创造自主知识产权和企业品牌，用产品档次和服务水平的提高来增强企业的核心竞争力。

二是要支持民营企业加强人才队伍建设，创新引进人才的方式，对民营企

业的高层次人才和高技能人才，在政治待遇和户籍准入、社会保险、职称评定、政府津贴、评优表彰等方面与其他各类人才享有同等待遇。同时，注重人才的培养，建立人才培养机制，建立完备的创业教育培训体系，实现教育培训的制度化。

三是要创造良好的科技创新文化环境，营造企业家和专业技术人员成长的良好氛围，加强民营企业人员的学习及交流，努力打造好人才聚集、培养的各种平台，吸引高科技人才参与四川的建设和发展。

（四）进一步完善金融市场，缓解民营企业融资难问题

一是各级政府要在发挥国有银行融资主渠道的基础上，大力发展地方商业银行和小额贷款机构，允许在监管有序、风险可控的条件下积极发展各类民营银行、贷款公司、投融资机构，促进民间借贷的合法化，拓宽民营企业的融资渠道。

二是对国企和私企实行公平对待。应落实支持民营企业发展的各项金融政策，制定贷款额度中用于民营企业的比例并认真落实，尽可能简化民营企业的贷款程序，鼓励商业银行根据市场变化和企业需求，适时拓展服务领域，并对创新型的民营企业予以优先支持。

三是建立多元化的融资担保机构，努力控制担保风险。在风险可控的前提下，创新融资担保形式，降低民营企业的贷款门槛，解决民营企业因缺少足额资产作抵押等条件而无法向银行贷款的难题，促进和引导担保市场健康发展。

（五）完善法制建设，营造民营经济公平发展环境

民营经济的发展首先需要一个优良的法律环境。一是健全法律法规，保障民营经济合法权益。为保证民营经济主体平等的法律地位，政府及主管部门要对现有法律、规章制度、操作规程中对民营经济带有歧视性的规定及做法尽快清理，解决现有规定与文件相冲突的矛盾，尽快落实具体操作中所要求的实施细则和配套政策，为民营经济的发展提供法律保障，为各类市场主体创造平等竞争的环境。政府部门要积极转变职能，维护行业公平竞争。在行业准入方

面，要给予民营企业公平待遇，实行"非禁即入"的行业准入原则，为民营经济的市场准入开"绿灯"。

（六）提升政务服务水平，优化民营经济发展外部环境

一是政府部门要转变观念，不断探索决策、执行、监督职能分离的体制改革，使政府真正成为市场监管、社会管理、公共服务的主角。切实做到"政企分开"，为民营企业的发展营造一个良好的运行环境。

二是鼓励民营企业进入园区做大做强。引导民营企业向园区集中，形成产业聚集；发挥园区设施的整体效能，节约成本，实现可持续发展；创新园区经营管理模式，形成最佳投资环境；通过园区发展平台，为企业集中提供服务，降低政务服务成本。

三是通过政府引导、协会协助，建立一个以企业为主体的交流与合作的网络平台，为民营企业提供合作与交流的信息渠道，搭建不同经济主体的交流平台，形成自我服务的网络体系，引导各经济主体相互促进，形成良性循环。

B.11
西藏矿产资源开发与经济社会的可持续发展研究[*]

经济发展相对落后的民族地区，只有保持较快的经济发展速度，才能尽快消除贫困，提高当地人民生活水平，保证地区的长治久安，也才能有更强的能力和条件去发展社会文化，整治生态环境，确保可持续发展的各项战略目标的实现和重大发展战略的实施。西藏地处我国西部边疆，位置偏远，信息闭塞，人才缺乏，外来资金投入少，生产力和技术水平低，其发展水平远远落后于国内其他省区。

西藏和平解放之后，中央财政大力支持西藏社会经济建设，这是西藏经济社会得到长足发展的主要助力，但是从长远来看，西藏地区经济的发展还必须在中央的帮助下，大力发展本土经济，这才是西藏经济能够持续发展的关键路径。而大力发展矿产资源开发则是西藏地区本土经济振兴的一个重要途径。西藏地处全球重要的成矿带，矿产资源丰富，西藏在矿产资源开发方面具备优势条件。从国家层面上看，随着经济的不断发展，无论是矿产资源的产量还是种类，都面临巨大的缺口。加大西藏矿产资源开发力度，可有力支撑国家经济发展过程中对矿产品的需求，能够在一定程度上缓解我国矿产资源供求失衡的压力，为国民经济发展作出贡献。只有国家经济持续发展，才能为西藏经济发展不断注入新的活力，才能继续加大对西藏经济的支持力度；同时，西藏通过矿产资源开发，可将资源优势转变为经济优势和发展优势，变资源优势为新的经济增长点，增强自身发展能力。

一 西藏地区矿产资源状况及优势

西藏地区位于印度板块和欧亚板块连接处，属于两大板块移动而形成的隆

---

[*] 本章摘自西南财经大学经济学院国民经济研究所硕士论文，作者：邹普章。

起部分，拥有独特的地理构造和自然生态环境。在矿产资源分布上，西藏地区分属三个成矿带，分别为冈底斯成矿带、三江成矿带和班公湖—怒江成矿带，拥有得天独厚的成矿条件，孕育了十分丰富的矿产资源，现已发现的矿种有 102 个（其中已查明资源储量的矿种 41 个），已发现矿产地 1858 处，各类物化探异点 1300 个，上表矿区 135 个（其中大型矿区 27 个、中型矿区 18 个、小型矿区 90 个）。按矿产品种划分，金属矿产 33 个，非金属矿产 37 个，能源矿产 25 个，地热资源 4 个，矿泉水资源 11 个。在已经发现的矿产中，西藏有 17 种矿产资源（铬、铜、硼、锂、地热等）储量位于全国前十名。此外，金、铅、锌、钼、铁、铂金属以及矿泉水、油气等非金属矿产也都具有广阔的勘察与开发前景。

在现已查明的矿产资源储量的矿床中，西藏地区的铬、铜的保有资源/储量以及盐湖锂矿的资源远景列全国第一位，而铜、铬皆为我国紧缺资源。目前，已发现的优势矿产资源主要有铬、铜、铅锌银多金属（多组分致密共生矿）、钼、铁、锑、金、盐湖锂硼钾矿、高温地热、天然矿泉水等。其优势矿产资源的基本情况如下。

铬：主要沿雅鲁藏布江断裂带和班公湖—怒江断裂带分布。西藏铬资源储量排名全国第一，国内铬矿自供部分的 75% 以上来自西藏。全区已发现约 60 处矿（化）点，全区经勘查获得的铬矿石资源总量超过 600 万吨（其中保有量约为 300 万吨），资源潜力在 1000 万吨以上。相对于全国储量第二的内蒙古自治区（16.5%），西藏地区的铬资源储量是其 2.4 倍，资源优势非常明显。

铜：主要沿冈底斯东段成矿带、藏东"三江"成矿带和班公湖—怒江成矿带分布。西藏铜矿资源储量列全国第一，已发现矿床（点）共计 329 处，其中大型矿床 11 处，中型矿床 6 处，小型矿床 8 处，另有矿（化）点 304 处。已探明的铜矿资源储量大约为 2500 万吨（基本上为保有资源储量），占全国铜资源储量保有量的 1/3 以上，其资源潜力在 8000 万吨以上。2010 年我国铜矿探明储量为 8040.7 万吨，西藏地区铜矿资源储量占全国总储量的 30.37%。并且，西藏地区铜矿资源开发程度低，处于资源开发的初期，已探明的资源储量绝大部分属于资源保有量，相对全国大部分开采期比较长、资源保有量不足的地区而言，西藏地区铜矿资源储量优势更加明显。

铅锌银多金属：分布广泛，主要集中于念青唐古拉和藏东"三江"地区。

已发现矿床35个，其中大型矿床4个、中型矿床4个、小型矿床27个，另有矿（化）点274处。已查明的铅、锌金属资源量超过1000万吨，铅、锌的资源潜力有望超过8000万吨。

钼：主要分布于藏东"三江"地区和冈底斯东段地区。已发现矿床（点）十余处，全区经勘查获得的钼金属资源储量已超过100万吨，初步预测的资源远景超过300万吨。

铁：主要分布在藏北的唐古拉地区、藏东地区和拉萨—日喀则一带的冈底斯构造岩浆带中，已发现矿产地160多处，初步探明资源储量25处，初步估算全区资源总量在5亿吨以上，且品位高于全国平均水平。

锑：主要分布在藏北地区和藏南地区。已发现50多处矿床（点）和矿化点，其中大型矿床2处（位于安多县内），中小型矿床7处，勘查所获的资源量超过80万吨。锑主要分布在我国的湖南、贵州、广西、甘肃、陕西等地。从资源储量来看，湖南排在第一位，西藏排在第八位，但从开发年限来看，主要锑矿资源禀赋高的地方开采年份都比较长，而西藏的锑矿开发不到10年，且由于技术、资金等制约，西藏的锑矿开采度极低，已查明的锑矿储量几乎都为保有量，这是西藏锑矿资源的优势。

金：已发现200多处矿床、矿（化）点，以砂金和伴生金矿为主，已有3处砂金矿和近10处伴生金矿达到或接近大型规模。其中，经勘查所获的砂金资源量超过60吨、岩金资源量超过30吨、伴生金资源量超过500吨。

盐湖矿床：分布在阿里地区、那曲地区和日喀则地区西北部。已发现大于1平方公里的盐湖有490个，发现盐湖矿床（点）100多处，卤水中富含硼、锂、钾、铯、铷。经勘查部门估算，全区盐湖中锂矿（液体LiCl）资源量约2000万吨，硼矿（液体B_2O_3）远景资源量约1000万吨，钾矿（KCl）远景资源量约2亿吨，芒硝（固体Na_2SO_4）资源量约50亿吨，石盐（矿石）资源量约3亿吨，铯资源量约5万吨。估算其潜在经济价值达4万亿元。

高温地热：已知地热显示区（点）700多处，其中温度在90摄氏度以上高温地热显示点约占5.26%。

矿泉水：区内分布广泛。已评价出8处大型饮用矿泉水产地和10多处中型饮用矿泉水产地，且皆为小分子团水，有独特的开发优势。

油气资源：目前已圈定了5个找矿远景很好的含油盆地。同时西藏地区的永久冻土带分布区还有寻找天然气水合物的找矿前景。

按照国土资源部的相关部署，西藏自治区于2011年完成了对铁、铜、铅、锌、岩金、砂金、锑、钨、稀土、磷矿、钾盐、煤炭等12个矿种的资源潜力预测评价工作，并通过了全国有关专家组的验收，预测成果汇总如表1所示。

表1　西藏自治区矿产资源潜力评价第一批矿种预测成果汇总

矿种	精度 334—1	334—2	334—3	预测资源量	查明资源储量	总资源量	最小预测区数
				万吨			个
铜	3652	2590	2511	8753	2442	11196	152
铅	1036	629	1636	3301	373	3674	148
锌	1378	605	2217	4200	624	4825	148
锑	88	95	183	365	88	452	103
岩金	94		311	405	88	493	44
砂金	56	106	214	375	66	441	5
钨	26	15	51	92	12	104	29
磷	221	60	8	289	180	469	5
钾盐	6405	9035	6354	16148	5646	21795	79（湖表卤水）、67（晶间卤水）
煤炭	23879	19838	48674	92391	5908	98299	35
铁	29230	54334	130659	214224	27229	241453	168
稀土	因资料缺乏，工作程度低，未进行定量预测						

资料来源：西藏自治区地质勘探局。

表2　西藏自治区已发现矿产种类

矿产类别		矿种合计	已发现矿种	
			已查明资源储量	尚未查明资源储量
能源矿产		5	煤、泥炭、地热	石油、油页岩
金属矿产	黑色金属矿产	4	铬、铁	锰、钛
	有色金属矿产	12	铜、铅、锌、锡（原生矿砂矿）、钴、钼、锑	镁、钨、汞、镍、铋
	贵金属矿产	3	金（砂金、伴生金）、银	铂族元素
	稀有、稀土、分散元素矿产	11	锂、铷、铯	铍、锆、锗、镓、铼、锶、未分稀有、未分稀土金属
	放射性矿产	1		铀

续表

矿产类别		矿种合计	已发现矿种	
			已查明资源储量	尚未查明资源储量
非金属矿产	冶金辅助原料非金属矿产	8	菱镁矿	蓝晶石、红柱石、白云岩、石英岩、萤石、耐火黏土、冶金用脉石英
	化工原料非金属矿产	16	硫铁矿、自然硫、盐、硼、砷、重晶石、钾盐、天然碱、芒硝、溴	磷、水菱镁矿、钾长石、蛇纹岩、橄榄岩、明矾石
	建筑材料及其他非金属矿产	40	石灰岩、黏土、火山灰、高岭土、大理石、花岗岩、刚玉、水晶（压电水晶、熔炼水晶、工艺水晶）、云母、水泥用大理石	石棉、滑石、叶腊石、白垩土、硅藻土、石榴石、金刚石、冰洲石、绿柱石、电气石、硬玉、软玉、蛇纹石、琥珀、玛瑙、绿玉髓、象牙玉、仁布玉、文部玉、碧玉、鹿斑岩、岫岩玉孔雀石、石墨、石膏
水汽矿产		2	矿泉水	地下水
合计		102	41	61

二 西藏地区矿产资源开发现状

西藏自治区矿产资源开发历史悠久，现已列为自治区的特色支柱产业之一。但是，在相当长的时期内，由于高原环境气候恶劣，氧气稀薄、生态环境脆弱、宗教、能源（主要是电力）以及交通运输等因素的束缚，西藏的矿产资源开发程度一直比较低，产业规模小、开采技术工艺差，布局分散，难以形成聚集效应和规模效益。而特殊的地理环境、高海拔、低氧气、交通运输不便等也导致企业的经营成本较高，投资回报率低。这些因素既削弱了本土企业的竞争力，同时又严重阻碍了国内外投资者的进入、技术和人才的引进。

不过，通过多年的发展，西藏自治区的交通、能源、通信等方面的基础设施建设都得到了长足的发展，特别是随着青藏铁路的开通，货运运力的加大，加上青藏直流电网的建成并开始运行，西藏地区社会经济的发展对矿产资源开发的支撑力度大大加强。目前，全区电力装机总容量已接近100万千瓦。基础设施的改善与加强为西藏地区矿业大发展打下了良好的基础。从政府政策层面上看，为了持续发挥西藏本土的资源优势，壮大西藏矿产资源产业，为经济的发展注入新的动力,西藏自治区政府已对矿产资源的开发和产业布局做出了专项"十二五"规划,并在规划中提出:"在重大开发项目上,运用市场机制,吸引国内外资金、技术入股,进行合作开发。要建立健全矿业管理体系,制定全区统一的矿业发展长远规划,切实保护生态环境,优化配置矿产资源。"在政策的促进下,中国黄金、金川集团、西部矿业、紫金集团、中国铝业、云南铜业、中川国际、中化化肥、藏格钾肥和加拿大大陆矿业等一批国内外大型矿业公司已进藏合资合作或者独资开展矿业开发,从而大大提高了西藏矿产资源开发的效率、规模和技术水平。

近几十年来,以开发铬、铜、铅、锌、盐湖(锂、钾、硼)、地热、优质矿泉水等优势矿产资源为主的经营活动有序开展。在格局上初步形成了拉萨、山南等几个较明显的矿产资源开发经济区域,矿业经济已经或正在成为资源所在地各级政府主要财政来源和支柱产业。目前,全区建立各类矿山90余座,成立各类矿山企业200余家,从业人员超过万人。2010年,经自治区研究批准,区内第一个矿业集团——西藏盛源矿业集团挂牌成立。玉龙铜业公司、华泰龙矿业公司、巨龙矿业公司、华钰矿业公司等一批地方矿业公司正逐步壮大。目前已有20多个矿山形成了累计年产50万吨以上铜铅锌精矿的产能,其中规模最大的甲玛矿山已经形成日处理铜等多金属矿石6000吨的产能,2013年将达到日处理矿石4万吨的产能。玉龙铜矿已经初步形成年产1万吨电铜的产能,高争水泥建成日产2000吨新型干法水泥生产线。

矿产资源的开发对西藏经济发展的推动作用正在逐步增大。2000~2010年,西藏矿产资源采选业生产总值从38959万元增长到156935万元,2010年的产值是2000年的近4倍,平均增长速度为18.57%,高于同期GDP平均增长速度12.40%。[①]同时,采选业对经济的贡献度从1.76%上升至5.62%。从这一数据来看,虽然矿产资源开发对西藏经济的贡献还不大,但用发展的眼光来看,随着交通、能源瓶颈的解决,以及大型资源企业的陆续进驻,西藏矿产资源的潜力将得到进一步的激发,加上西藏地区从政策层面上也加大了对资源开发的扶持力度,可以预见,西藏矿产资源的产能将得到极大的释放,矿产资

---

① 数据来源:根据历年《西藏统计年鉴》整理综合。

源对经济的贡献将进一步提高。正如中国工程院院士、西藏自治区地质勘探局局长多吉所言:"到2020年矿产业对西藏GDP的贡献率将达到30%。"①

三 矿产资源开发对西藏地区经济与社会发展所产生的积极作用

矿产资源开发不仅能够弥补西藏第二产业的不足,带动西藏地区经济的发展,还有利于缓解就业压力和维护社会稳定,促进社会进步。

(一)矿产资源的开发为西藏地区提供了大量就业岗位

资源类企业在建厂、开矿过程中,给资源地提供了大量的就业岗位,这些岗位极大地缓解了当地的就业压力。西藏地区的矿区一般地处比较偏远的地区,这些地区的广大农牧民文化程度比较低,生产技能缺乏,而矿产开采所需技术要求低,因而能够为偏远地区缺乏知识与技能的农牧民提供工作岗位。

(二)矿产资源的开发为农牧民提供了教育与培训机会

当地农牧民在参与企业生产的过程中,企业出于社会责任和自身发展的需要,会为农牧民提供生产技能和安全培训,传授一些自然科学知识,以增强他们的工作能力与素质。虽然这种形式的培训效果在初期阶段可能不尽如人意,但为长期脱离现代文明生活的部分农牧民带来新的认知,这对破除封建迷信思想对他们的毒害很有帮助。在生产过程中的技能差距、岗位差异而导致的收入差距也会激发他们对接受教育的渴求。

(三)矿产资源开发是民生改善的重要途径

矿产资源开发是农牧民增加收入、摆脱贫困的有效手段。农牧民参与企业资源开发,获取了较高的劳动报酬,改变了他们以前靠天吃饭的固有局面,提

---

① 胡星,刘敏:http://www.chinatibetnews.com/caijing/2010-04/04/content_436611.htm。

高了他们的家庭收入；而资源开发前期土地征用所形成的补偿政策，开发过程中的环境补偿费用等，也通过利益反哺的形式，增加了当地农牧民的收入；资源开发过程中所产生的部分利益也通过税、费等形式纳入地方财政，为当地社会经济建设作出了很大的贡献，间接地提高了当地农牧民的福利"收入"等，直接或间接地达到了收入分配和增强社会保障的效果。因此，矿产资源开发已成为西藏地区民生改善的重要途径。

（四）矿产资源开发是促进地方稳定的重要手段

西藏社会稳定的隐患源自思想问题，主要是封建迷信思想对藏族同胞的影响，而受影响的主要群体就是部分流动的农牧民群众。"流动"导致他们很难接受现代科学文化的教育，"流动"导致他们很难享受到现代文明建设的成果。与现实的脱节和思想上容易受到"蛊惑"，是导致他们成为社会稳定的"高危人群"的主要原因。矿产资源开发恰恰可以对这一现状进行一定程度的改善。农牧民在参与生产的过程中与其他外来生产者之间的工作、日常交流等都会大大地改善他们的价值观和世界观。生产地的固定也必然促使参与生产的部分农牧民放弃"流动"而采取固定的生活方式，这也为自治区安居工程提供了一种解决途径，为西藏社会的稳定提供重要的帮助。

四 西藏地区矿产资源开发中存在的问题

由于西藏地处高原地区，技术水平低，人才稀缺，经济基础薄弱等问题，加之从国家和自治区层面与之相配套的法律、法规、规章以及管理办法一时之间与矿产资源开发的进程不协调，在一定程度上制约了西藏矿产资源的开发。因此，从西藏矿产资源开发进程上看，仍然存在着许多问题。

（一）矿产资源开发与自然环境不协调

由于地处高原，西藏的自然环境独特，生态环境脆弱，环境制约性较强，主要体现在生态环境的容量低，环境对污染的净化能力特别低，环境一旦遭受破坏将很难恢复。因此，矿产资源开发过程中的环境保护显得尤为重要。而在矿产资源开发过程中，难免要对环境产生一定的破坏，所凸显出来的环境问题主要包括开采过程中的占用土地、破坏当地植被及景观、水土流失、"三废"排放、水土污染、噪声、次生地质灾害等问题。

1. 土地占用和植被破坏

目前的勘查显示，西藏地区固体矿产矿山的露天开采率达到了90%以上，这些矿山大多处在偏远地区，人员稀少，缺乏监督管制力度，而且这些矿山的物资运输基本依靠公路。在开采过程中，进出矿区的车辆几乎没有固定的行车线路，各种车辆在地势平坦的草原上任意驰骋，形成少则数条、多则几十条宽达几百米的临时车道，周边的植被在日复一日的碾压下，均遭到严重破坏。西藏地处高原，在严酷的高原气候下，大部分植被生长缓慢，一旦遭到破坏将很难恢复，有些甚至不可恢复。

2. 地貌景观的破坏

在西藏的部分地区，大规模的矿产资源开采，引起了地形地貌发生一定的变化，破坏了当地的地质地貌，对相应地区的景观也造成了一定程度的损害，例如，西藏藏西北地带大规模的盐湖开采活动对当地的地质地貌及景观的破坏相当严重。

3. 次生地质灾害

由于矿产资源很多位于地表以下，矿山企业在开采矿产过程中，经常要开挖矿坑、矿井，从事地下开采，这极容易导致地下采空，容易导致地表沉降、坍塌、裂缝、滑坡以及泥石流、矿井突水等现象，从而导致次生地质灾害的发生。

4. 水资源的破坏

西藏地区水资源丰富，区内河流众多、分布广。流域面积在1万平方米以上的河流有19条，流域面积在1000平方米以上的河流有151条，而且这些河流很多属于我国主要江河的发源地和上游地区。企业在开采矿产资源的过程中所形成的"三废"极易造成地表水源地的污染，而且这种污染会随着水的流动而带到下游地区，造成河流沿线的水污染问题；而在开采矿产资源的过程中所产生的地面沉降坍塌，容易导致地表裂缝的形成，从而造成地下水资源的减少和枯竭。

（二）矿产资源开发与人的不协调

矿产资源开发与人的不协调主要表现为在矿产资源开发过程中，矿业企业与当地农牧民之间的矛盾，这一矛盾主要体现在以下两个方面。

1. 环境的恶化导致企业与当地农牧民的矛盾

长期以来，西藏的社会经济结构比较单一，农牧业所占比重较大，80%的人口为农牧民，而广大农牧民索取生活资料的主要来源就是当地的自然资源。就目前来看，西藏的生态环境在经济发展、技术进步的带动下，有了很大的改观，但是西藏的环境也仅仅能够达到人类生存的底限而已，这是个保障线，一旦失去这个保障，西藏可能会全区都成为无人区。而80%农牧民的人口结构也体现了西藏地区对环境的依赖程度。西藏大部分农牧民仍然沿袭着祖辈的游牧生活模式。放牧的基础就是肥沃的草地，但大部分农牧民根本就没有草场培育的概念和技能，他们在放牧的过程中都是依靠天然生长的草地。一旦草地不满足放牧需求，他们就开始迁移，所以草地就是他们赖以生存的基础。矿产资源开发对环境的使用必然会导致对其他环境使用者的挤占，容易引起环境的拥挤现象，从而导致矿产资源开发所造成的环境和人的矛盾。西藏地区地处冈底斯成矿带，属于金属成矿带，在金属矿产开发的过程中，容易导致汞污染、氰化物污染，这些污染物排放到空气、河流和土壤中会造成毒性很强的甲基苯，从而给当地的农牧民的健康带来很大危害，容易造成资源企业与当地农牧民的矛盾，以致诱发当地人集体反对矿产资源开发事件的发生。部分地方就曾出现村民毁坏企业车辆、阻止企业开采等事件。例如，西藏某公司在对尼木县一铜钼矿进行勘查时因利益纠纷受到当地老百姓的多次阻挠，致使矿区中间河谷地带未能勘探。从山脚勘查情况看，中间河谷地带正是矿体较好的地带。该地带未能勘探对资源量计算和整个矿山的综合评价及开采设计都将产生不良影响。与此同时，尼木县以开采期间植被破坏等为由向该公司索取100万元/年的草场补偿费，后因多种原因未按时缴纳而停办环保手续，导致矿权延续手续至今无法办理。

2. 宗教问题导致企业与当地农牧民的矛盾

西藏是一个具有浓郁宗教氛围的地区，几乎每一个藏族同胞都信教。对自

然的极度依赖，使得对自然的崇拜已经在藏传佛教的教义中根深蒂固。同时，和其他教派一样，藏传佛教也有很多神灵（藏传佛教中称为"保护神"），但凡带有一点神秘的地方，都会赋予一定的宗教色彩（比如"保护神"居住的地方）。圣山、圣湖在西藏非常多。在许多农牧民心中，这些圣山、圣湖时刻保佑着他们，神圣不可侵犯。这实际上也就限制了土地的他用性。西藏大部分矿产开发基地地处比较偏远的地区，而这些地区也恰恰是宗教氛围比较浓烈的地区。西藏地区固体矿山90%以上都是露天开采，这极易破坏当地山体的地表地貌，在部分农牧民心中，这就相当于破坏了他们心中的"圣山""圣湖"，由此就会产生对采矿行为的抵触心理。一旦获知"圣山""圣湖"即将面临开采，农牧民就会采取抗拒行动，资源企业即使手续齐全也无法开采。例如，西藏某公司在一次活动中无意发现一农牧民家中羊圈所使用的石头有点异常，返回拉萨之后对该石块进行检测发现为一矿石，在询问该农牧民后在矿石所在地勘查发现该山体为一露天裸露矿床，在办理矿山开采审批手续后进行开采之际，遭到当地农牧民的大力反对，理由是该山体为当地农牧民心中的圣山，不能开采。后经多方协商无果，目前该项目依然处于停滞阶段。

此外，矛盾产生的另一个原因就是利益反哺问题，资源开采利益分配更多地体现在财政税收方面，农牧民直接拿到手的利益相对较少，这也是导致农牧民不满的一个重要因素。

五 促进西藏地区矿产资源开发与可持续发展的战略措施

西藏矿产资源开发既要满足当代人的发展需求，也不能对后代人满足自身发展需求的环境构成危害。矿产资源开采与环境破坏是一个矛盾的共生体，经济的发展离不开矿产资源的利用，而矿产资源的开发和利用必然会导致环境遭到不同程度的破坏，并影响到后代人的权益。因此，西藏地区一方面要借助当前经济发展对资源需求的重大契机，大力开展矿产资源开发，转变资源优势为经济动力；另一方面则要统筹兼顾，全面协调资源开发与社会经济发展、生态环境保护和治理等方面的关系，坚持矿产资源开发的可持续性原则，促进西藏社会经济的可持续发展。在矿产资源开发的过程中，坚持资源开发促进经济发展，以经济发展带动环境保护，以经济发展反哺当地农牧民，以环境保护来维护经济发展的大局，促进代内公平；并给后人留下良好的环境，促进代际公平，实现西藏社会经济发展的可持续性。在具体措施上，要着重落实以下方面的工作。

一是要加强矿产资源开发的规划与布局。针对具体的资源类项目，要根据国家和自治区的相关产业政策、行业准入标准和区域经济规划，合理安排矿产业开发建设布局。资源开发要远离风景名胜区、自然保护区、饮用水源地等重要生态重地；要从勘探入手，利用现有技术和积极引进外来技术，加大力度查明资源储备详情，为资源开发提供翔实的数据；根据矿产资源分布规律，建设规划重点矿业经济发展区域。

二是要加大采矿过程中的环境保护、地质灾害防治以及重大危险源监控资金投入，加强地质环境、生态环境保护和治理力度。在安排地质调查和矿产勘查项目时，要提前研究增设环境保护和土地复垦金，调整、增加采矿权人的矿山地质、生态环境恢复治理项目资金，加大企业的社会责任。

三是要加强矿产资源管理秩序的综合治理，对无证、非法开采的要严格依法加大查处力度，集中取缔非法采矿，切实加强环境保护，严格执行开发建设项目水土保持方案报告和环境保护"三同时"制度，资源开发必须与环境保护措施同时设计、同时施工、同时投入使用。大力发展循环经济，全面推行清洁生产，促进固体废弃物和废料资源的综合利用，对重点污染区域加大综合整治力度。不断深化节能减排工作，促进优势矿产业与环境可持续发展，并加大环境培植力度，增加现有生态环境的容量，并形成一个长期的环境保护、治理和恢复机制，大力培植高原抗寒植物，增加环境容量；加大资源企业整合力度，以实现在矿产资源开发的同时保持生态环境的可持续性。

四是要加大对本土矿产资源开发过程中的技术研发力度，淘汰落后生产工艺，加大资源企业人才培养、引进力度，加大对技术含量高的国际国内大型资源企业的引进力度，发挥高等院校和科研院所的作用，建立科研技术创新队伍，整合现有小型矿山小、乱、多的开发局面，最大限度地提高资源利用效率和降低经济发展过程中的资源消耗率，提高资源回收率，促进矿产资源的可持续开发和利用。

五是要加强对矿山生态环境质量监测和环境影响的调查、预测与评价。资源企业必须设立环境质量监测机构，负责"三废"、滑坡、崩塌、泥石流等环境问题的监测和监督管理；要严格执行达标排放管理，污染物多源于生产工序，必须加强生产过程管理，严格执行达标排放管理制度；建立环保专项资金，确保资源开发与环境保护同步实施；加大对清洁生产技术的投入力度，减少在生产过程中的污染排放。从资源开发源头、生产的中间环节和生产结束之后的末端进行生态环境的监控、治理和恢复。

六是要建立健全环境恢复保证金制度。环境恢复保证金是指为加强环境保护和治理而向采矿权人预先收取的，用于矿区环境治理和恢复的资金。环境恢复保证金是保证矿区环境恢复的重要资金来源。其一，通过建立环境恢复保证金制度，可明确企业的环境治理义务，并对企业生产成本和收益施加影响，引导采矿权人在生产的过程中加强对环境的保护和治理，从而间接完成政府对企业的污染防治的干预，将矿山的环境治理成本纳入企业的生产成本，最终实现负外部性因素内部化；其二，可提高行业准入门槛，从资金准备额上排斥了缺乏资金投入的小型企业加入，同时增加了环保技术不成熟的企业的成本风险；其三，通过环境保护准备金的设立，将矿业企业的环境治理费推向市场，从而吸引更多利益主体参与环境恢复和治理，促进环保产业的健康、快速发展。

七是要加强资源开发与环境保护的法律约束。虽然国家和自治区都对环境保护方面制定了相关的法律、法规，但出于利益主体的逐利性，掠夺式开采、采富弃贫、粗放式开采、非法开采和无证开采现象依然存在，法律法规对相关开发主体的约束力比较低。矿产资源开发主体在与相关法律法规的博弈中一旦占据有利地位，将不顾生态环境与资源的破坏而进行低成本开采。因此，必须加强环境保护的法律约束，并进一步强化法律责任。要对环境违法的处罚能够具体落实，做到有法可依、有法必依、违法必究。在矿产资源开发过程中，要明确相关利益主体的法律责任。在执法的过程中，必须从严、从重加以处罚，以确保资源开发和环境之间的矛盾降低到最低限度。同时，要制定专门的矿产资源开发和生态环境保护方面的地方性法规，对矿产资源的勘探、规划、开发、管理各个环节制定完善的生态环境保护细则；要提高行业准入标准，界定各利益主体的法律地位、关系以及权责范围，进一步细化环境影响评价方式方法。在法律法规的约束下，进一步消除矿产资源开发中出现的非法开采、掠夺式开采、无证开采、越界开采等违法行为，确保矿产资源开发对环境的破坏降低到最低程度。为防止开发主体在处罚之后投机进行生产而再次导致环境污染，需要从立法的角度建立和健全事后监督制度，在相关法律法规中明文规定事后监督制度的相关办法和措施。

行业篇（上）
——传统行业

Industries (First) —Traditional Industries

B.12
西部石油和天然气开采业发展分析

一 总资产

（一）西部地区石油和天然气开采业资产总额呈快速上升趋势，增速略高于东部水平，但略低于全国，西部总量和占比均高于东部水平

近年来，我国国民经济的高速增长使西部地区的石油和天然气资源优势得以发挥，石油和天然气开采业的增速略高于东部水平。西部地区该产业总资产由2010年的7140.63亿元上升至2011年的8027.18亿元，越过8000亿元台阶，较上年增长了12.42%（按现价计算①，下同）；全国同业总资产由2010年的16692.05亿元上升至2011年的18785.20亿元，增长了12.53%，高于西部0.11个百分点；东部同业总资产由2010年的5363.5亿元上升至2011年的

---

① 本报告侧重于东西部的比较，因而未作通胀因素的扣除。

6022.41亿元，增长了12.29%，低于西部0.13个百分点。

西部地区经济增长速度略低于全国，其所占全国比重略有下降，由2010年的42.78%下降至2011年的42.73%，下降了0.05个百分点；东部所占比重从2010年的32.13%略降到2011年的32.06%，下降了0.07个百分点。2011年，西部地区该行业总资产占比超过东部地区10.67个百分点。与此同时，东西部地区绝对差距由2010年的西部高于东部1777.13亿元扩大到2011年的2004.77亿元，上升了12.81%。

石油开采行业是中国的瓶颈行业，该行业的快速扩张有利于缓解我国石油供应短缺。西部地区石油、天然气储量较为丰富，应充分利用资源优势以实现该行业健康稳定的扩张，进而促进国民经济的可持续发展。

表1 西部石油和天然气开采业资产总额及与全国和东部的比较*

单位：亿元，%

地区\年份	2010	2011	地区\年份		2010	2011
内蒙古	167.73	197.76	新疆		2129.32	2280.69
重庆	18.88	4.87	西部	总量	7140.63	8027.18
四川	1520.97	1722.24		占比	42.78	42.73
云南	—	—	东部	总量	5363.5	6022.41
陕西	2724.16	3115.00		占比	32.13	32.06
甘肃	275.78	450.31	东西部差距		-1777.13	-2004.77
青海	259.89	304.53	全国均值		16692.05	18785.20
宁夏	3.01	3.30				

*本篇各表的数据均根据历年《中国工业经济统计年鉴》整理。
注：缺云南数据。
数据来源：根据2012年《中国工业经济统计年鉴》整理。

（二）西部地区石油和天然气开采业资产总额在各省市区之间的差距很大，其中陕西、新疆遥遥领先于其他省市区

从西部各省市区的情况来看，陕西、新疆极为突出，其2011年该行业资产总额分别为3115.00亿元、2280.69亿元，分别占西部总量的38.81%、

28.41%，二者之和占西部总量的67.22%；而云南几乎没有石油和天然气开采业。由此可进行ABC分类。

A类（2000亿元以上）：陕西（3115.00亿元）、新疆（2280.69亿元）；

B类（1000亿~2000亿元）：四川（1722.24亿元）；

C类（100亿~500亿元）：甘肃（450.31亿元）、青海（304.53亿元）、内蒙古（197.76亿元）；

D类（10亿元以下）：重庆（4.87亿元）、宁夏（3.30亿元）。

与上年情况比较来看，重庆指标大幅度下降，其他省区市均保持不同程度的增长。

二 总产值

（一）西部地区石油和天然气开采业工业总产值增长速度低于全国和东部水平，与东部的差距在拉大

西部地区石油和天然气开采业总产值由2010年的3456.14亿元上升至2011年的4049.91亿元，越过4000亿元台阶，较上年增长了17.18%；全国同业总产值由2010年的9917.84亿元上升至2011年的12888.76亿元，增长29.96%，高于西部12.78个百分点；东部同业总产值由2010年的3878.08亿元上升至2011年的4917.44亿元，增长了26.80%，高于西部9.62个百分点。

西部该行业总产值增速虽高于总资产，并高于东部地区，但总产值的增长速度低于东部地区，说明西部地区资产利用效率偏低。

从总产值占比情况来看，西部地区该产业总产值占全国比重由2010年的34.86%下降至2011年的31.42%，下降了3.44个百分点；东部地区所占比重由2010年的39.10%下降至38.15%，下降了0.95个百分点。西部与东部的相对差距由2010年的4.24个百分点上升至2011年的6.73个百分点，与此同时，绝对差距由2010年的421.94亿元扩大至2011年的867.53亿元，上升了105.61%（见表2）。

表2　西部石油和天然气开采业工业总产值及与全国和东部的比较

单位：亿元，%

地区\年份	2010	2011	地区\年份		2010	2011
内蒙古	86.51	111.51	新疆		1144.29	1542.12
重庆	73.45	10.06	西部	总量	3456.14	4049.91
四川	512.40	618.78		占比	34.86	31.42
云南	—	—	东部	总量	3878.08	4917.44
陕西	1189.14	1065.31		占比	39.10	38.15
甘肃	275.78	450.31	东西部差距		421.94	867.53
青海	173.76	249.86	全国均值		9917.84	12888.76
宁夏	1.61	1.96				

注：缺云南数据。
数据来源：根据2012年《中国工业经济统计年鉴》整理。

（二）西部地区石油和天然气开采业工业总产值在各省市区之间差距很大，其中陕西、新疆极为突出

从西部各省市区情况来看，陕西、新疆极为突出，二省区2011年该行业总产值分别为1065.31亿元和1542.12亿元，分别占西部总量的26.30%和38.08%，二者之和占西部总量的64.38%；排名第三的四川为618.78亿元，不到新疆的一半。由此可进行ABC分类。

A类（1000亿元以上）：陕西（1065.31亿元）、新疆（1542.12亿元）；

B类（500亿~1000亿元）：四川（618.78亿元）；

C类（100亿~500亿元）：甘肃（450.31亿元）、青海（249.86亿元）、内蒙古（111.51亿元）；

D类（10亿~100亿元）：重庆（10.06亿元）

E类（10亿元以下）：宁夏（1.96亿元）。

与上年情况比较来看，重庆指标大幅度下降，陕西也出现下滑，其他省市区均保持不同程度的增长。

三 利润总额

(一)西部地区石油和天然气开采业利润总额大幅度上升,但低于全国和东部水平,与东部差距在拉大

西部地区石油和天然气开采业利润总额由2010年的1031.1亿元上升至2011年的1460.18亿元,增长了41.61%;全国该产业利润总额由2010年的3026.9亿元上升至2011年的4299.60亿元,增长了42.05%,高于西部0.44个百分点;东部该产业利润总额由2010年的1241.5亿元上升至2011年的1760.56亿元,增长了41.81%,高于西部0.2个百分点。

西部该产业利润所占全国比重也在下降,由2010年的34.06%下降至2011年的33.96%,下降了0.1个百分点;同时期东部所占比重由2010年的41.02%下降至2011年的40.95%,下降了0.07个百分点。西部与东部的相对差距由2010年的6.96个百分点上升至2011年的6.99个百分点,与此同时,东西部绝对差距由2010年的210.4亿元扩大至2011年的300.38亿元,差距拉大了42.77%(见表3)。

2011年,西部的利润占比高于总产值占比2.54个百分点,说明西部资产利用效益尚可。

表3 西部石油和天然气开采业利润总额及与全国和东部的比较

单位:亿元,%

地区\年份	2010	2011	地区\年份		2010	2011
内蒙古	29.73	26.68	新疆		475.67	691.14
重庆	0.47	0.45	西部	总量	1031.15	1460.18
四川	43.20	29.83		占比	34.06	33.96
云南	—	—	东部	总量	1241.5	1760.56
陕西	370.20	535.55		占比	41.02	40.95
甘肃	68.80	123.21	东西部差距		210.4	300.38
青海	42.54	52.72	全国均值		3026.9	4299.60
宁夏	0.44	0.60				

注:缺云南数据。
数据来源:根据2012年《中国工业经济统计年鉴》整理。

（二）西部地区石油和天然气开采业利润总额在各省市区之间的差距很大，其中新疆、陕西遥遥领先于其他省市区

从西部各省市区的情况来看，新疆、陕西极为突出，其2011年该行业利润总额分别为691.14亿元和535.55亿元，分别占西部总量的47.33%和36.68%，二者之和占西部总量的84.01%。陕西的资产总量要高于新疆，利润总额却低于新疆，说明新疆的资产利用效率更高。由此可进行ABC分类。

A类（300亿元以上）：新疆（691.14亿元）、陕西（535.55亿元）；

B类（10亿~200亿元）：甘肃（123.21亿元）、青海（52.72亿元）、四川（29.83亿元）、内蒙古（26.68亿元）；

C类（1亿元以下）：重庆（0.45亿元）、宁夏（0.60亿元）。

与上年情况比较来看，内蒙古、重庆、四川指标出现不同程度的下降，其他省区均保持不同程度的增长。

四　资产利润率

（一）西部地区石油和天然气开采业资产利润率在2006~2009年处于波动下降趋势，2009年以后缓慢回升，东西部的差距在缩小

资产利润率是反映企业资产赢利能力和资产利用效率的最为重要的指标，同时也反映了投资者的投资回报率。计算公式为：

$$资产利润率 = 利润总额 \div 总资产 \times 100\%$$

西部地区石油和天然气开采业资产利润率由2010年的14.43%上升至2011年的18.19%，上升了3.76个百分点；全国同业资产利润率由2010年的18.13%上升至2011年的22.89%，上升了4.76个百分点；东部同业资产利润率由2010年的18.25%上升至2011年的29.23%，上升了10.98个百分点。虽然该行业的资产利润率处于下降趋势，但10%以上的指标值仍然很高，说明该行业的资产利润率总体较高。

西部该行业资产利润率均大幅度低于全国和东部水平，2010年分别低于全国和东部3.7%和3.82%，2011年分别低于全国和东部4.7%和11.04%，差距有所拉大，而与东部的差距拉大幅度更大。

表4　西部石油和天然气开采业资产利润率及与全国和东部比较

单位：%

地区\年份	2010	2011	地区\年份		2010	2011
内蒙古	17.72	13.49	宁夏		14.62	18.18
重庆	2.49	9.24	新疆		22.34	30.30
四川	2.84	17.32	西部	均值	14.43	18.19
云南	—	—		差距1	3.70	3.65
陕西	13.59	17.19		差距2	3.82	9.99
甘肃	21.73	30.90	东部均值		18.25	29.23
青海	16.37	17.31	全国均值		18.13	22.89

注：差距1指西部与全国的差距（全国指标减去西部指标），差距2指西部与东部差距，下同。
数据来源：根据2012年《中国工业经济统计年鉴》整理。

（二）西部地区石油和天然气开采业资产利润率在各省市区之间差距很大，其中新疆领先于其他省市区

从西部各省市区情况来看，新疆资产利润率是最高的，其2011年的指标值高达30.30%。2011年高于东部和全国平均水平的有，甘肃（30.90%）、新疆（30.30%）；低于西部平均水平的有，宁夏（18.18%）、四川（17.32%）、青海（17.31%）、陕西（17.19%）、内蒙古（13.49%）、重庆（9.24%）。排名第一的甘肃是排名最后的重庆近3倍。

与上年情况比较来看，内蒙古指标下降，其他省区市均保持不同程度的增长，而四川出现最大幅度增长。

B.13
西部电力、热力的生产和供应业发展分析

一 总资产

（一）西部地区电力、热力的生产和供应业资产总额增长速度远高于全国和东部水平，东西部相对差距和绝对差距均在缩小

电力行业是西部的相对优势行业，其增长速度要快于全国和东部。西部地区电力、热力的生产和供应业总资产由2010年的20786.4亿元上升至2011年的23911.44亿元，增长了15.03%；全国同业总资产由2010年的76725.41亿元上升到2011年的83820.65亿元，增长了9.25%，低于西部5.78个百分点；东部指标由2010年的39357.76亿元上升至2011年的41780.05亿元，增长了6.15%，低于西部8.88个百分点（见表1）。

表1 西部电力、热力的生产和供应业资产总额及与全国和东部比较

单位：亿元，%

地区	2010	2011	地区		2010	2011
内蒙古	3389.44	4696.29	宁夏		699.09	964.34
广西	1881.91	1824.72	新疆		1069.54	1250.61
重庆	1056.68	1233.54	西部	总数	20786.40	23911.44
四川	4120.44	4589.78		占比	27.09	28.53
贵州	1874.06	2068.72	东部	总数	39357.76	41780.05
云南	2719.78	3029.60		占比	51.29	49.84
陕西	1744.42	1855.79	东西部差距		18571.36	17868.61
甘肃	1406.15	1596.94	全国均值		76725.41	83820.65
青海	824.89	801.11				

数据来源：根据2012年《中国工业经济统计年鉴》整理。

西部地区该行业资产总额占全国比重较低，但呈上升趋势，由2010年的27.09%上升至2011年的28.53%，上升了1.44个百分点；东部所占比重巨大，但呈下降趋势，由2010年的51.29%下降至2011年的49.84%，下降了1.45个百分点；东西部相对差距由2010年的西部占比低于东部24.2个百分点下降至2011年的21.31个百分点，下降了约2.89个百分点；与此同时，东西部绝对差距也在缩小，由2010年的18571.36亿元下降至2011年的17868.61亿元，下降了3.78%。

（二）西部电力、热力的生产和供应业资产总额在各省市区之间差距很大，其中内蒙古、四川遥遥领先于其他省市区

从西部各省市区情况来看，内蒙古、四川十分突出，其2011年该行业资产总额分别为4696.29亿元和4589.78亿元，分别占西部总量的19.64%和19.19%，二者之和达到西部总量的38.83%；排名最后的青海仅为801.11亿元，占西部总量的3.35%，内蒙古是青海的5.86倍。由此可进行ABC分类。

A类（4000亿元以上）：内蒙古（4696.29亿元）、四川（4589.78亿元）；

B类（2000亿~4000亿元）：云南（3029.60亿元）、贵州（2068.72亿元）；

C类（1000亿~2000亿元）：陕西（1855.79亿元）、广西（1824.72亿元）、甘肃（1596.94亿元）、新疆（1250.61亿元）、重庆（1233.54亿元）；

D类（1000亿元以下）：宁夏（964.34亿元）、青海（801.11亿元）。

从变化情况来看，首先，内蒙古该行业总资产出现快速扩张，2011年增长38.56%，因而由2010年的第二位跃升至2011年的第一位，而四川虽然也保持着增长，但因低于内蒙古的增速而由第一位降至第二位。其次，贵州、陕西也出现较快增长速度，并分别由第五位和第六位上升至第四位和第五位，广西则从第四位降至第七位。

二 总产值

（一）西部地区电力、热力的生产和供应业工业总产值处于快速增长期，并高于全国和东部增长速度，与东部的相对差距在缩小，但东部的基数远高于西部，绝对差距在继续拉大

西部地区电力、热力的生产和供应业总产值由2010年的7989.13亿元高

速增长到2011年的9966.67亿元，接近10000亿元台阶，较2010年增长了24.75%；全国同业总产值由2010年的40550.83亿元增长至2011年的47352.67亿元，增长了16.77%，低于西部7.98个百分点；东部同业总产值由2010年的23095.90亿元增长至2011年的26173.92亿元，增长了13.33%，低于西部11.42个百分点（见表2）。

西部地区该行业总产值所占全国比重较小，但呈上升趋势，由2010年的19.70%上升至2011年的21.05%，上升了1.35个百分点；东部所占比重巨大，但呈下降趋势，由2010年的56.95%下降至2011年的55.27%，下降了1.68个百分点。东西部相对差距由2010年的西部占比低于东部37.25个百分点下降至2011年的34.22个百分点，缩小了3.03个百分点；但绝对差距继续拉大，由2010年的15106.77亿元拉大至2011年的16207.25亿元，拉大了7.28个百分点。

西部地区有着能源优势，从而使该行业保持着较快增长速度，但2011年该行业总产值占比低于总资产占比7.48个百分点，说明西部该行业资产利用效率偏低，增长相对粗放。

从全国总体形势来看，随着GDP的快速增长，对电力的需求不断上升，这对于以不可再生能源——煤炭为主要能源的经济体来说，将会加速资源的枯竭，产生更多的二氧化碳和二氧化硫排放，不利于经济可持续发展。

表2 西部电力、热力的生产和供应业总产值及与全国和东部水平比较

单位：亿元，%

地区\年份	2010	2011	地区\年份		2010	2011
内蒙古	1374.89	2063.88	宁夏		303.51	519.65
广西	880.43	986.06	新疆		338.59	458.94
重庆	451.32	544.55	西部	总量	7989.13	9966.67
四川	1367.69	1640.52	西部	占比	19.70	21.05
贵州	913.38	980.17	东部	总量	23095.90	26173.92
云南	802.36	912.34	东部	占比	56.95	55.27
陕西	815.70	998.74	东西部差距		15106.77	16207.25
甘肃	509.69	622.98	全国均值		40550.83	47352.67
青海	231.57	238.84				

数据来源：根据2012年《中国工业经济统计年鉴》整理。

（二）西部地区电力、热力的生产和供应业总产值在各省市区之间差距很大，其中内蒙古、四川遥遥领先于其他省市区

从西部各省市区情况来看，内蒙古、四川十分突出，二省区2011年该行业总产值分别为2063.88亿元和1640.52亿元，分别占西部总量的20.71%和16.46%，二者之和占西部总量的37.17%；排名最后的青海仅为238.84亿元，占西部总量的2.40%，内蒙古是青海的8.64倍。由此可进行ABC分类。

A类（1000亿元以上）：内蒙古（2063.88亿元）、四川（1640.52亿元）；

B类（900亿~1000亿元）：陕西（998.74亿元）、广西（986.06亿元）、贵州（980.17亿元）、云南（912.34亿元）；

C类（500亿~700亿元）：甘肃（622.98亿元）、重庆（544.55亿元）、宁夏（519.65亿元）；

D类（500亿元以下）：新疆（458.94亿元）、青海（238.84亿元）。

从变化情况来看，陕西出现较快增长，2011年增速达到22.44%，并由2010年的第六位跃升至2011年的第三位，贵州则由第三位降至第五位；宁夏由第十位升至第九位，新疆则由第九位降至第十位。

三 利润总额

（一）西部地区电力、热力的生产和供应业的利润总额呈快速上升趋势，增长速度远高于全国和东部，相对差距和绝对差距均在缩小

西部电力、热力的生产和供应业利润总额由2010年的556.13亿元增长至2011年的695.52亿元，增长了25.06%。全国同业利润总额由2010年的1968.48亿元下降至2011年的1921.58亿元，下降了2.38%，低于西部27.44个百分点；东部同业利润总额由2010年的1177.28亿元下降至2011年的1098.16亿元，下降了6.72%，低于西部31.78个百分点（见表3）。

表3 西部电力、热力的生产和供应业利润总额及与全国和东部比较

单位：亿元，%

地区	年份	2010	2011	与上年比较
内蒙古		199.26	363.92	增长
广西		55.24	16.62	大幅下滑
重庆		15.52	10.33	下滑
四川		121.20	127.43	增长
贵州		14.27	7.34	大幅下滑
云南		54.85	41.15	下滑
陕西		39.35	60.18	增长
甘肃		1.02	0.04	大幅下滑
青海		3.51	2.53	下滑
宁夏		22.32	20.65	下滑
新疆		29.59	45.33	增长
西部	总数	556.13	695.52	增长
西部	占比	28.25	36.20	上升
东部	总数	1177.28	1098.16	下滑
东部	占比	59.80	57.15	下降
东西部差距		621.15	402.64	下降
全国均值		1968.48	1921.58	下降

数据来源：根据2012年《中国工业经济统计年鉴》整理。

西部该行业利润总额占全国比重较小，但呈快速上升趋势，由2010年的28.25%上升至2011年的36.2%，上升了7.95个百分点；东部所占比重大，但呈下降趋势，由2010年的59.8%波动下降至2011年的57.15%，下降了2.65个百分点。东西部相对差距由2010年西部占比低于东部31.55个百分点缩小至2011年的20.95个百分点，下降了近10.6个百分点；绝对差距由2010年的621.15亿元缩小至2011年的402.64亿元，缩小了35.18%。西部该行业利润相对差距的缩小主要是由于整个行业出现了很大的波动，西部受影响较小。

西部该行业2011年利润总额占比分别高于总资产和总产值7.67个和15.15个百分点，说明西部地区资产利用效率提高，经营业绩较好。

（二）西部电力、热力的生产和供应业利润总额在各省市区之间差距很大，其中内蒙古遥遥领先于其他省市区

从西部各省市区情况来看，内蒙古极为突出，其2011年该行业利润总额为363.92亿元，占西部总量的52.32%，是排名第二的四川的2.86倍；排名最后的甘肃仅为0.04亿元，仅占西部总量的0.01%，内蒙古是甘肃的9098.00倍。由此可进行ABC分类。

A类（100亿元以上）：内蒙古（363.92亿元）、四川（127.43亿元）；

B类（40亿~60亿元）：陕西（60.18亿元）、新疆（45.33亿元）、云南（41.15亿元）；

C类（10亿~30亿元）：宁夏（20.65亿元）、广西（16.62亿元）、重庆（10.33亿元）；

D类（10亿元以下）：贵州（7.34亿元）、青海（2.53亿元）、甘肃（0.04亿元）。

从变化情况来看，西部地区该行业利润虽然总体大幅增长，但各省区市之间波动很大。其中有4个省区增长或大幅增长，其他7个省区市则下滑或大幅下滑（见表3），增长的省区有：内蒙古、四川、陕西、新疆。其中陕西增长率达到52.95%，从而由第五位跃升至第三位；新疆增速达到53.19%，从而由第六位跃升至第四位；宁夏由第七位升至第六位，广西则由第三位降至第七位。

四　资产利润率

（一）西部电力、热力的生产和供应业资产利润率呈波动上升趋势，但总体水平偏低，与东部的差距很大

西部地区电力、热力的生产和供应业资产利润率由2010年的2.247%下降至2011年的2.12%，较2010年下降了0.127个百分点；全国同业资产利润率由2010年的2.57%下降至2010年的2.29%，下降了0.28个百分点；东部指标由2010年的2.54%波动上升至2011年的2.63%，上升了0.09个百分点。

西部该行业资产利润率低于全国和东部水平,由2010年低于全国水平0.319%降低至2011年的0.17%;与东部的差距由2010年的0.29%上升至2011年的0.51%。

表4 西部电力、热力的生产和供应业资产利润率及与全国和东部比较

单位:%

地区	年份	2010	2011	与上年比较
	内蒙古	5.879	7.75	上升
	广 西	2.935	0.91	下降
	重 庆	1.469	0.84	下降
	四 川	2.941	2.78	下降
	贵 州	0.761	0.35	下降
	云 南	2.017	1.36	下降
	陕 西	2.256	3.24	上升
	甘 肃	0.073	0.0025	下降
	青 海	0.426	0.32	下降
	宁 夏	3.193	2.14	下降
	新 疆	2.767	3.62	上升
西部	均值	2.247	2.12	下降
	差距1	0.319	0.17	—
	差距2	0.290	0.51	—
东部均值		2.537	2.63	上升
全国均值		2.566	2.29	下降

数据来源:根据2012年《中国工业经济统计年鉴》整理。

(二)西部电力、热力的生产和供应业资产利润率在各省市区之间差距很大,其中内蒙古遥遥领先于其他省市区

从西部各省市区情况来看,资产利润率水平均很低(低于10%),并且大多数省市区出现下滑,只有内蒙古、陕西、新疆3省区增长。比较而言,内蒙古最为突出,其2011年指标为7.75%(西部唯一超过7%的省区)。2011年高于东部水平的还有,新疆(3.62%)、陕西(3.24%)、四川(2.78%),高于西部平均水平的有宁夏,其他均处于很低的水平。西部各省的总体水平有待提高。

B.14
西部黑色金属冶炼及压延加工业发展分析

一 总资产

（一）西部地区黑色金属冶炼及压延加工业的总资产快速上升，增速高于全国和东部水平，东西部相对差距在缩小，但东部的基数远远大于西部，绝对差距仍在拉大

西部地区黑色金属冶炼及压延加工业总资产由2010年的6530.35亿元上升至2011年的8185.24亿元，增长了25.34%；全国同业总资产由2010年的45984.25亿元上升至2011年的52025.12亿元，增长了13.14%，低于西部12.20个百分点；东部同业总资产由2010年的29746.21亿元上升至2011年的32808.1亿元，增长了10.29%，低于西部15.05个百分点。

西部该行业总资产占全国比重很小，但呈上升趋势，由2010年的14.20%上升至2011年的15.73%，上升了1.53个百分点；东部所占比重较大，但呈下降趋势，由2010年的64.69%下降至2011年的63.06%，下降了1.63个百分点。东西部相对差距由2010年西部占比低于东部50.49%下降至2011年的47.33%，下降了3.16个百分点；绝对差距由2010年的23215.86亿元拉大至2011年的24622.86亿元，上升了6.06个百分点（见表1）。

黑色金属冶炼及压延加工业在"十一五"期间快速增长，并成为拉动中国GDP增长的重要力量之一，但由于该行业属于高耗能产业，造成的资源与环境问题较为严重，并且在本轮高增长的投资热潮推动下，已经出现产能过剩。因此，该行业应该属于重点调控的对象。

表 1　西部黑色金属冶炼及压延加工业总资产及与全国和东部水平比较

单位：亿元，%

地区＼年份	2010	2011	地区＼年份		2010	2011
内蒙古	1295.98	1589.14	宁夏		98.37	109.24
广西	652.85	791.17	新疆		357.09	588.88
重庆	394.77	434.13	西部	总量	6530.35	8185.24
四川	1504.59	1752.60		占比	14.20	15.73
贵州	285.72	365.08	东部	总量	29746.21	32808.10
云南	547.40	698.00		占比	64.69	63.06
陕西	345.60	479.52	东西部差距		23215.86	24622.86
甘肃	856.51	1173.28	全国均值		45984.25	52025.12
青海	191.47	204.20				

数据来源：根据2012年《中国工业经济统计年鉴》整理。

（二）西部地区黑色金属冶炼及压延加工业资产总额在各省市区之间的差距很大，其中四川、内蒙古遥遥领先于其他省市区

从西部各省市区的情况来看，四川、内蒙古、甘肃最为突出，三省区2011年该行业总资产分别为1752.60亿元、1589.14亿元和1173.28亿元，分别占西部总量的21.41%、19.41%和14.33%，三者之和占西部总量的55.16%；排名最后的宁夏仅109.24亿元，仅占西部总量的1.33%，四川是其16.04倍。由此可进行ABC分类。

A类（1000亿元以上）：四川（1752.60亿元）、内蒙古（1589.14亿元）、甘肃（1173.28亿元）；

B类（500亿~800亿元）：广西（791.17亿元）、云南（698.00亿元）、新疆（588.88亿元）；

C类（300亿~500亿元）：陕西（479.52亿元）、重庆（434.13亿元）、贵州（365.08亿元）；

D类（300亿元以下）：青海（204.20亿元）、宁夏（109.24亿元）。

从变化情况来看，甘肃增速明显，2011年增长率达到36.98%，跃上了1000亿元的台阶；新疆、陕西亦增速很快，分别达到64.91%和38.75%，从而跃上第六和第七位，重庆则由第六位降至第八位。

二 总产值

（一）西部地区黑色金属冶炼及压延加工业总产值增长速度远高于全国和东部，东西部相对差距在缩小，但东部的基数远大于西部，绝对差距不断拉大

西部地区黑色金属冶炼及压延加工业总产值由2010年的7483.97亿元上升至2011年的9788.76亿元，增长了30.80%；全国同业总产值由2010年的51833.58亿元上升至2011年的64066.98亿元，增长了23.60%，低于西部7.2个百分点；东部同业总产值由2010年的33661.62亿元上升至2011年的40562.39亿元，增长了20.50%，高于西部10.3个百分点（见表2）。

表2 西部黑色金属冶炼及压延加工业总产值及与全国和东部水平比较

单位：亿元，%

地区\年份	2010	2011	地区\年份		2010	2011
内蒙古	1253.81	1603.41	宁夏		116.64	173.25
广西	1064.69	1394.87	新疆		553.15	697.39
重庆	482.60	688.89	西部	总量	7483.97	9788.76
四川	1652.36	2124.33		占比	14.44	15.28
贵州	408.41	541.53	东部	总量	33661.62	40562.39
云南	771.69	891.92		占比	64.94	63.31
陕西	434.20	647.21	东西部差距		26177.65	30773.63
甘肃	603.56	843.77	全国均值		51833.58	64066.98
青海	142.86	182.19				

数据来源：根据2012年《中国工业经济统计年鉴》整理。

西部该行业总产值占全国比重很小，但呈上升趋势，由2010年的14.44%上升至2011年的15.28%，上升了0.84个百分点；东部所占比重较大，但呈下降趋势，由2010年的64.94%下降至2011年的63.31%，下降了1.63个百分点。东西部相对差距由2010年西部占比低于东部50.50个百分点下降至2011年的

48.03个百分点，下降了2.47个百分点；但绝对差距继续拉大，由2010年的26177.65亿元拉大至2011年的30773.63亿元，上升了17.56个百分点。

西部该行业2011年总产值占比低于总资产占比0.45个百分点，但东部该行业总产值占比高于总资产占比0.25%，说明西部资产利用效率稍低于东部。

（二）西部地区黑色金属冶炼及压延加工业总产值在各省市区之间差距很大，其中四川遥遥领先于其他省市区

从西部各省市区的情况来看，四川表现极为突出，其2011年该行业总产值为2124.33亿元，占西部总量的25.95%（高于其总资产占比4.54个百分点，说明四川该行业的资产利用效率尚可）；排名第二的内蒙古为1603.41亿元，占西部总量的19.59%，二省区之和占西部总量的45.54%；排名最后的宁夏仅为173.25亿元，仅占西部总量的2.12%，四川是其12.26倍。由此可进行ABC分类。

A类（1000亿元以上）：四川（2124.33亿元）；内蒙古（1603.41亿元）；广西（1394.87亿元）；

B类（500亿~1000亿元）：云南（891.92亿元）、甘肃（843.77亿元）、新疆（697.39亿元）、重庆（688.89亿元）、陕西（647.21亿元）、贵州（541.53亿元）；

C类（500亿元以下）：青海（182.19亿元）、宁夏（173.25亿元）。

三 利润总额

（一）西部地区黑色金属冶炼及压延加工业利润总额略微增长，但低于全国水平，东部出现负增长，东西部相对差距和绝对差距都在缩小

西部地区黑色金属冶炼及压延加工业利润总额由2010年的278.42亿元增长到2011年的282.51亿元，增长了1.47%；全国同业利润总额由2010年的2149.03亿元上升至2011年的2239.48亿元，增长了4.21%，高于西部2.74

个百分点；东部同业利润总额则由 2010 年的 1509.14 亿元下降至 2011 年的 1477.35 亿元，下降了 2.11%，低于西部 3.58 个百分点（见表3）。

表3 西部黑色金属冶炼及压延加工业利润总额及与全国和东部比较

单位：亿元，%

地区	年份	2010	2011	与上年比较
内蒙古		55.08	63.02	上升
广西		38.56	38.06	下降
重庆		11.62	21.93	上升
四川		48.62	45.15	下降
贵州		6.40	4.23	下降
云南		47.12	35.91	下降
陕西		14.91	19.49	上升
甘肃		17.94	23.94	上升
青海		10.02	7.46	下降
宁夏		0.44	1.71	上升
新疆		27.71	21.61	下降
西部	总量	278.42	282.51	上升
	占比	12.96	12.61	下降
东部	总量	1509.14	1477.35	下降
	占比	70.22	65.97	下降
东西部差距		1230.72	1194.84	下降
全国均值		2149.03	2239.48	上升

数据来源：根据 2012 年《中国工业经济统计年鉴》整理。

西部该行业利润总额占全国比重很小，并呈略降趋势，由 2010 年的最高点 12.96% 波动下降至 2011 年的 12.61%，下降了 0.35 个百分点；东部所占全国比重较大，但呈下降趋势，由 2010 年的 70.22% 下降至 2011 年的 65.97%，下降了 4.25 个百分点。东西部相对差距由 2010 年西部占比低于东部 57.26% 下降至 2011 年的 53.36%，下降了 3.9 个百分点；绝对差距由 2010 年的 1230.72 亿元减少至 2011 年的 1194.84 亿元，下降了 2.92 个百分点。

西部该行业 2011 年利润占比分别小于其总资产和总产值占比 3.12 个和 2.67 个百分点，说明西部该行业相对经营业绩和资产利用效率偏低，增长方式有些粗放。

（二）西部地区黑色金属冶炼及压延加工业利润总额在各省市区之间的差距很大，其中内蒙古遥遥领先于其他省市区

从西部各省市区的情况来看，内蒙古极为突出，其2011年该行业利润总额为63.02亿元，占西部总量的22.31%（高于总资产占比2.89个百分点，高于总产值占比5.93个百分点）；排名第二的四川为45.15亿元，占西部总量的15.98%（四川资产总量和总产值排名第一，利润总额却排名第二，说明四川该行业经营业绩不理想，资产利用效率不高），二省区之和占西部总量的38.29%；排名最后的宁夏仅为1.71亿元，仅占西部总量的0.61%，内蒙古是其36.85倍。由此可进行ABC分类。

A类（40亿元以上）：内蒙古（63.02亿元）、四川（45.15亿元）；

B类（30亿~40亿元）：广西（38.06亿元）、云南（35.91亿元）；

C类（10亿~30亿元）：甘肃（23.94亿元）、重庆（21.93亿元）、新疆（21.61亿元）、陕西（19.49亿元）；

D类（10亿元以下）：青海（7.46亿元）、贵州（4.23亿元）、宁夏（1.71亿元）。

从变化情况来看，内蒙古、重庆、陕西、甘肃、宁夏利润总额上升，其他省市区利润总额下降。因云南利润下降，广西由2010年的第四位上升至第三位，云南降为第四位；重庆利润增幅较大，由第八位上升至第六位，新疆由第五位降为第七位，陕西由第七位降为第八位。

四 资产利润率

（一）西部地区黑色金属冶炼及压延加工业资产利润率下降，并低于全国和东部水平

从全国总体情况来看，黑色金属冶炼及压延加工业资产利润率均很低，并低于5%，且均处于下降趋势。西部地区黑色金属冶炼及压延加工业资产利润率由2010年的4.28%下降至2011年的3.43%，下降了0.85个百分点；全国

同业资产利润率由2010年的4.67%下降至2011年的4.30%，下降了0.37个百分点；东部同业资产利润率由2010年的4.87%下降至2011年的4.50%，下降了1.29个百分点。

西部该行业资产利润率一直低于全国和东部水平，且差距正在扩大，由2010年分别低于全国和东部0.39%和0.59%扩大到2011年的0.87%和1.07%（见表4）。

表4 西部黑色金属冶炼及压延加工业资产利润率及与全国和东部比较

单位：%

地区 年份		2010	2011	与上年比较
内蒙古		4.25	3.97	下降
广 西		5.91	4.81	下降
重 庆		2.94	5.05	上升
四 川		3.23	2.58	下降
贵 州		2.24	1.16	下降
云 南		8.61	5.14	下降
陕 西		4.31	4.06	下降
甘 肃		2.09	2.04	下降
青 海		5.23	3.65	下降
宁 夏		0.45	1.57	上升
新 疆		7.76	3.67	下降
西部	均值	4.28	3.43	下降
	差距1	0.39	0.87	拉大
	差距2	0.59	1.07	拉大
东部均值		4.87	4.50	下降
全国均值		4.67	4.30	下降

数据来源：根据2012年《中国工业经济统计年鉴》整理。

（二）西部地区黑色金属冶炼及压延加工业资产利润率在各省市区之间的差距较大，其中云南最为突出

从西部各省市区的情况来看，云南最为突出，其2011年该行业资产利润

率为5.14%。高于东部平均水平的有：云南（5.14%）、重庆（5.05%）、广西（4.81%）；高于西部平均水平的有：陕西（4.06%）、内蒙古（3.97%）、新疆（3.67%）、青海（3.65%）；低于西部平均水平的有：四川（2.58%）、甘肃（2.04%）、宁夏（1.57%）、贵州（1.16%）。

2011年，只有重庆和宁夏指标上升，其他省市区均下降。

B.15 西部有色金属冶炼及压延加工业发展分析

一 总资产

（一）西部地区有色金属冶炼及压延加工业资产总额呈快速上升趋势，并且增速高于全国和东部水平，东西部相对差距和绝对差距均在缩小

西部有色金属冶炼及压延加工业的总资产快速增长，2010年达到6399.38亿元，2011年跃过7000亿元台阶，达到7814.35亿元，较2010年增长了22.11%；全国同业总资产由2010年的20298.13亿元上升至2011年的23710.49亿元，增长了16.81%，低于西部5.30个百分点；东部同业总资产由2010年的7709.02亿元上升至2011年的8682.37亿元，增长了12.63%，低于西部9.48个百分点。

西部该行业总资产占全国的比重处于上升趋势，由2010年的31.52%上升至2011年的32.96%，上升了1.44个百分点；东部占比略高，但呈下降趋势，由2010年的37.97%下降至2011年的36.62%，下降了1.35个百分点。东西部相对差距由2010年的西部占比低于东部6.45个百分点下降至2011年的3.66个百分点；绝对差距由2010年的1309.64亿元缩小至2011年的868.02亿元，下降了33.72%。从总体上来说，该行业东西部总资产比较均衡。

（二）西部有色金属冶炼及压延加工业资产总额在各省市区之间差距很大，其中甘肃、云南较为突出

从西部各省市区情况来看，甘肃、云南较为突出，二省的2011年资产总额分别为1508.78亿元和1384.31亿元，分别占西部总量的19.31%和17.71%，

表1 西部有色金属冶炼及压延加工业资产总额及与全国和东部比较

单位：亿元，%

地区\年份	2010	2011	地区\年份		2010	2011
内蒙古	803.62	870.73	宁夏		373.33	410.91
广西	668.39	822.54	新疆		92.89	244.66
重庆	287.24	313.50	西部	总量	6399.38	7814.35
四川	428.34	534.37		占比	31.52	32.96
贵州	293.84	374.12	东部	总量	7709.02	8682.37
云南	1185.62	1384.31		占比	37.97	36.62
陕西	727.83	863.57	东西部差距		1309.64	868.02
甘肃	1200.63	1508.78	全国均值		20298.13	23710.49
青海	337.65	486.86				

数据来源：根据2012年《中国工业经济统计年鉴》整理。

二者之和占西部总量的37.02%；排名最后的新疆仅为244.66亿元，仅占西部总量的3.13%，甘肃为其6.17倍。由此可进行ABC分类。

A类（1000亿元以上）：甘肃（1508.78亿元）、云南（1384.31亿元）；

B类（800亿~900亿元）：内蒙古（870.73亿元）、陕西（863.57亿元）、广西（822.54亿元）；

C类（300亿~600亿元）：四川（534.37亿元）、宁夏（410.91亿元）、青海（486.86亿元）、贵州（374.12亿元）、重庆（313.50亿元）；

D类：（300亿元以下）：新疆（244.66亿元）。

二 总产值

（一）西部地区有色金属冶炼及压延加工业总产值呈快速增长势态，增长速度高于全国和东部，东西部相对差距缩小，但绝对差距仍在拉大

西部地区有色金属冶炼及压延加工业总产值由2010年的6249.40亿元上升至2011年的8137.03亿元，增长了30.20%；全国同业总产值由2010年的28119.02亿元上升至2011年的35906.82亿元，增长了27.70%，低于西部

2.51个百分点；东部则由2010年的12596.92亿元上升至2011年的14961.7亿元，增长了18.77%，低于西部11.43个百分点（见表2）。

表2 西部有色金属冶炼及压延加工业总产值及与全国和东部比较

单位：亿元，%

地区\年份	2010	2011	地区\年份		2010	2011
内蒙古	1278.85	1619.84	宁夏		228.73	289.19
广西	669.91	832.58	新疆		69.45	125.55
重庆	399.07	488.80	西部	总量	6249.40	8137.03
四川	581.35	822.95		占比	22.22	22.66
贵州	219.70	299.07	东部	总量	12596.92	14961.7
云南	1001.12	1286.88		占比	44.80	41.67
陕西	646.74	925.21	东西部差距		6347.52	6824.67
甘肃	852.19	985.96	全国均值		28119.02	35906.82
青海	302.29	461.00				

数据来源：根据2012年《中国工业经济统计年鉴》整理。

西部地区该行业总产值占全国比重较小，但略微上升，由2010年的22.22%上升至2011年的22.66%，上升了0.44个百分点；东部地区所占比重较大，但呈下降趋势，由2010年的44.79%下降至2011年的41.67%，下降了3.13个百分点。东西部相对差距由2010年的西部占比低于东部22.58个百分点缩小至2011年的19.01个百分点，缩小了3.57个百分点；绝对差距由2010年的6347.52亿元拉大至2011年的6824.67亿元，上升了7.52个百分点。

西部地区该行业总资产增长速度快于其总产值的增长速度，并且总资产增速高于全国和东部水平，而总产值的增长速度低于全国和东部水平，加上西部2011年总产值占比低于总资产占比10.3个百分点，说明西部该行业资产利用效率很低。

（二）西部有色金属冶炼及压延加工业总产值在各省市区之间的差距较大，其中内蒙古较为突出

从西部各省市区的情况来看，内蒙古较为突出，其2011年该行业总产值为1619.84亿元，占西部总量的19.91%；排名最后的新疆仅为125.55亿元，仅占西部总量的1.54%，内蒙古是其12.90倍。值得一提的是，内蒙古该行

业总资产低于云南和甘肃，但其总产值排在第一，说明内蒙古该产业资产利用率很高。由此可进行 ABC 分类。

A 类（1000 亿元以上）：内蒙古（1619.84 亿元）、云南（1286.88 亿元）；

B 类（800 亿~1000 亿元）：甘肃（985.96 亿元）、陕西（925.21 亿元）、广西（832.58 亿元）、四川（822.95 亿元）；

C 类（200 亿~500 亿元）：重庆（488.80 亿元）、青海（461.00 亿元）、宁夏（289.19 亿元）、贵州（299.07 亿元）；

D 类（200 亿元以下）：新疆（125.55 亿元）。

从变化情况来看，陕西增速较大，达到 43.06%，因而由 2010 年的第五位上升至第四位，广西则从第四位降为第五位。

三　利润总额

（一）西部地区有色金属冶炼及压延加工业利润总额大幅度上升，增速高于全国和东部，与东部的相对差距在缩小，但东部的基数远大于西部，因而绝对差距仍在拉大

西部地区有色金属冶炼及压延加工业利润总额由 2010 年的 370.31 亿元上升至 2011 年的 506.16 亿元，增长了 36.69%；全国同业利润总额由 2010 年的 1620.62 亿元上升至 2011 年的 2067.38 亿元，增长了 27.57%，低于西部 9.12 个百分点；东部同业利润总额由 2010 年的 734.29 亿元上升至 2011 年的 877.18 亿元，增长了 19.46%，低于西部 17.23 个百分点（见表 3）。

西部该行业利润总额在全国的占比较小，但呈上升趋势，由 2010 年的 22.84% 上升至 2011 年的 24.48%，上升了 1.64 个百分点。东部的占比较大，但呈下降趋势，由 2010 年的 45.30% 下降至 2011 年的 42.43%，下降了 2.87 个百分点。东西部相对差距由 2010 年的西部占比低于东部 22.46 个百分点大幅缩小至 2011 年的 17.95 个百分点，缩小了 4.51 个百分点；绝对差距由 2010 年的 363.98 亿元拉大至 2011 年的 371.02 亿元，拉大了 1.93 个百分点。

表3 西部有色金属冶炼及压延加工业利润总额及与全国和东部比较

单位：亿元，%

地区\年份	2010	2011	地区\年份		2010	2011
内蒙古	127.05	151.69	宁夏		5.70	9.51
广西	40.83	49.72	新疆		7.26	7.07
重庆	16.94	22.98	西部	总量	370.31	506.16
四川	21.41	35.71		占比	22.84	24.48
贵州	6.05	12.71	东部	总量	734.29	877.18
云南	60.63	81.75		占比	45.30	42.43
陕西	24.65	55.02	东西部差距		363.98	371.02
甘肃	41.37	59.68	全国均值		1620.62	2067.38
青海	18.42	20.32				

数据来源：根据2012年《中国工业经济统计年鉴》整理。

西部该行业2011年的利润占比低于总资产8.48个百分点，说明西部该行业资产利用效率低，经营业绩欠佳，增长方式粗放。

从全国形势来看，有色金属冶炼及压延加工业利润在2008、2009年受全球金融危机、矿产资源涨价和国家对高耗能产业的调控等因素的影响而出现大幅度下滑。2010年东西部及全国利润总额均出现强势反弹增长。

（二）西部有色金属冶炼及压延加工业利润总额在各省市区之间差距很大，其中内蒙古遥遥领先于其他省市区

从西部各省市区的情况来看，内蒙古极为突出，其2011年该行业利润总额为151.69亿元，占西部总量的29.97%，排名最后的新疆仅为7.07亿元，占西部总量的1.40%，内蒙古是其21.46倍。由此可进行ABC分类。

A类（100亿元以上）：内蒙古（151.69亿元）；

B类（50亿~90亿元）：云南（81.75亿元）、甘肃（59.68亿元）、陕西（55.02亿元）；

C类（10亿~50亿元）：广西（49.72亿元）、四川（35.71亿元）、重庆（22.98亿元）、青海（20.32亿元）、贵州（12.71亿元）；

D类（10亿元以下）：宁夏（9.51亿元）、新疆（7.07亿元）。

从变化情况来看，除了新疆该产业利润总额出现小幅下降外，其他省市区均在增长。陕西利润总额大幅度上升，翻了一番多，增速达到123.20%，并由2010年的第五位上升为2011年的第四位，广西则由第四位降为第五位；重庆由第八位上升为第七位，青海则由第七位降为第八位；贵州由第十位上升为第九位，新疆则由第九位降为第十位。

四 资产利润率

（一）西部地区有色金属冶炼及压延加工业资产利润率虽然在上升，但低于全国和东部水平，并且差距在拉大

西部地区有色金属冶炼及压延加工业的资产利润率由2010年的5.60%上升至2011年的6.04%，上升了0.44个百分点；全国同业资产利润率由2010年的7.89%上升至2011年的8.72%，上升了0.74个百分点；东部同行业资产利润率由2010年的9.26%上升至2011年的10.10%，上升了0.84个百分点。

西部该行业资产利润率低于全国和东部水平，差距在拉大，由2010年分别低于全国和东部2.38%和3.66%，拉大为2011年的低于前两者2.68%和4.06%（见表4）。

表4 西部有色金属冶炼及压延加工业资产利润率及与全国和东部比较

单位：%

地区\年份	2010	2011	地区\年份		2010	2011
内蒙古	15.81	17.42	青海		5.46	4.17
广西	6.11	6.04	宁夏		1.53	2.31
重庆	5.9	7.33	新疆		7.82	2.89
四川	5	6.68	西部	均值	5.60	6.04
贵州	2.06	3.40		差距1	2.38	2.68
云南	5.11	5.91		差距2	3.66	4.06
陕西	3.39	6.37	东部均值		9.26	10.10
甘肃	3.45	3.96	全国均值		7.98	8.72

数据来源：根据2012年《中国工业经济统计年鉴》整理。

（二）西部有色金属冶炼及压延加工业资产利润率在各省市区之间有较大的差距，其中内蒙古遥遥领先于其他省市区

从西部各省市区的情况来看，内蒙古极为突出，其2011年该行业资产利润率为17.42%，远高于西部其他省市区及全国和东西部平均水平。而西部其他省市区资产利润率均低于全国和东部水平。2011年高于西部平均水平的有：重庆（7.33%）、四川（6.68%）、陕西（6.37%），其他各省区均低于西部平均水平，有待提高。

从变化情况来看，2011年除了广西、青海、新疆有利润率不同程度下降外，其他省区市均不同程度上升。

B.16
西部煤炭开采和洗选业发展分析

一 总资产

（一）西部地区煤炭开采和洗选业资产总额迅猛上升，其增长速度高于全国和东部，所占全国比重大幅上升，领先东部的优势在扩大

西部煤炭开采和洗选业资产总额2010年达到9231.58亿元，2011年跃过10000亿元台阶，达到11771.62亿元，较2010年增长了27.51%；全国同业资产总额由2010年的29941.66亿元上升至2011年的37936.27亿元，增长了26.70%，低于西部0.81个百分点；东部同业资产总额由2010年的8663.32亿元下降至2011年的8427.27亿元，下降了2.8%，低于西部30.31个百分点。

由于西部增长速度远远快于东部，其所占全国比重上升，由2010年的30.83%上升至2011年的31.03%，上升了0.2个百分点；东部占比则有所下降，由2010年的28.93%下降至2011年的22.21%，下降了6.72个百分点。西部对东部的相对优势在提升，由2010年西部占比高于东部1.9个百分点提高到2011年的8.82个百分点，上升了6.92个百分点。与此同时，东西部绝对差距由2010年的西部高于东部568.26亿元转变为2011年的3344.35亿元，大幅上升了488.52%。这是较为少有的西部赶超东部的行业之一，这主要得益于西部的资源优势（见表1）。

（二）西部煤炭开采和洗选业资产总额在各省市区之间的差距很大，其中内蒙古遥遥领先于其他省市区

从西部各省市区的情况来看，内蒙古极为突出，其2011年该行业资产总

表1 西部煤炭开采和洗选业资产总额及与全国和东部比较

单位：亿元，%

地区\年份	2010	2011	地区\年份		2010	2011
内蒙古	3561.74	4568.74	宁夏		712.55	849.84
广西	35.44	46.10	新疆		405.60	474.637
重庆	270.59	343.83	西部	总量	9231.58	11771.62
四川	595.90	716.91		占比	30.83	31.03
贵州	912.83	1161.58	东部	总量	8663.32	8427.27
云南	346.15	463.71		占比	28.93	22.21
陕西	1915.96	2495.99	东西部差距		-568.26	-3344.35
甘肃	292.09	380.37	全国均值		29941.66	37936.27
青海	182.73	269.92				

数据来源：根据2012年《中国工业经济统计年鉴》整理。

额为4568.74亿元，占西部总量的38.81%；排名最后的广西仅为46.10亿元，仅占西部总量的0.39%。内蒙古是其99.10倍。由此可进行ABC分类。

A类（4000亿元以上）：内蒙古（4568.74亿元）；

B类（1000亿~3000亿元）：陕西（2495.99亿元）、贵州（1161.58亿元）；

C类（500亿~1000亿元）：宁夏（849.84亿元）、四川（716.91亿元）；

D类（100亿~500亿元）：新疆（474.63亿元）、云南（463.71亿元）、甘肃（380.37亿元）、重庆（343.83亿元）、青海（269.92亿元）；

E类（100亿元以下）：广西（46.10亿元）。

二 总产值

（一）西部地区煤炭开采和洗选业总产值快速增长，增速远高于全国和东部，领先于东部的优势大幅度拉大

西部地区煤炭开采和洗选业工业总产值由2010年的6938.51亿元快速增长，2011年跃过9000亿元台阶，达到9627.46亿元，较2010年增长38.75%；全国同业总产值由2010年的22109.27亿元上升至2011年的

28919.81亿元，增长了30.80%，低于西部7.95个百分点；东部同业总产值由2010年的5675.76亿元上升至2011年的6983.24亿元，增长23.04%，低于西部15.72个百分点。

由于西部该行业产值增长速度远远快于东部，其所占全国比重上升，由2010年的31.38%上升至2011年的33.29%，上升了1.91个百分点；而东部所占比重则由2010年的25.67%下降至2011年的24.15%，下降了1.52个百分点。西部对东部的相对优势在提升，由2010年西部占比高于东部5.71个百分点上升至2011年的9.14个百分点，上升了3.43个百分点。与此同时，东西部绝对优势也在拉大，由2010年的西部大于东部1265.75亿元上升至2011年的2644.22亿元，上升了109.4%（见表2）。

2011年，西部该行业总产值占比高于总资产占比2.26个百分点，说明西部资产利用效率尚可。

从全国总体形势来看，煤炭开采和洗选业工业总产值增长迅猛，属增速最快的行业，但该行业的快速扩张将加快资源的枯竭，导致环境恶化，并加剧二氧化碳和二氧化硫的排放，与当今低碳经济潮流相悖，因而应加强该行业及高耗能行业的调控。

表2 西部煤炭开采和洗选业总产值及与全国和东部比较

单位：亿元，%

地区	2010	2011	地区		2010	2011
内蒙古	2543.74	3718.54	宁夏		266.24	373.96
广西	22.15	29.02	新疆		150.46	175.61
重庆	322.83	373.67	西部	总量	6938.51	9627.46
四川	1056.33	1345.54		占比	31.38	33.29
贵州	655.72	1015.8	东部	总量	5675.76	6983.24
云南	248.00	353.58		占比	25.67	24.15
陕西	1408.56	1869.15	东西部差距		-1265.75	-2644.22
甘肃	176.99	240.73	全国均值		22109.27	28919.81
青海	87.49	131.86				

数据来源：根据2012年《中国工业经济统计年鉴》整理。

（二）西部地区煤炭开采和洗选业总产值在各省市区之间有很大差距，其中内蒙古遥遥领先于其他省市区

从西部各省市区的情况来看，内蒙古极为突出，其2011年该行业总产值为3718.54亿元，是排名第二的陕西的2倍，占西部总量的38.62%；排名最后的广西仅为29.02亿元，占西部总量的0.3%，内蒙古是其128.14倍。由此可进行ABC分类。

A类（3000亿元以上）：内蒙古（3718.54亿元）；

B类（1000亿~2000亿元）：陕西（1869.15亿元）、四川（1345.54亿元）、贵州（1015.8亿元）；

C类（100亿~400亿元）：宁夏（373.96亿元）、重庆（373.67亿元）、云南（353.58亿元）、甘肃（240.73亿元）新疆（175.61亿元）、青海（131.86亿元）；

D类（100亿元以下）：广西（29.02亿元）。

四川虽然在资产总额上排第五位，但总产值排在第四位，说明四川资产利用效率较好。从变化情况来看，宁夏增速较快，其2011年总产值增长40.46%，由2010年的第七位上升至2011年的第六位，重庆则由第六位降为第七位。

三 利润总额

（一）西部地区煤炭开采和洗选业利润总额快速上升，增速远高于全国和东部，领先于东部的优势在拉大

西部地区煤炭开采和洗选业利润总额由2010年的1413.6亿元上升至2011年的2046.07亿元，增长了44.74%。全国同业利润总额由2010年的3446.5亿元上升至2011年的4560.86亿元，增长了32.33%，低于西部12.41个百分点；东部同业利润总额由2010年的747.60亿元上升至2011年的806.05亿元，增长了7.82%，低于西部36.92个百分点。

由于西部增长速度远快于东部，其所占全国比重在上升，由2010年的

41.02%上升至2011年的44.86%，上升了3.84个百分点；而东部所占比重则由2010年的21.69%下降至2011年的17.67%，下降了4.02个百分点。西部对东部的相对优势在提升，由2010年西部占比高于东部19.33个百分点上升至2011年的27.19个百分点，上升了7.86个百分点。与此同时，西部领先的绝对优势在拉大，由2010年的西部大于东部666.0亿元上升至2011年的1240.02亿元，上升了86.19个百分点。

该行业的利润快速上升得益于煤炭价格的上涨。

西部利润占比高出其总资产和总产值占比近13.83个和11.57个百分点，说明西部该行业经济效益很好，资产利用效率很高。

表3 西部煤炭开采和洗选业利润总额及与全国和东部比较

单位：亿元，%

地区\年份	2010	2011	地区\年份		2010	2011
内蒙古	634.41	877.93	宁夏		53.51	68.66
广西	2.24	3.07	新疆		11.59	28.57
重庆	31.54	36.79	西部	总数	1413.6	2046.07
四川	81.88	126.37		占比	41.02	44.86
贵州	84.22	119.75	东部	总数	747.6	806.05
云南	36.076.0	49.84		占比	21.69	17.67
陕西	468.93	657.04	东西部差距		-666.00	-1240.02
甘肃	19.53	30.36	全国均值		3446.52	4560.86
青海	25.75	47.69				

数据来源：根据2012年《中国工业经济统计年鉴》整理。

（二）西部煤炭开采和洗选业利润总额在各省市区之间差距很大，其中内蒙古遥遥领先于其他省市区

从西部各省市区的情况来看，内蒙古极为突出，其2011年该行业利润总额为877.93亿元，占西部总量的42.91%；排名最后的广西仅为3.07亿元，仅占西部总量的0.07%。内蒙古是其285.97倍。由此可进行ABC分类。

A类（600亿元以上）：内蒙古（877.93亿元）、陕西（657.04亿元）；

B类（100亿~200亿元）：四川（126.37亿元）、贵州（119.7亿元）；

C类（10亿~100亿元）：宁夏（68.66亿元）、云南（49.84亿元）、青海（47.69亿元）、重庆（36.79亿元）、甘肃（30.36亿元）、新疆（28.57亿元）；

D类（10亿元以下）：广西（3.07亿元）。

从变化情况来看，四川增速较快，其2011年的增长率为54.34%，并由2010年的第四位升至2011年的第三位，贵州则由第三位降为第四位；青海由第八位升至第七位，重庆则由第七位降为第八位。

四 资产利润率

（一）西部地区煤炭开采和洗选业资产利润率呈上升趋势，其上升速度略低于全国平均水平，而高于东部水平，上升势头良好

西部地区煤炭开采和洗选业资产利润率由2010年的12.39%上升至2011年的12.85%，上升了0.46个百分点；全国同业资产利润率由2010年的11.51%上升至2011年的12.02%，上升了0.51个百分点；东部指标由2010年的11.04%下降至2011年的9.56%，下降了1.48个百分点。

西部该行业资产利润率高于全国和东部水平，由2010年分别高于二者的0.88%和1.35%转变为2011年的0.83%和3.29%，领先东部的优势在拉大，说明西部该行业的经济效益最佳，资产利用效率最高，可给投资者带来更好回报。

表4 西部煤炭开采和洗选业资产利润率及与全国和东部比较

单位：%

地区	2010	2011	地区		2010	2011
内蒙古	17.81	19.22	青海		14.09	17.67
广西	6.32	6.66	宁夏		7.51	8.08
重庆	11.66	10.70	新疆		2.86	6.02
四川	13.74	17.63	西部	均值	12.39	12.85
贵州	9.23	10.31		差距1	-0.88	-0.83
云南	10.42	10.75		差距2	-1.35	-3.29
陕西	24.47	26.32	东部均值		11.04	9.56
甘肃	6.69	7.98	全国均值		11.51	12.02

数据来源：根据2012年《中国工业经济统计年鉴》整理。

（二）西部煤炭开采和洗选业资产利润率在各省市区之间有一定的差距，其中陕西最为突出

从西部各省市区的情况来看，陕西最为突出，其2011年的资产利润率为26.32%。2011年高于西部平均水平（12.85%）的有陕西（26.32%）、内蒙古（19.22%）、青海（17.67%）、四川（17.63%）；小于10%且低于东部水平的依次有宁夏（8.08%）、甘肃（7.98%）、广西（6.66%）、新疆（6.02%）。排名第一的陕西是排名最后的新疆的4.37倍。

B.17
西部化学原料及化学制品制造业发展分析

一 总资产

（一）西部地区化学原料及化学制品制造业的总资产快速上升，增速远高于全国和东部水平，东西部相对差距在缩小，但东部的基数远远大于西部，绝对差距仍在拉大

西部地区化学原料及化学制品制造业的总资产快速扩张，由2010年的7377.95亿元上升至2011年的8964.27亿元，增长了21.50%；全国同业总资产由2010年的38771.99亿元上升至2011年的44919.06亿元，增长了15.85%，低于西部5.65个百分点；东部则由2010年的24385.32亿元上升至2011年的27548.52亿元，增长了12.97%，低于西部8.53个百分点（见表1）。

西部该行业总资产占全国比重较小，但呈现上升趋势，由2010年的19.02%上升至2011年的19.96%，上升了0.94个百分点；东部所占比重较大，但在下降，由2010年的62.89%下降至2011年的61.33%，下降了1.56个百分点。东西部相对差距由2010年西部占比低于东部43.87个百分点下降至2011年的41.37个百分点，下降了2.5个百分点，但东西部绝对差距在拉大，由2010年的17007.37亿元拉大至2011年的18584.25亿元，上升了9.27个百分点。

从全国总体形势来看，化学原料及化学制品制造业出现快速增长，化工行业亦成为拉动中国GDP增长的重要力量之一，但由于该行业属于高耗能、高污染行业，该行业应该属于重点调控的对象。

表1　西部化学原料及化学制品制造业总资产及与全国和东部比较

单位：亿元，%

地区 年份	2010	2011	地区	年份	2010	2011
内蒙古	886.72	1223.31	宁夏		208.10	294.55
广西	461.89	547.60	新疆		645.05	808.98
重庆	688.94	754.48	西部	总量	7377.95	8964.27
四川	1645.99	1895.68		占比	19.02	19.96
贵州	584.15	730.26	东部	总量	24385.32	27548.52
云南	786.42	920.29		占比	62.89	61.33
陕西	545.66	665.07	东西部差距		17007.37	18584.25
甘肃	288.57	301.69	全国均值		38771.99	44919.06
青海	636.46	822.36				

数据来源：根据2012年《中国工业经济统计年鉴》整理。

（二）西部化学原料及化学制品制造业总资产在各省市区之间有一定的差距，其中四川遥遥领先于其他省市区

从西部各省市区的情况来看，四川极为突出，其2011年该行业总资产为1895.68亿元，占西部总量的21.15%，排名最后的宁夏仅为294.55亿元，占西部总量的3.29%，四川是其6倍多。由此可进行ABC分类。

A类（1000亿元以上）：四川（1895.68亿元）、内蒙古（1223.31亿元）；

B类（500亿~1000亿元）：云南（920.29亿元）、青海（822.36亿元）、新疆（808.98亿元）、重庆（754.48亿元）、贵州（730.26亿元）、陕西（665.07亿元）、广西（547.60亿元）；

C类（400亿元以下）：甘肃（301.69亿元）、宁夏（294.55亿元）。

从变化情况来看，青海增速较快，其2011年的增长率达到29.21%，并由2010年的第六位升至2011年的第四位，重庆则由第四位降为第六位。不过青海属于环境敏感地区，应处理好该行业的发展与环境之间的关系。

二　总产值

（一）西部地区化学原料及化学制品制造业总产值快速上升，增速远高于全国和东部水平，东西部相对差距略有缩小，但东部的基数远大于西部，绝对差距仍在拉大

西部地区化学原料及化学制品制造业总产值由2010年的5617.03亿元上升至2011年的7596.86亿元，增长了35.25%；全国同业总产值由2010年的47920.02亿元上升至2011年的60825.06亿元，增长了26.93%，低于西部8.32个百分点；东部则由2010年的33002.58亿元上升至2011年的40622.37亿元，增长了23.09%，低于西部12.16个百分点（见表2）。

表2　西部化学原料及化学制品制造业总产值及与全国和东部比较

单位：亿元，%

地区\年份	2010	2011	地区\年份		2010	2011
内蒙古	779.21	1079.89	宁夏		170.73	252.68
广西	546.58	682.05	新疆		316.65	470.96
重庆	534.45	736.60	西部	总量	5617.03	7596.86
四川	1614.23	2102.30		占比	11.72	12.49
贵州	336.03	476.80	东部	总量	33002.58	40622.37
云南	565.03	759.76		占比	68.87	66.79
陕西	340.43	472.81	东西部差距		27385.55	33025.51
甘肃	257.98	317.12	全国均值		47920.02	60825.06
青海	155.71	245.89				

数据来源：根据2012年《中国工业经济统计年鉴》整理。

西部该行业总产值占全国比重很小，但在上升，由2010年的11.72%上升至2011年的12.49%，较2010年上升了0.77个百分点；东部所占比重较大，但在下降，由2010年的68.87%下降至2011年的66.79%，下降了2.08个百分点。东西部相对差距由2010年西部占比低于东部57.15个百分点缩小至2011年的54.30个百分点，缩小了2.75个百分点；绝对差距由2010年的

27385.55 亿元拉大至 2011 年的 33025.51 亿元，上升了 20.59 个百分点。

2011 年西部该行业总产值占比低于总资产占比 7.47 个百分点，说明西部资产利用效率很低，增长的粗放特征明显。

（二）西部化学原料及化学制品制造业总产值在各省市区之间的差距很大，其中四川遥遥领先于其他省市区

从西部各省市区的情况来看，四川极为突出，其 2011 年该行业总产值为 2102.30 亿元，占西部总量的 27.67%，排名第二的内蒙古差不多是四川的一半；排名最后的青海仅为 245.89 亿元，占西部总量的 3.24%，四川是其 8 倍多。由此可进行 ABC 分类。

A 类（1000 亿元以上）：四川（2102.30 亿元）、内蒙古（1079.89 亿元）；

B 类（600 亿~1000 亿元）：云南（759.76 亿元）、重庆（736.60 亿元）、广西（682.05 亿元）；

C 类（300 亿~600 亿元）：贵州（476.80 亿元）、陕西（472.81 亿元）、新疆（470.96 亿元）、甘肃（317.12 亿元）；

D 类（300 亿元以下）：宁夏（252.68 亿元）、青海（245.89 亿元）。

从变化情况来看，重庆增速较快，其 2011 年的增长率达到 37.82%，并由 2010 年的第五位升至 2011 年的第四位，广西则由第四位降为第五位；贵州由第七位升至第六位，陕西则由第六位降为第七位。

三　利润总额

（一）西部地区化学原料及化学制品制造业利润总额快速增长，增速远高于全国和东部水平，东西部相对差距在缩小，但东部的基数远大于西部，绝对差距仍在拉大

西部地区化学原料及化学制品制造业的利润总额快速增长，由 2010 年的 413.04 亿元上升至 2011 年的 667.74 亿元，增长了 61.66%；全国同业利润总

额由2010年的3638.41亿元上升至2011年的4432.13亿元，增长了21.82%，低于西部39.85个百分点；东部同业利润总额由2010年的2553.59亿元上升至2011年的3024.84亿元，增长了18.45%，低于西部 43.21个百分点（见表3）。

表3　西部化学原料及化学制品制造业利润总额及与全国和东部比较

单位：亿元，%

地区\年份	2010	2011	地区\年份		2010	2011
内蒙古	65.65	118.83	宁夏		4.39	6.88
广西	45.01	68.11	新疆		43.12	62.57
重庆	32.58	52.15	西部	总量	413.04	667.74
四川	112.87	186.59		占比	11.35	15.07
贵州	18.59	41.52	东部	总量	2553.59	3024.84
云南	37.29	50.75		占比	70.18	68.25
陕西	7.18	28.33	东西部差距		2140.55	2357.1
甘肃	6.39	7.86	全国均值		3638.41	4432.13
青海	39.97	44.18				

数据来源：根据2012年《中国工业经济统计年鉴》整理。

西部该行业利润总额占全国比重很小，但在大幅上升，由2010年的11.35%上升至2011年的15.07%，上升了3.72个百分点；东部占全国比重较大，但在下降，由2010年的70.18%下降至2011年的68.25%，下降1.93个百分点。东西部相对差距由2010年西部占比低于东部58.83个百分点下降至2011年的53.18个百分点，下降了5.65个百分点；但绝对差距仍在拉大，由2010年的2140.55亿元拉大至2011年的2357.1亿元，上升了10.12个百分点。

2011年，西部的利润占比高于总产值占比2.58个百分点，说明西部资产利用效率尚可。

（二）西部化学原料及化学制品制造业利润总额在各省市区之间的差距很大，其中四川遥遥领先于其他省市区

从西部各省市区的情况来看，四川极为突出，其2011年该行业利润总额

为 186.59 亿元，约占西部总量的 27.94%；排名最后的宁夏仅为 6.88 亿元，占西部总量的 1.03%，四川是其 27.12 倍。由此可以进行 ABC 分类。

A 类（100 亿元以上）：四川（186.59 亿元）、内蒙古（118.83 亿元）；

B 类（20 亿~70 亿元）：广西（68.11 亿元）、新疆（62.57 亿元）、重庆（52.15 亿元）、云南（50.75 亿元）、青海（44.18 亿元）、贵州（41.52 亿元）、陕西（28.33 亿元）；

C 类（10 亿元以下）：甘肃（7.86 亿元）、宁夏（6.88 亿元）。

从变化情况来看，重庆增速较快，其 2011 年的增长率为 60.07%，并由 2010 年的第七位升至 2011 年的第五位，青海由第五位降为第七位。

四 资产利润率

（一）西部地区化学原料及化学制品制造业资产利润率在 2006~2008 年快速上升，2009 年出现下滑，2010 年反弹上升，但总体上低于全国和东部水平，与东部的差距较大，且差距在逐渐拉大

西部地区化学原料及化学制品制造业资产利润率由 2010 年的 5.02% 上升至 2011 年的 6.58%，上升了 1.56 个百分点；全国资产利润率由 2010 年的 9.38% 上升至 2011 年的 9.87%，上升了 0.49 个百分点；东部资产利润率由 2010 年的 9.62% 上升至 2011 年的 10.98%，上升了 1.36 个百分点。

西部该产业资产利润率一直低于全国和东部水平，且差距在扩大，由 2010 年分别低于全国和东部水平的 4.36% 和 4.60% 下降至 2011 年的 3.29% 和 4.40%。

（二）西部地区化学原料与化学制品制造业资产利润率在各省市区之间的差距很大，其中广西较为突出

从西部各省市区情况来看，广西较为突出，其 2011 年资产利润率达到 12.44%，高于全国和东部水平。广西的利润总量虽然不太高，资产利润率却很高，其他省区市均低于 10%。2011 年高于西部平均水平的有，广西

（12.44%）、内蒙古（9.71%）、四川（9.84%）、新疆（7.73%）、重庆（6.91%），其他省份资产利润率偏低。

表4 西部化学原料及化学制品制造业资产利润率及与全国和东部比较

单位：%

地区\年份	2010	2011	地区\年份		2010	2011
内蒙古	7.4	9.71	青海		6.28	5.37
广西	9.74	12.44	宁夏		2.11	2.34
重庆	4.73	6.91	新疆		6.68	7.73
四川	6.86	9.84	西部	均值	5.02	6.58
贵州	3.18	5.69		差距1	4.36	3.29
云南	4.74	5.51		差距2	4.60	4.40
陕西	1.32	4.26	东部均值		9.62	10.98
甘肃	2.21	2.61	全国均值		9.38	9.87

数据来源：根据2012年《中国工业经济统计年鉴》整理。

B.18
西部交通运输设备制造业发展分析

一 总资产

（一）西部地区交通运输设备制造业总资产快速上升，但东部的基数远大于西部，且增长速度更快，东西部差距继续拉大

西部地区交通运输设备制造业总资产由2010年的6218.68亿元上升至2011年的7067.15亿元，上升了13.64%；全国同业总资产由2010年的47981.05亿元上升至2011年的54340.84亿元，上升了13.25%，低于西部0.39个百分点；东部同业总资产由2010年的30081.43亿元上升至2011年的34257.56亿元，上升了13.88个百分点，高出西部0.24个百分点。

西部该行业总资产占全国比重较小，但略微上升，由2010年的12.96%上升至2011年的13.01%，上升了0.05个百分点；东部占比较大，且小幅上升，由2010年的62.69%上升至2011年的63.04%，上升了0.35个百分点；东西部相对差距由2010年西部占比低于东部49.73个百分点拉大至2010年的50.03个百分点，拉大了近0.3个百分点；绝对差距由2010年的23862.75亿元拉大至2011年的27190.41亿元，上升了13.94个百分点。

（二）西部交通运输设备制造业资产总额在各省市区之间的差距很大，其中重庆遥遥领先于其他省市区

从西部各省市区的情况来看，重庆极为突出，其2011年该行业总资产为2387.79亿元，占西部总量的33.79%；排名最后的宁夏仅为6.17亿元，重庆是其387倍。由此可进行ABC分类。

A类（2000亿元以上）：重庆（2387.79亿元）；

表1 西部交通运输设备制造业总资产及与全国和东部比较

单位：亿元，%

地区\年份	2010	2011	地区\年份		2010	2011
内蒙古	242.78	277.89	宁夏		3.37	6.17
广西	915.12	1049.73	新疆		14.81	16.05
重庆	2127.13	2387.79	西部	总量	6218.68	7067.15
四川	1043.40	1285.76		占比	12.96	13.01
贵州	254.39	284.77	东部	总量	30081.43	34257.56
云南	157.20	156.17		占比	62.69	63.04
陕西	1413.75	1549.84	东西部差距		23862.75	27190.41
甘肃	39.25	45.39	全国均值		47981.05	54340.84
青海	7.48	7.59				

数据来源：根据2012年《中国工业经济统计年鉴》整理。

B类（900亿~2000亿元）：陕西（1549.84亿元）、四川（1285.76亿元）、广西（1049.73亿元）；

C类（100亿~300亿元）：贵州（284.77亿元）、内蒙古（277.89亿元）、云南（156.17亿元）；

D类（10亿~100亿元）：甘肃（45.39亿元）、新疆（16.05亿元）；

E类（10亿元以下）：青海（7.59亿元）、宁夏（6.17亿元）。

二 总产值

（一）西部地区交通运输设备制造业总产值快速上升，增长速度高于全国和东部地区，东西部相对差距略有缩小，但东部的基数远大于西部，绝对差距仍在拉大

西部地区交通运输设备制造业总产值由2010年的7402.59亿元上升至2011年的8525.47亿元，增长了15.17%；全国同业总产值由2010年的55452.63亿元上升至2011年的63251.30亿元，增长了14.06%，低于西部1.11个百分点；东部则由2010年的34430.91亿元上升至2011年的38599.37亿元，增长了12.11%，低于西部3.06个百分点。

西部该行业总产值占全国比重较小，但略有上升，由2010年的13.35%上升至2011年的13.48%，略升了0.13个百分点；东部所占全国比重较大，但略有下降，由2010年的62.09%下降至2011年的61.03%，下降了1.06个百分点；东西部相对差距由2010年西部占比低于东部48.74个百分点缩小至2011年的47.55个百分点，缩小了1.19个百分点；绝对差距则大幅度拉大，由2010年的27028.32亿元拉大至2011年的30073.9亿元，上升了11.27个百分点。

交通运输设备制造业属于科技含量和附加值较高的行业，而该行业东西部的差距非常大，说明西部在高端产业方面竞争力很弱。

西部该行业总产值占比高于资产占比0.47个百分点，说明其资产利用效率尚可。

表2 西部交通运输设备制造业总产值及与全国和东部比较

单位：亿元，%

地区\年份	2010	2011	地区\年份		2010	2011
内蒙古	282.72	312.06	宁夏		0.95	5.74
广西	1340.91	1490.53	新疆		9.49	7.61
重庆	2903.80	3484.77	西部	总量	7402.59	8525.47
四川	1258.36	1501.73		占比	13.35	13.48
贵州	144.21	162.58	东部	总量	34430.91	38599.37
云南	147.78	158.61		占比	62.09	61.03
陕西	1280.01	1367.51	东西部差距		27028.32	30073.90
甘肃	29.47	29.73	全国均值		55452.63	63251.30
青海	4.89	4.60				

数据来源：根据2012年《中国工业经济统计年鉴》整理。

（二）西部交通运输设备制造业总产值在各省市区之间的差距很大，其中重庆最为突出

从西部各省市区的情况来看，重庆最为突出，其2011年该行业的总产值高达3484.77亿元，占西部总量的40.87%；排名第二的四川为1501.73亿元，不到重庆的一半。排名最后的青海仅为4.60亿元，仅占西部总量不到

0.05%，重庆是其757.56倍，说明西部各地区该行业发展极不平衡。由此可进行ABC分类。

A类（3000亿元以上）：重庆（3484.77亿元）；

B类（1000亿~1600亿元）：四川（1501.73亿元）、广西（1490.53亿元）、陕西（1367.51亿元）；

C类（100亿~500亿元）：内蒙古（312.06亿元）、贵州（162.58亿元）、云南（158.61亿元）；

D类（10亿~100亿元）：甘肃（29.73亿元）；

E类（10亿元以下）：新疆（7.61亿元）、宁夏（5.74亿元）、青海（4.60亿元）。

从变化情况来看，四川增速较快，其2011年的增长率为19.34%，并由2010年的第四位升至2011年的第二位，广西和陕西则分别由第二、三位降为第三、四位；贵州由第七位升至第六位，云南则由第六位降为第七位；宁夏由第十一位升至第十位，青海由第十位降为第十一位。

三 利润总额

（一）西部地区交通运输设备制造业利润总额总体上呈快速上升趋势，东西部相对差距在缩小，但东部的基数远大于西部，绝对差距不断拉大

西部地区交通运输设备制造业的利润总额由2010年的429.64亿元上升至2011年的456.88亿元，增长了6.34%；全国同业利润总额由2010年的4856.40亿元上升至2011年的5478.38亿元，增长了12.81%，高于西部6.47个百分点；东部则由2010年的3220.04亿元上升至2011年的3624.76亿元，上升了12.57%，高于西部6.23个百分点（见表3）。

西部该行业利润总额占全国比重很小，且小幅下降，由2010年的8.85%下降至2011年的8.34%，下降了0.51个百分点；东部所占全国比重较大，但小幅下降，由2010年的66.31%下降至2011年的66.16%，下降了0.15个百

表3　西部交通运输设备制造业利润总额及与全国和东部比较

单位：亿元，%

地区\年份	2010	2011	地区\年份		2010	2011
内蒙古	20.31	4.60	宁夏		0.02	1.24
广西	89.12	87.75	新疆		-0.33	-1.14
重庆	152.88	188.88	西部	总量	429.64	456.88
四川	75.78	91.99		占比	8.85	8.34
贵州	4.69	3.93	东部	总量	3220.04	3624.76
云南	13.60	12.08		占比	66.31	66.16
陕西	72.21	66.49	东西部差距		2790.4	3167.88
甘肃	1.21	1.19	全国均值		4856.40	5478.38
青海	0.15	-0.13				

数据来源：根据2012年《中国工业经济统计年鉴》整理。

分点。东西部相对差距由2010年西部占比低于东部57.46个百分点上升至2011年的57.82个百分点，上升了0.36个百分点；而绝对差距由2010年的2790.4亿元拉大至2011年的3167.88亿元，上升了13.53个百分点。

西部该行业2011年利润占比分别低于总资产和总产值占比4.67个和5.14个百分点，说明西部经营业绩较差，增长方式较为粗放。

（二）西部交通运输设备制造业利润总额在各省市区之间的差距很大，其中重庆遥遥领先于其他省市区

从西部各省市区的情况来看，重庆极为突出，其2011年利润总额为188.88亿元，占西部总量的41.34%；而新疆、青海则亏损。重庆不仅在总量指标上领先，在效益指标上也十分突出。由此可进行ABC分类。

A类（100亿元以上）：重庆（188.88亿元）；

B类（60亿~100亿元）：四川（91.99亿元）、广西（87.75亿元）、陕西（66.49亿元）；

C类（10亿~30亿元）：云南（12.08亿元）；

D类（1亿~10亿元）：贵州（4.69亿元）、内蒙古（4.60亿元）、宁夏（1.24亿元）、甘肃（1.19亿元）；

E类（亏损）：青海（-0.13亿元）、新疆（-0.33亿元）。

从变化情况来看，四川增速较快，其2011年的增长率为21.39%，并由2010年的第三位升至2011年的第二位，广西利润总额在下降，由第二位降为第三位；云南、贵州分别由第六、七位升至第五、六位，内蒙古则由第五位降为第七位；宁夏由第十位升至第八位，甘肃由第八位降为第九位；青海出现亏损，新疆继续亏损。

四 资产利润率

（一）西部地区交通运输设备制造业资产利润率小幅上升，但低于全国和东部水平，与东部的差距更大

西部地区交通运输设备制造业资产利润率由2010年的4.69%上升至2011年的4.76%，上升了0.07个百分点；全国同业资产利润率则小幅下降，由2010年的10.12%下降至2011年的10.08%，下降了0.04个百分点；东部则由2010年的10.90%下降至2011年的10.08%，下降了0.82个百分点。

西部资产利润率低于全国和东部水平，但差距在缩小，分别由2010年的低于后二者的5.43%和6.21%缩小至2011年的5.32%和5.32%（见表4）。

表4 西部交通运输设备制造业资产利润率及与全国和东部比较

单位：%

地区	2010	2011	地区		2010	2011
内蒙古	8.37	1.66	青海		2.01	-1.71
广 西	9.34	8.36	宁 夏		0.59	20.10
重 庆	7.19	7.91	新 疆		-2.23	-7.10
四 川	7.26	7.15	西部	均值	4.69	4.76
贵 州	1.84	1.38		差距1	5.43	5.32
云 南	8.65	7.74		差距2	6.21	5.82
陕 西	5.11	4.29	东部均值		10.90	10.08
甘 肃	3.08	2.62	全国均值		10.12	10.08

数据来源：根据2012年《中国工业经济统计年鉴》整理。

西部地区该行业投资回报率低，应采取措施提高利润率，以汽车工业为例，应该加快整车制造模块化和提升汽车制造的规模化。

（二）西部交通运输设备制造业资产利润率在各省市区之间的差距很大，其中宁夏较为突出

从西部各省市区的情况来看，宁夏该行业资产利润率最高，其2011年指标值达到20.10%，远高于全国水平；高于西部平均水平（4.76%）者除宁夏外还有：广西（8.36%）、重庆（7.91%）、云南（7.74%）、四川（7.15%）；低于西部平均水平的有：陕西（4.29%）、甘肃（2.62%）、内蒙古（1.66%）、贵州（1.38%）、青海（-1.71%）、新疆（-7.10%）。其中宁夏、广西、重庆、云南、四川处于7%以上的相对高位，其他省市区不太理想。

B.19
西部通用设备制造业发展分析

一 总资产

（一）西部地区通用设备制造业的总资产出现下降，与东部的差距继续拉大

西部地区通用设备制造业的总资产出现下降，由2010年的3125.33亿元下降至2011年的3021.19亿元，下降了3.33%；全国同业总资产由2010年的27615.27亿元上升至2011年的29853.77亿元，增长了8.11%；东部同业总资产由2010年的20259.11亿元上升至2011年的22174.39亿元，增长了9.45个百分点。

西部通用设备制造业的总资产值占全国比重很小，且在下降，由2010年的11.31%下降到2011年的10.12%，下降了1.19个百分点；东部所占比重较大，且在上升，由2010年的73.36%上升到2011年的74.28%，上升了0.92个百分点。东西部相对差距由2010年西部占比低于东部62.05个百分点扩大至2011年的64.16个百分点，上升了2.11个百分点；绝对差距由2010年的17133.78亿元拉大至2011年的19153.20亿元，上升了11.79个百分点。

西部该行业总资产下降是由于四川2011年资产总额下降了16.76个百分点。

（二）西部通用设备制造业资产总额在各省市区之间的差距很大，其中四川遥遥领先于其他省市区

从西部各省市区的情况来看，四川通用设备制造业资产总额极为突出，其2011年的总资产为1491.42亿元，占西部总量的49.53%，远远大于其他省市区；排名第二、第三的分别是陕西和重庆，分别为471.30亿元和422.00亿元,均不到四川的1/3;排名最后的新疆仅为13.97亿元,仅占西部总量的0.46%,四川是其106.76倍。由此可进行ABC分类。

表1 西部通用设备制造业总资产及与全国和东部比较

单位:亿元,%

地区\年份	2010	2011	地区\年份		2010	2011
内蒙古	129.356	146.88	宁夏		70.91	80.42
广西	126.76	147.28	新疆		18.37	13.97
重庆	372.23	422.00	西部	总量	3125.33	3021.19
四川	1791.68	1491.42		占比	11.31	10.12
贵州	46.9	52.27	东部	总量	20259.11	22174.39
云南	76.11	85.94		占比	73.36	74.28
陕西	393.81	471.30	东西部差距		17133.78	19153.20
甘肃	71.98	78.42	全国均值		27615.27	29853.77
青海	27.23	31.29				

数据来源:根据2012年《中国工业经济统计年鉴》整理。

A类(1000亿元以上):四川(1491.42亿元);

B类(400亿~500亿元):陕西(471.30亿元)、重庆(422.00亿元);

C类(100亿~200亿元):内蒙古(146.88亿元)、广西(147.28亿元);

D类(100亿元以下):云南(85.94亿元)、甘肃(78.42亿元)、宁夏(80.42亿元)、贵州(52.27亿元)、青海(31.29亿元)、新疆(13.97亿元)。

二 总产值

(一)西部地区通用设备制造业总产值快速上升,增速远高于全国和东部水平,东西部相对差距在缩小,但东部的基数远大于西部,绝对差距仍在拉大

西部地区通用设备制造业总产值由2010年的2715.97亿元上升至2011年

的3606.77亿元,增长了32.8%;全国同业总产值由2010年的35132.74亿元上升至2011年的40992.55亿元,增长了16.68%,低于西部16.12个百分点;东部同业总产值由2010年的26863.71亿元上升至2011年的30225.78亿元,增长了12.52%,低于西部20.28个百分点(见表2)。

表2　西部通用设备制造业总产值及与全国和东部比较

单位:亿元,%

地区\年份	2010	2011	地区\年份		2010	2011
内蒙古	164.26	233.30	宁夏		41.74	49.69
广西	18.52	244.37	新疆		12.80	12.00
重庆	439.75	533.44	西部	总量	2715.97	3606.77
四川	1504.69	1874.07		占比	7.73	8.80
贵州	32.62	50.94	东部	总量	26863.71	30225.78
云南	74.90	90.98		占比	76.46	73.73
陕西	347.71	440.32	东西部差距		24147.74	26619.01
甘肃	59.08	56.45	全国均值		35132.74	40992.55
青海	19.90	21.21				

数据来源:根据2012年《中国工业经济统计年鉴》整理。

西部通用设备制造业的总产值占全国比重很小,但在上升,由2010年的7.73%上升到2011年的8.8%,上升了1.07个百分点。东部所占全国比重较大,但在下降,由2010年的76.46%下降到2011年的73.73%,下降了2.73个百分点;东西部相对差距由2010年西部占比低于东部68.73个百分点缩小至2011年的64.93个百分点,下降了3.8个百分点;绝对差距由2010年的24147.74亿元拉大到2011年的26619.01亿元,上升了10.23个百分点。

2011年西部该行业总产值占比低于总资产占比1.32个百分点,说明西部资产利用效率偏低。

(二)西部通用设备制造业总产值在各省市区之间的差距很大,其中四川遥遥领先于其他省市区

从西部各省市区的情况来看,四川通用设备制造业总产值极为突出,其2011年的总产值为1874.07亿元,占西部总量的51.96%,远远大于其他省市

区；排名第二、第三的重庆和陕西分别为533.44亿元和440.32亿元，均不到四川的1/3；排名最后的新疆仅为12.00亿元，占西部总量的0.33%，四川是其156.17倍。由此可进行ABC分类。

A类（1000亿元以上）：四川（1874.07亿元）；

B类（400亿~500亿元）：重庆（533.44亿元）、陕西（440.32亿元）；

C类（200亿~300亿元）：广西（244.37）、内蒙古（233.30亿元）；

D类（100亿元以下）：云南（90.98亿元）、甘肃（56.45亿元）、贵州（50.94亿元）、宁夏（49.69亿元）、青海（21.21亿元）、新疆（12.00亿元）。

从变化情况来看，广西增速较快，其2011年的增长率高达1219.49%，并由2010年的第十位跃升至2011年的第四位，内蒙古则由第四位降为第五位，云南、甘肃均降一位，贵州保持不变，宁夏则由第七位降为第九位，青海由第九位降为第十位。

三 利润总额

（一）西部地区通用设备制造业利润总额快速上升，增速远高于全国和东部水平，东西部相对差距在缩小，但东部的基数远大于西部，绝对差距仍在拉大

西部地区通用设备制造业的利润总额由2010年的201.84亿元上升至2011年的250.91亿元，增长了19.02%；全国同业利润总额由2010年的2710.67亿元上升至2011年的3054.92亿元，增长了12.70%，低于西部地区6.32个百分点；东部同业利润总额由2010年的2036.13亿元上升至2011年的2247.09亿元，增长了10.36%，低于西部地区8.66个百分点（见表3）。

西部通用设备制造业的利润总额占全国比重很小，但在上升，由2010年的7.44%上升到2011年的8.21%，上升了0.77个百分点；东部所占全国比重较大，但在下降，由2010年的75.11%下降到2011年的73.56%，下降了1.55个百分点。东西部相对差距由2010年西部占比低于东部67.67个百分点

缩小至2011年的65.35个百分点，下降了2.32个百分点；绝对差距由2010年的1834.29亿元拉大至2011年的1996.18亿元，上升了8.83个百分点。

2011年西部利润总额占比分别低于总产值和总资产占比0.59个和1.91个百分点，说明西部经营业绩、资产利用效率偏低。

表3 西部通用设备制造业利润总额及与全国和东部比较

单位：亿元，%

地区\年份	2010	2011	地区\年份		2010	2011
内蒙古	10.62	15.56	宁夏		1.75	3.16
广西	13.49	17.63	新疆		0.99	1.13
重庆	37.14	44.22	西部	总量	201.84	250.91
四川	99.81	122.89		占比	7.44	8.21
贵州	3.35	4.11	东部	总量	2036.13	2247.09
云南	6.27	5.51		占比	75.11	73.56
陕西	25.57	33.24	东西部差距		1834.29	1996.18
甘肃	2.06	2.70	全国均值		2710.67	3054.92
青海	0.79	0.76				

数据来源：根据2012年《中国工业经济统计年鉴》整理。

（二）西部通用设备制造业利润总额在各省市区之间的差距很大，其中四川遥遥领先于其他省市区

从西部各省市区的情况来看，四川通用设备制造业的利润总额极为突出，其2011年的利润总额为122.89亿元，约占西部总量的一半，远大于其他省市区；排名第二、第三的分别是重庆市和陕西省，分别为44.22亿元和33.24亿元，均不到四川的一半；排名最后的青海仅为0.76亿元，仅占西部总量的0.30%，四川是其161.70倍。由此可进行ABC分类。

A类（100亿元以上）：四川（122.89亿元）；

B类（30亿~50亿元）：重庆（44.22亿元）、陕西（33.24亿元）；

C类（10亿~20亿元）：广西（17.63亿元）、内蒙古（15.56亿元）；

D类（10亿元以下）：云南（5.51亿元）、贵州（4.11亿元）、甘肃（2.70亿元）、宁夏（3.16亿元）、新疆（1.13亿元）、青海（0.76亿元）。

四 资产利润率

（一）西部地区通用设备制造业资产利润率呈现先下降后上升趋势，总体上低于全国和东部水平，与东部的差距更大，但差距在缩小

西部地区通用设备制造业资产利润率由2010年的6.35%上升至2011年的7.32%，上升了0.97个百分点。全国同业资产利润率由2010年的9.82%上升至2011年的10.23%，上升了0.41个百分点。东部地区同业资产利润率由2010年的10.56%下降至2011年的10.13%，下降了0.43个百分点。

西部该产业的资产利润率一直低于东部和全国水平，差距先拉大后缩小，由2010年的分别低于东部和全国的4.21%和3.46%降到2011年的2.81%和2.91%。

表4 西部通用设备制造业资产利润率及与全国和东部比较

单位：%

地区	2010	2011	地区		2010	2011
内蒙古	8.21	10.59	青海		2.90	2.43
广西	10.64	11.97	宁夏		2.47	3.93
重庆	9.98	10.48	新疆		5.39	8.09
四川	5.57	8.24	西部	均值	6.35	7.32
贵州	7.14	7.86		差距1	3.46	2.91
云南	8.24	6.41		差距2	4.21	2.81
陕西	6.49	7.05	东部均值		10.56	10.13
甘肃	2.86	3.44	全国均值		9.82	10.23

数据来源：根据2012年《中国工业经济统计年鉴》整理。

（二）西部通用设备制造业资产利润率在各省市区之间的差距很大，其中广西较为突出

西部各省市区的资产利润率总体上存在很大差距，其中广西较为突出，其2011年该行业资产利润率达到11.97%。2011年高于东部和全国平均水

平的有：广西（11.97%）、重庆（10.48%）内蒙古（10.59%）；高于西部平均水平的有：四川（8.24%）、新疆（8.09%）、贵州（7.86%）；低于西部平均水平的有：陕西（7.05%）、云南（6.41%）、青海（2.43%）、甘肃（3.44%）、宁夏（3.93%）。排名第一的广西是排名最后的宁夏约3倍。

B.20
西部专用设备制造业发展分析

一 总资产

（一）西部地区专用设备制造业的总资产增长缓慢，远低于全国和东部水平，与东部的差距在拉大

西部地区专用设备制造业的总资产由2010年的2721.06亿元上升至2011年的2844.01亿元，增长了4.52%；全国同业总资产由2010年的19561.45亿元上升到2011年的22778.01亿元，增长了16.44%，高出西部11.92个百分点；东部同业总资产由2010年的12264.83亿元上升到2011年的13980.41亿元，增长了13.99%，高于西部9.47个百分点。

西部该行业总资产占全国的比重很小，且呈下降趋势，由2010年的13.91%下降到2011年的12.49%，下降了0.82个百分点；东部所占比重较大，但呈下降趋势，由2010年的62.70%下降到2011年的61.38%，下降了1.32个百分点。东西部相对差距由2010年的西部占比低于东部48.79个百分点上升至2011年的48.89个百分点，上升了0.10个百分点；东西部绝对差距由2010年的9543.77亿元拉大到2011年的11136.40亿元，上升了16.69个百分点。

（二）西部专用设备制造业资产总额在各省市区之间的差距很大，其中四川遥遥领先于其他省市

从西部各省市区的情况来看，四川专用设备制造业资产总额极为突出，其2011年的总资产为1029.71亿元，占西部总量的36.21%；排名最后的青海仅为2.30亿元，仅占西部总量的0.81%，四川是其400余倍。由此可进行ABC分类。

表1　西部专用设备制造业总资产及与全国和东部比较

单位：亿元，%

地区\年份	2010	2011	地区\年份		2010	2011
内蒙古	413.29	332.97	宁夏		35.06	37.61
广西	318.44	393.78	新疆		29.08	35.07
重庆	289.22	150.36	西部	总和	2721.06	2844.01
四川	861.70	1029.71		占比	13.91	12.49
贵州	57.62	58.97	东部	总和	12264.83	13980.41
云南	83.41	75.52		占比	62.70	61.38
陕西	539.16	634.65	东西部差距		9543.77	11136.40
甘肃	92.06	93.07	全国均值		19561.45	22778.01
青海	2.02	2.30				

数据来源：根据2012年《中国工业经济统计年鉴》整理。

A类（1000亿元以上）：四川（1029.71亿元）；

B类（600亿~700亿元）：陕西（634.65亿元）；

C类（100亿~400亿元）：广西（393.78亿元）、内蒙古（332.97亿元）、重庆（150.36亿元）；

D类（30亿~100亿元）：甘肃（93.07亿元）、云南（75.52亿元）、贵州（58.97亿元）、宁夏（37.61亿元）、新疆（35.07亿元）；

E类（10亿元以下）：青海（2.30亿元）。

从变化情况来看，广西增长速度较快，由2010年的第四位升至第三位，内蒙古则由第三位降为第四位。

二　总产值

（一）西部地区专用设备制造业总产值快速上升，高于东部水平，但低于全国水平，东西部相对差距在缩小，但东部的基数远大于西部，绝对差距在拉大

西部地区专用设备制造业的工业总产值呈快速上升趋势，由2010年的2179.26亿元上升到2011年的2592.13亿元，增长了18.95%；全国同业总产

值由 2010 年的 21561.83 亿元上升到 2011 年的 26149.13 亿元, 增长了 21.28%, 高于西部 2.33 个百分点; 东部同业总产值由 2010 年的 14141.04 亿元上升到 2011 年的 16215.35 亿元, 增长了 14.67%, 低于西部 4.28 个百分点。

西部该产业总产值占全国比重较小, 呈下降趋势, 由 2010 年的 10.11% 下降到 2011 年的 9.91%, 略降了 0.19 个百分点; 东部所占全国比重较大, 但总体上呈下降趋势, 由 2010 年的 65.58% 下降到 2011 年的 62.01%, 下降了 3.57 个百分点; 与此同时, 东西部相对差距缩小, 由 2010 年的西部占比低于东部 55.47 个百分点缩小至 2011 年的 52.10 个百分点, 缩小了 3.38 个百分点, 但东西部绝对差距逐年拉大, 由 2010 年的 11961.78 亿元拉大到 2011 年的 13623.22 亿元, 上升了 13.89 个百分点。

西部地区该行业总产值占比低于总资产占比 2.57 个百分点, 说明西部资产利用效率不高。

表2 西部专用设备制造业总产值及与全国和东部比较

单位: 亿元, %

地区\年份	2010	2011	地区\年份		2010	2011
内蒙古	221.29	256.91	宁夏		32.14	33.33
广西	337.60	413.88	新疆		20.87	28.38
重庆	220.17	196.03	西部	总和	2179.26	2592.13
四川	778.12	1002.93		占比	10.11	9.91
贵州	36.00	37.61	东部	总和	14141.04	16215.35
云南	66.52	67.38		占比	65.58	62.01
陕西	398.40	484.93	东西部差距		11961.78	13623.22
甘肃	65.85	68.28	全国均值		21561.83	26149.13
青海	2.30	2.47				

数据来源: 根据 2012 年《中国工业经济统计年鉴》整理。

(二) 西部专用设备制造业总产值在各省市区之间的差距很大, 其中四川遥遥领先于其他省市区

从西部各省市区的情况来看, 四川专用设备制造业总产值极为突出, 其

2011年该产业总产值为1002.93亿元，占西部总量的38.69%；排名最后的青海仅为2.47亿元，占西部总量的0.095%，四川是其406.04倍。由此可进行ABC分类。

A类（1000亿元以上）：四川（1002.93亿元）；

B类（400亿~500亿元）：陕西（483.94亿元）、广西（413.88亿元）；

C类（100亿~300亿元）：内蒙古（256.91亿元）、重庆（196.03亿元）；

D类（20亿~100亿元）：甘肃（68.28亿元）云南（67.38亿元）、贵州（37.61亿元）、宁夏（33.33亿元）、新疆（28.38亿元）；

E类（10亿元以下）：青海（2.47亿元）。

从变化情况来看，广西增速较快，由2010年的第四位升至2011年的第三位，内蒙古则由第三位降为第四位。

三 利润总额

（一）西部地区专用设备制造业利润总额呈上升的趋势，但增速低于全国和东部水平，东西部相对差距在缩小，绝对差距在拉大

西部地区专用设备制造业的利润总额由2010年的165.8亿元上升至2011年的185.42亿元，增长了11.83%；全国同业利润总额由2010年的1855.05亿元上升至2011年的2154.43亿元，增长了16.14%，高于西部4.31个百分点；东部同业利润总额由2010年的1170.32亿元上升至2011年的1324.53亿元，增长了13.18%，高于西部1.34个百分点。

西部该产业利润总额占全国比重很小，呈下降趋势，由2010年的8.94%下降至2011年的8.61%，下降了0.33个百分点。东部所占全国比重较大，但呈下降趋势，由2010年的63.09%下降至2011年的61.48%，下降了1.61个百分点。东西部相对差距由2010年的西部占比低于东部54.15个百分点下降至2011年的52.87个百分点，下降了1.28个百分点。绝对差距由2010年的1004.52亿元拉大至2011年的1139.52亿元，上升了13.40个百分点。西部

2011年的利润总额不到东部的一半。

西部该行业2010年利润占比分别小于其总资产和总产值占比3.88个、1.31个百分点,说明西部该行业相对经营业绩和资产利用效率偏低,增长方式有些粗放。

表3 西部专用设备制造业利润总额及与全国和东部比较

单位:亿元,%

地区	年份	2010	2011	与上年比较
内蒙古		12.32	9.75	下降
广西		37.59	36.12	下降
重庆		10.42	16.64	上升
四川		64.37	84.86	上升
贵州		2.84	2.44	下降
云南		6.06	2.92	下降
陕西		23.56	23.00	下降
甘肃		2.88	2.44	下降
青海		0.45	0.25	下降
宁夏		3.70	3.95	上升
新疆		1.61	3.05	上升
西部	总和	165.8	185.42	上升
	占比	8.94	8.61	下降
东部	总和	1170.32	1324.53	上升
	占比	63.09	61.48	下降
东西部差距		1004.52	1139.52	拉大
全国均值		1855.05	2154.43	上升

数据来源:根据2012年《中国工业经济统计年鉴》整理。

(二)西部专用设备制造业利润总额在各省市区之间的差距很大,其中四川遥遥领先于其他省市区

从西部各省市区的情况来看,四川省专用设备制造业的利润总额极为突出,其2011年该产业利润总额为84.86亿元,占西部总量的45.77%(分别高于总资产和总产值占比9.56个和7.08个百分点,说明四川资产利用效率和经营业绩较好);排名最后的青海仅为0.25亿元,仅占西部总量的0.13%,

四川是其339.44倍；由此可进行ABC分类。

A类（80亿元以上）：四川（84.86亿元）；

B类（30亿~40亿元）：广西（36.12亿元）；

C类（10亿~30亿元）：陕西（23.00亿元）、重庆（16.64亿元）；

D类（10亿元以下）：内蒙古（9.75亿元）、宁夏（3.95亿元）、新疆（3.05亿元）、云南（2.92亿元）、甘肃（2.44亿元）、贵州（2.44亿元）、青海（0.25亿元）。

从变化情况来看，重庆上升较快，其2011年的利润增长近60%，并由2010年的第五位升至第四位，内蒙古则由第四位降为第五位；宁夏、新疆分别由第七位和第十位升至第六位和第七位，云南则由第六位降为第八位。

四 资产利润率

（一）西部地区专用设备制造业资产利润率呈下降趋势，总体上低于全国和东部水平，但与东部的差距在缩小

西部地区平均资产利润率由2010年的7.63%下降至2011年的6.88%，下降了1.11个百分点；全国同业资产利润率总体上由2010年的9.48%下降至2011年的9.46%，下降了0.02个百分点；东部地区资产利润率由2010年的9.03%上升到2011年的9.09%，上升了0.06个百分点。

西部该行业资产利润率在2010年分别低于全国和东部1.85个和1.40个百分点，而到2011年分别低于二者2.58个、2.95个百分点，差距略有拉大。

（二）西部专用设备制造业资产利润率在各省市区之间的差距很大，其中重庆较为突出

从西部各省市区情况来看，重庆较为突出，其2011年该行业资产利润率为11.07%。2011年高于东部和全国水平的有：重庆（11.07%）、青海（10.87%）、宁夏（10.50%）；其他省市区均低于10%；广西（9.17%）高

于东部平均水平；四川（8.24%）高于西部平均水平。排名第一的重庆（11.07%）是排名最后甘肃（2.62%）的4.22倍。

表4 西部专用设备制造业资产利润率及与全国和东部比较

单位：%

地区	2010	2011	地区		2010	2011
内蒙古	2.98	2.93	宁夏		10.55	10.50
广西	11.80	9.17	新疆		5.54	8.70
重庆	3.60	11.07	西部	均值	7.63	6.88
四川	7.47	8.24		差距	1.85	2.58
贵州	4.93	4.14	东部	均值	9.03	9.09
云南	7.27	3.87		差距	0.45	0.37
陕西	4.37	3.62	东西部差距		1.40	2.95
甘肃	3.13	2.62	全国均值		9.48	9.46
青海	22.28	10.87				

数据来源：根据2012年《中国工业经济统计年鉴》整理。

ℬ.21
西部农副食品加工业发展分析

一 总资产

（一）西部地区农副食品加工业总资产呈上升趋势，增速低于全国和东部水平，东西部相对差距在缩小，但东部的基数远大于西部，绝对差距在拉大

西部农副食品加工业资产总额由2010年的3126.74亿元上升至2011年的3450.47亿元，增长了10.35%；全国同业资产总额由2010年的16731.35亿元上升至2011年的19725.22亿元，增长了17.89%，高于西部7.54个百分点；东部同业资产总额由2010年的9036.67亿元上升至2011年的10371.06亿元，增长了14.77%，高于西部4.41个百分点。

西部该行业总资产占全国比重很小，且呈现下降趋势，由2010年的18.68%下降至2011年的17.49%，下降了1.20个百分点；而东部所占比重较大，但呈下降趋势，由2010年的54.01%下降至2011年的52.58%，下降了1.43个百分点。东西部相对差距由2010年的西部占比低于东部35.32个百分点缩小至2011年的35.09个百分点，缩小了0.24个百分点。东西部绝对差距进一步拉大，由2010年的5909.93亿元上升至2011年的6920.59亿元，上升了17.10个百分点。

（二）西部农副食品加工业资产总额在各省市区之间的差距很大，其中广西遥遥领先于其他省市区

从西部各省市区的情况来看，广西极为突出，其2011年的资产总额为1114.15亿元，占西部总量的32.29%；排名最后的青海仅为22.40亿元，仅占西部总量的0.65%，广西是其49.74倍。由此可进行ABC分类。

A类（1000亿元以上）：广西（1114.15亿元）；

表1 西部农副食品加工业企业资产总额及与全国和东部比较

单位：亿元，%

地区\年份	2010	2011	地区\年份		2010	2011
内蒙古	416.33	394.61	宁夏		45.42	46.76
广西	935.96	1114.15	新疆		281.16	250.31
重庆	134.66	164.36	西部	总和	3126.74	3450.47
四川	608.13	710.51		占比	18.68	17.49
贵州	35.94	50.31	东部	总和	9036.67	10371.06
云南	230.27	270.32		占比	54.01	52.58
陕西	200.65	224.1	东西部差距		5909.93	6920.59
甘肃	217.71	202.64	全国均值		16731.35	19725.22
青海	20.51	22.4				

数据来源：根据2012年《中国工业经济统计年鉴》整理。

B类（700亿~800亿元）：四川（710.51亿元）；

C类（100亿~400亿元）：内蒙古（394.61亿元）、云南（270.32亿元）、新疆（250.31亿元）、陕西（224.10亿元）、甘肃（202.64亿元）、重庆（164.36亿元）；

D类（100亿元以下）：贵州（50.31亿元）、宁夏（46.76亿元）、青海（22.40亿元）。

从变化情况来看，云南增速较快，由2010年的第五位上升至2011年的第四位；新疆增速出现下滑，因而由第四位降为第五位；陕西由第七位升至第六位，甘肃则由第六位降为第七位；贵州由第十位升至第九位，宁夏则由第九位降为第十位。

二 总产值

（一）西部地区农副食品加工业总产值保持快速增长趋势，增速高于全国和东部水平，东西部相对差距在缩小，但东部基数远大于西部，东西部差距在不断拉大

西部地区农副食品加工业总产值由2010年的5512.7亿元上升至2011年

的7099.09亿元，增长了28.78%；全国同业总产值由2010年的34928.07亿元上升至2011年的44126.10亿元，增长了26.33%，低于西部2.44个百分点；东部同业总产值由2010年的18622.88亿元上升至2011年的21974.12亿元，增长了18.00%，低于西部10.78个百分点。

西部该行业总产值占全国比重很小，但呈上升趋势，由2010年的15.78%上升至2011年的16.09%，上升了0.31个百分点；东部所占比重很大，但呈下降趋势，由2010年的53.31%下降至2011年的49.80%，下降了3.52个百分点。东西部相对差距由2010年的西部占比低于东部37.53个百分点下降至2011年的33.71百分点，缩小了3.82个百分点，但绝对差距进一步拉大，由2010年的13110.18亿元拉大至2011年的14875.03亿元，上升了13.46个百分点。

西部该行业2011年的总产值占比低于总资产占比1.40个百分点，说明西部资产利用效率偏低。农副食品加工业属于传统轻工业，西部在这一行业仍较东部差距大。

表2　西部农副食品加工业总产值及与全国和东部比较

单位：亿元，%

地区\年份	2010	2011	地区\年份		2010	2011
内蒙古	984.98	1269.81	宁夏		50.34	56.42
广西	1125.04	1483.58	新疆		237.17	267.97
重庆	351.56	466.78	西部	总量	5512.7	7099.09
四川	1826.24	2342.85		占比	15.78	16.09
贵州	83.13	126.13	东部	总量	18622.88	21974.12
云南	245.48	300.16		占比	53.31	49.80
陕西	409.50	537.5	东西部差距		13110.18	14875.03
甘肃	176.63	220.4	全国均值		34928.07	44126.1
青海	22.63	27.49				

数据来源：根据2012年《中国工业经济统计年鉴》整理。

（二）西部地区农副食品加工业总产值在各省区市之间差距很大，其中四川遥遥领先于其他省区市

从西部各省市区情况来看，四川极为突出，其2011年该行业总产值为

2342.85亿元，占西部总量的33.00%（四川虽然在资产总额上远低于广西，其总产值却远高于广西，说明四川资产利用效率很高）；排名最后的青海仅为27.49亿元，占西部总量的0.439%，四川是其85.23倍。由此可进行ABC分类。

A类（1000亿元以上）：四川（2342.85亿元）、广西（1483.58亿元）、内蒙古（1269.81亿元）；

B类（100亿~600亿元）：陕西（537.50亿元）、重庆（466.78亿元）、云南（300.16亿元）、新疆（267.97亿元）、甘肃（220.40亿元）、贵州（126.13亿元）；

C类（100亿元以下）：宁夏（56.42亿元）、青海（27.49亿元）。

三 利润总额

（一）西部地区农副食品加工业利润总额总体上呈快速上升趋势，增速高于全国和东部水平，东西部相对差距在缩小，但东部的基数远大于西部，绝对差距仍在拉大

西部地区农副食品加工业利润总额由2010年的407.84亿元上升至2011年的515.50亿元，增长了26.40%；全国同业利润总额由2010年的2343.61亿元上升至2011年的2795.22亿元，增长了19.27%，低于西部7.13个百分点；东部则由2010年的1118.24亿元增长至2011年的1258.20亿元，增长了14.93%，低于西部11.47个百分点。

西部该行业利润总额占全国比重很小，但呈上升趋势，由2010年的17.36%上升至2011年的18.44%，上升了1.04个百分点；东部所占全国比重较大，但出现下降，由2010年的47.71%下降至2011年的45.98%，下降了1.74个百分点。东西部相对差距由2010年的西部占比低于东部30.31个百分点缩小至2011年的27.54个百分点，下降了2.78个百分点；但东西部绝对差距仍在拉大，由2010年的710.40亿元拉大至2011年的769.70亿元，上升了8.35个百分点。

西部地区该行业2010年利润占比分别高于总资产和总产值占比0.95个和2.35个百分点，说明西部地区该行业经营业绩较好。

表3　西部农副食品加工业企业利润总额及与全国和东部比较

单位：亿元，%

地区	2010	2011	地区		2010	2011
内蒙古	74.33	78.23	宁夏		1.92	4.08
广西	124.37	168.85	新疆		13.70	13.86
重庆	23.08	24.99	西部	总量	407.84	515.50
四川	102.00	139.51		占比	17.36	18.44
贵州	4.15	5.52	东部	总量	1118.24	1258.20
云南	32.37	43.72		占比	47.71	45.98
陕西	21.13	27.91	东西部差距		710.4	769.70
甘肃	9.46	8.19	全国均值		2343.61	2795.22
青海	1.33	0.64				

数据来源：根据2012年《中国工业经济统计年鉴》整理。

（二）西部农副食品加工业利润总额在各省市区之间差距很大，其中广西遥遥领先于其他省市区

从西部各省市区的情况来看，广西极为突出，其2011年该行业利润总额为168.85亿元，占西部总量的32.75%；排名最后的青海仅为0.64亿元，仅占西部总量的0.12%，广西是其263.83倍。由此可进行ABC分类。

A类（100亿元以上）：广西（168.85亿元）、四川（139.51亿元）；

B类（70亿~100亿元）：内蒙古（78.23亿元）；

C类（10亿~70亿元）：云南（43.72亿元）、陕西（27.91亿元）、重庆（24.99亿元）、新疆（13.86亿元）；

D类（10亿元以下）：甘肃（8.19亿元）、贵州（5.52亿元）、宁夏（4.08亿元）、青海（0.64亿元）。

从变化情况来看，陕西增速较快，并由2010年的第六位升至2011年的第五位，重庆则由第五位降为第六位。排位总体变化不大。

四 资产利润率

（一）西部地区农副食品加工业资产利润率整体呈上升趋势，营利能力在增强，总体上高于全国和东部水平

西部地区农副食品加工业资产利润率整体呈上升趋势，由2010年的11.01%上升到2011年的11.87%，上升了0.86个百分点；全国同业资产利润率由2010年的14.01%上升至2011年的14.17%，上升了0.16个百分点；东部同业资产利润率由2010年的10.03%下降至2011年的9.75%，下降了0.28个百分点。

西部该行业资产利润率一直低于全国水平，2010年和2011年分别低于全国平均水平3个和2.3个百分点，差距在缩小，但高于东部水平，2010年和2011年分别高于东部0.98个百分点和2.12个百分点，领先幅度拉大。

表4 西部农副食品加工业资产利润率及与全国和东部比较

单位：%

地区\年份	2010	2011	地区\年份		2010	2011
内蒙古	17.85	19.82	青海		6.48	2.86
广西	13.29	15.16	宁夏		4.23	8.73
重庆	17.14	15.20	新疆		4.87	5.54
四川	16.77	19.64	西部	均值	11.01	11.87
贵州	11.55	10.97		差距1	3.00	2.30
云南	14.06	16.17		差距2	-0.98	-2.12
陕西	10.53	12.45	东部均值		10.03	9.75
甘肃	4.35	4.04	全国		14.01	14.17

数据来源：根据2012年《中国工业经济统计年鉴》整理。

（二）西部农副食品加工业资产利润率在各省市区之间存在一定的差距，其中内蒙古遥遥领先于其他省市区

从西部各省市区的情况来看，内蒙古较为突出，其2011年该行业资产利

润率高达 19.82%。2011 年西部各省市区的资产利润率高于全国平均水平的有：内蒙古（19.82%）、四川（19.64%）、云南（16.17%）、重庆（15.20%）、广西（15.16%）；高于东部和西部平均水平的有：陕西（12.45%）；低于西部平均水平的有：贵州（10.97%）、宁夏（8.73%）、新疆（5.54%）、甘肃（4.04%）、青海（2.86%）。除了宁夏、新疆、青海、甘肃外，其他各省市区资产利润率均在 10% 以上。排名第一的内蒙古是排名最后的宁夏的 6.94 倍。总体上看，西部该行业资产利润率很高，资产利用效率高。

₿.22
西部非金属矿物制品业发展分析

一 总资产

（一）西部地区非金属矿物制品业总资产快速上升，增长速度高于全国和东部水平，东西部相对差距在缩小，但东部的基数远大于西部，绝对差距仍在拉大

西部地区非金属矿物制品业总资产由2010年的4870.42亿元上升至2011年的5727.97亿元，增长了17.61%；全国同业总资产由2010年的25567.44亿元上升至2011年的29888.96亿元，增长了16.9%，低于西部0.71个百分点；东部同业总资产由2010年的13891.55亿元上升至2011年的15788.55亿元，增长了13.66%，低于西部3.95个百分点。

西部该行业总资产占全国比重较小，但略有上升，由2010年的19.05%升至2011年的19.16%，上升了0.11个百分点；东部所占比重巨大，但在下降，由2010年的54.33%下降至2011年的52.82%，下降了1.51个百分点。东西部相对差距由2010年西部占比低于东部35.28个百分点下降至2011年的33.66个百分点，下降了1.62个百分点；但绝对差距由2010年的9021.13亿元拉大至2011年的10060.58亿元，上升了11.52个百分点。

（二）西部非金属矿物制品业资产总额在各省市区之间的差距很大，其中四川遥遥领先于其他省市区

从西部各省市区的情况来看，四川极为突出，其2011年该行业总资产达到1567.63亿元，占西部总量的27.37%；排名第二、第三的广西和重庆分别为

表1　西部非金属矿物制品业总资产及与全国和东部水平比较

单位：亿元，%

地区＼年份	2010	2011	地区＼年份		2010	2011
内蒙古	457.95	504.48	宁夏		172.88	200.05
广西	561.2	692.17	新疆		429.55	498.94
重庆	537.86	658.3	西部	总量	4870.42	5727.97
四川	1313.66	1567.63		占比	19.05	19.16
贵州	268.34	317.69	东部	总量	13891.55	15788.55
云南	392.82	441.26		占比	54.33	52.82
陕西	397.28	458.9	东西部差距		9021.13	10060.58
甘肃	245.17	283.23	全国均值		25567.44	29888.96
青海	93.71	105.32				

数据来源：根据2012年《中国工业经济统计年鉴》整理。

692.17亿元和658.3亿元，均不到四川的一半；排名最后的青海仅为105.32亿元，仅占西部总量的1.8%，四川是其14.88倍。由此可进行ABC分类。

A类（1000亿元以上）：四川（1567.63亿元）；

B类（400亿~700亿元）：广西（692.17亿元）、重庆（658.3亿元）、内蒙古（504.48亿元）、新疆（498.94亿元）、陕西（458.9亿元）、云南（441.26亿元）；

C类（400亿元以下）：贵州（317.69亿元）、甘肃（283.23亿元）、宁夏（200.05亿元）、青海（105.32亿元）。

二　总产值

（一）西部地区非金属矿物制品业总产值呈快速上升趋势，增长速度远高于全国和东部水平，东西部相对差距在缩小，但东部的基数远大于西部，绝对差距仍在拉大

西部地区非金属矿物制品业总产值由2010年的4694.18亿元上升至2011年的6097.33亿元，增长了29.89%；全国同业总产值由2010年的32057.26

亿元上升至2011年的40180.26亿元，增长了22.55%，低于西部7.34个百分点；东部同业总产值由2010年的17942.53亿元上升至2011年的21080.72亿元，增长了17.49%，低于西部12.4个百分点。

西部该行业总产值占全国比重很小，但在上升，由2010年的14.64%上升至2011年的15.52%，上升了0.88个百分点；东部所占比重巨大，但在下降，由2010年的55.97%下降至2011年的53.66%，下降了2.32个百分点。东西部相对差距由2010年的41.33%下降至2011年的38.14%，下降了3.19个百分点；但绝对差距在拉大，由2010年的13248.35亿元拉大至2011年的14982.76亿元，上升了13.1个百分点。

西部该行业2010年总产值占比低于总资产占比3.64个百分点，说明西部资产利用效率偏低。

表2 西部非金属矿物制品业总产值及与全国和东部比较

单位：亿元，%

地区 \ 年份	2010	2011	地区 \ 年份		2010	2011
内蒙古	558.7	685.87	宁夏		107.35	110.32
广西	607.07	843.82	新疆		205.18	272.12
重庆	459.37	608.29	西部	总量	4694.18	6097.33
四川	1679.81	2198.97		占比	14.64	15.52
贵州	182.22	273.54	东部	总量	17942.53	21080.09
云南	244.73	287.83		占比	55.97	53.66
陕西	411.81	537.9	东西部差距		13248.35	14982.76
甘肃	169.07	207.01	全国均值		32057.26	40180.26
青海	68.87	71.66				

数据来源：根据2012年《中国工业经济统计年鉴》整理。

（二）西部非金属矿物制品业工业总产值在各省市区之间的差距很大，其中四川遥遥领先于其他省市区

从西部各省市区的情况来看，四川极为突出，其2011年该行业总产值为2198.97亿元，占西部总量的36.06%（高出总资产占比8.69个百分点，说明其增长集约化程度好于其他省市区）；排名第二的广西为843.82亿元，不到四

川的一半；排名最后的青海仅为71.66亿元，仅占西部总量的3.25%，四川是其30.69倍。由此可进行ABC分类。

A类（2000亿元以上）：四川（2198.97亿元）；

B类（500亿~900亿）：广西（843.82亿元）、内蒙古（685.87亿元）、重庆（608.29亿元）、陕西（537.9亿元）；

C类（100亿~300亿元）：云南（287.83亿元）、新疆（272.12亿元）、贵州（273.54亿元）、甘肃（207.01亿元）；宁夏（110.32亿元）；

D类（100亿元以下）：青海（71.66亿元）。

三 利润总额

（一）西部地区非金属矿物制品业利润总额快速上升，但增长速度远低于全国和东部水平，东西部相对差距在缩小，但东部基数远大于西部，绝对差距大幅度拉大

西部地区非金属矿物制品业利润总额快速上升，由2010年的413.9亿元上升至2011年的467.75亿元，增长了13.01%；全国同业利润总额由2010年的2858.59亿元上升至2011年的3587.25亿元，增长了25.49%，高于西部12.48个百分点；东部则由2010年的1503.77亿元上升至2011年的1798.23亿元，增长了19.58%，高于西部6.57个百分点。

西部该行业利润总额占全国比重较小，且在下降，由2010年的14.48%下降至2011年的13.04%，下降了1.44个百分点；东部所占全国比重较高，但在下降，由2010年的52.61%下降至2011年的50.13%，下降了1.57个百分点。东西部相对差距由2010年西部占比低于东部38.13个百分点缩小至2011年的37.09个百分点，缩小了1.04个百分点；但绝对差距仍在大幅度拉大，由2010年的1089.87亿元拉大至2011年的1330.48亿元，上升了22.08个百分点。

西部2011年利润总额占比分别低于其总资产占比3.46个百分点，低于总产值占比2.48个百分点，说明西部该行业经营业绩、资产利用效率尚有待提高。

表3　西部非金属矿物制品业利润总额及与全国和东部比较

单位：亿元，%

地区	年份	2010	2011	与上年比较
内蒙古		48.7	54.26	上升
广西		66.8	89.33	上升
重庆		33.51	41.75	上升
四川		125.91	147.7	上升
贵州		6.14	8.34	上升
云南		17.92	16.51	下降
陕西		47.68	44.01	下降
甘肃		16.68	16.52	下降
青海		7.39	5.89	下降
宁夏		12.57	9.11	下降
新疆		30.6	34.33	上升
西部	总量	413.9	467.75	上升
	占比	14.48	13.04	下降
东部	总量	1503.77	1798.23	上升
	占比	52.61	50.13	下降
东西部差距		1089.87	1330.48	扩大
全国均值		2858.59	3587.25	上升

数据来源：根据2012年《中国工业经济统计年鉴》整理。

（二）西部非金属矿物制品业利润总额在各省市区之间有一定的差距，其中四川遥遥领先于其他省市区

从西部各省市区的情况来看，四川较为突出，其2011年该行业利润总额为147.7亿元，占西部总量的31.58%（分别高于总资产占比4.21个百分点、低于总产值占比4.48个百分点）；排名最后的贵州仅为8.34亿元，仅占西部总量的1.78%，四川是其17.71倍。由此可进行ABC分类。

A类（100亿元以上）：四川（147.7亿元）；

B类（10亿~90亿元）：广西（89.33亿元）、内蒙古（54.26亿元）、陕西（44.01亿元）、重庆（41.75亿元）、新疆（34.33亿元）、甘肃（16.52亿元）、云南（16.51亿元）；

C类（10亿元以下）：宁夏（9.11亿元）、贵州（8.34亿元）、青海（5.89亿元）。

从变化情况来看，甘肃由2010年的第八位上升至2011年的第七位，云南由第七位降为第八位；贵州由第十一位升至第十位，青海则由第十位降为第十一位。2011年云南、陕西、甘肃、青海、宁夏五省区利润总额下降，其他省区市利润总额增长。

四 资产利润率

（一）西部地区非金属矿物制品业资产利润率下降，并低于全国和东部水平

西部地区非金属矿物制品业资产利润率由2010年的8.17%下降至2011年的7.11%，下降了1.01个百分点；全国同业资产利润率由2010年的11.18%上升至2011年的12%，上升了0.82个百分点；东部同业资产利润率由2010年的9.72%上升至2011年的11.39%，上升了1.67个百分点。

西部该行业资产利润率一直低于全国和东部水平，分别由2010年低于全国和东部的3.01个和1.55个百分点转变为2011年的4.89个和4.28个百分点，差距拉大。

表4 西部非金属矿物制品业资产利润率及与全国和东部比较

单位：%

地区	2010	2011	地区		2010	2011
内蒙古	10.63	10.76	青海		7.89	5.59
广西	11.9	12.91	宁夏		7.27	4.55
重庆	6.23	6.34	新疆		7.12	6.88
四川	9.58	9.42	西部	均值	8.17	7.11
贵州	2.29	2.63		差距1	3.01	4.89
云南	4.56	3.74		差距2	1.55	4.28
陕西	12	9.59	东部均值		9.72	11.39
甘肃	6.8	5.83	全国均值		11.18	12

数据来源：根据2012年《中国工业经济统计年鉴》整理。

（二）西部非金属矿物制品业资产利润率在各省市区之间的差距很大，其中广西较为突出

从西部各省市区的情况来看，广西较为突出，其 2011 年的该行业资产利润率为 12.91%，高于全国平均水平；高于西部平均水平、低于东部水平的有：内蒙古（10.06%）、陕西（9.59%）、四川（9.42%）；其他省市区指标偏低。排名第一的广西（12.91%）是排名最后的贵州（2.63%）的 4.91 倍。

B.23
西部饮料制造业发展分析

一 总资产

（一）西部地区饮料制造业的总资产快速上升，增长速度远高于全国和东部水平，东西部相对差距和绝对差距均在缩小

西部地区饮料制造业的总资产由2010年的2520.08亿元上升至2011年的3159.78亿元，增长了25.38%；全国同业总资产由2010年的7852.83亿元上升至2011年的9441.18亿元，增长了20.23%，低于西部5.15个百分点；东部同业总资产由2010年的3466.34亿元上升至2011年的3853.14亿元，增长了11.16%，低于西部14.22个百分点。

西部该行业总资产占全国比重较小，但在快速上升，由2010年的31.86%上升至2011年的33.47%，上升了1.61个百分点；东部所占比重较大，但在下降，由2010年的44.14%下降至2011年的40.81%，下降了3.33个百分点，与西部基本持平；东西部相对差距由2010年东部占比高于西部12.28个百分点降至2011年的0.57个百分点，下降了11.71个百分点；东西部绝对差距也在缩小，由2010年的946.26亿元缩小至2011年的693.36亿元，下降了26.73个百分点。

由以上发展趋势来看，2012年西部地区饮料制造业的总资产有望赶超东部地区。

（二）西部饮料制造业资产总额在各省市区之间的差距很大，其中四川遥遥领先于其他省市区

从西部各省市区的情况来看，四川极为突出，其2011年该行业总资产为1493.21亿元，占西部总量的47.26%；排名第二的贵州为558.88亿元，不到四川的一半；排名最后的青海仅为27.43亿元，仅占西部总量的1.83%，四

西部饮料制造业发展分析

表1　西部饮料业总资产及与全国和东部比较

单位：亿元，%

地区	2010	2011	地区		2010	2011
内蒙古	150.47	158.99	宁夏		37.05	37.95
广西	131.64	203.19	新疆		89.84	97.76
重庆	100.61	97.86	西部	总量	2520.08	3159.78
四川	1110.83	1493.21		占比	31.86	33.47
贵州	419.71	558.88	东部	总量	3466.34	3853.14
云南	134.76	158.68		占比	44.14	40.81
陕西	194.59	206.78	东西部差距		946.26	693.36
甘肃	113.72	119.05	全国均值		7852.83	9441.18
青海	18.86	27.43				

数据来源：根据2012年《中国工业经济统计年鉴》整理。

川是其54.44倍。由此可进行ABC分类。

A类（1000亿元以上）：四川（1493.21亿元）；

B类（500亿~600亿元）：贵州（558.88亿元）；

C类（100亿~300亿元）：陕西（206.78亿元）、广西（203.19亿元）、内蒙古（158.99亿元）、云南（158.68亿元）、甘肃（119.05亿元）；

D类（100亿元以下）：重庆（97.86亿元）、新疆（97.76亿元）、宁夏（37.95亿元）、青海（27.43亿元）。

从变化情况来看，广西增速较快，其2011年的增长率高达54.35%，并由2010年的第六位升至2011年的第四位，内蒙古、云南则分别由第四、第五位降为第五、第六位。

二　总产值

（一）西部地区饮料制造业总产值快速增长，增速远高于全国和东部水平，东西部相对差距大幅度缩小，但东部的基数大于西部，绝对差距略有拉大

西部地区饮料制造业总产值由2010年的2546.25亿元上升至2011年的

3434.59亿元,增长了34.89%;全国同业总产值由2010年的9152.62亿元上升至2011年的11834.84亿元,增长了29.25%,低于西部5.64个百分点;东部同业总产值由2010年的4025.37亿元上升至2011年的4931.19亿元,增长了22.50%,低于西部12.39个百分点。

西部该行业总产值占全国比重较小,但在上升,由2010年的27.81%上升至2011年的29.02%,上升了1.21个百分点;东部所占比重较大,但在下降,由2010年的43.98%下降至2011年的41.67%,下降了2.31个百分点。东西部相对差距由2010年东部占比高于西部16.17个百分点下降至2011年的12.65个百分点,下降了3.52个百分点,但由于东部基数远大于西部,东西部绝对差距仍在拉大,由2010年的1479.12亿元拉大至2011年的1366.66亿元,上升了1.18个百分点,绝对差距拉大的幅度已经很小。

按上述发展趋势,西部有望在2012年赶超东部。

西部该行业2011年总产值占比低于总资产占比6.24个百分点,说明西部该行业资产利用效率偏低。

表2 西部饮料制造业总产值及与全国和东部比较

单位:亿元,%

地区\年份	2010	2011	地区\年份		2010	2011
内蒙古	185.38	225.76	宁夏		21.41	24.64
广西	198.67	285.47	新疆		64.81	75.32
重庆	110.16	120.73	西部	总量	2546.25	3434.59
四川	1340.84	1884.6		占比	27.81	29.02
贵州	227.04	323.89	东部	总量	4025.37	4931.19
云南	97.12	117.85		占比	43.98	41.67
陕西	201.53	256.46	东西部差距		1479.12	1366.66
甘肃	83.35	101.16	全国均值		9152.62	11834.84
青海	15.94	18.71				

数据来源:根据2012年《中国工业经济统计年鉴》整理。

(二)西部饮料制造业总产值在各省市区之间的差距很大,其中四川遥遥领先于其他省市区

从西部各省市区的情况来看,四川极为突出,其2011年该行业总产值为

1884.6亿元，占西部总量的54.87%（高于总资产占比7.61个百分点，说明四川该行业增长的集约化程度高于其他省市区）；排名第二、第三的分别是贵州和广西，分别为323.89亿元和285.47亿元，均不到四川的1/5。排名最后的青海仅为18.71亿元，仅占西部总量的0.54%，四川是其100.73倍；由此可进行ABC分类。

A类（1000亿元以上）：四川（1884.6亿元）；

B类（200亿~400亿元）：贵州（323.89亿元）、广西（285.47亿元）、陕西（256.46亿元）、内蒙古（225.76亿元）；

C类（100亿~200亿元）：重庆（120.73亿元）、云南（117.85亿元）、甘肃（101.16亿元）；

D类（100亿元以下）：新疆（75.32亿元）、宁夏（24.64亿元）、青海（18.71亿元）。

从变化情况来看，广西增速较快，其2011年的增长率达到43.69%，并由2010年的第四位升至2011年的第三位；陕西则由第三位降为第四位。

三 利润总额

（一）西部地区饮料制造业利润总额总体上呈快速上升趋势，增速高于全国和东部水平，并在2010年赶超东部

西部地区饮料制造业的利润总额总体上由2011年的382.1亿元上升至2011年的531.53亿元，增长了39.11%，已经超越东部；全国同业利润总额由2010年的991.33亿元上升至2011年的1315.37亿元，增长了32.69%，低于西部6.42个百分点；东部同业利润总额由2010年的357.11亿元上升至2011年的475.21亿元，增长了33.07%，低于西部6.04个百分点。

西部该行业利润总额占全国比重快速上升，由2010年的38.54%上升至2011年的40.41%，上升了1.87个百分点；东部所占比重略有上升，由2010年的36.02%上升至2011年的36.13%，上升了0.11个百分点。西部利润指

标全面超越东部，二者相对差距由2010年的西部高于东部2.52个百分点上升至2011年的4.28个百分点，领先优势上升了1.76个百分点；西部的绝对优势由2006年的25亿元上升至2011年的56.32亿元。

2011年，西部该行业利润占比分别高于总资产和总产值6.94个和11.39个百分点，因此从利润的角度来看，西部资产利用效率尚可，经济效益相对较好。

表3 西部饮料制造业利润总额及与全国和东部比较

单位：亿元，%

地区\年份	2010	2011	地区\年份		2010	2011
内蒙古	17.34	21.35	宁夏		2.08	3.61
广西	28.03	34.94	新疆		11.44	11.26
重庆	9.31	9.56	西部	总量	382.1	531.53
四川	189.12	253.9		占比	38.54	40.41
贵州	91.24	141.84	东部	总量	357.1	475.21
云南	11.93	13.26		占比	36.02	36.13
陕西	17.4	26.63	东西部差距		-25	-56.32
甘肃	4.98	4.94	全国均值		991.33	1315.37
青海	-0.77	0.24				

数据来源：根据2012年《中国工业经济统计年鉴》整理。

（二）西部饮料制造业利润总额在各省市区之间的差距很大，其中四川遥遥领先于其他省市区

从西部各省市区的情况来看，四川极为突出，其2011年该行业利润总额为253.9亿元，占西部总量的47.77%；排名最后的青海为0.24亿元，仅占西部总量的0.05%，四川是其1058倍。由此可进行ABC分类。

A类（200亿元以上）：四川（253.9亿元）；

B类（100亿~200亿元）：贵州（141.84亿元）；

C类（10亿~40亿元）：广西（34.94亿元）、陕西（26.63亿元）、内蒙古（21.35亿元）、云南（13.26亿元）、新疆（11.26亿元）；

D类（10亿元以下）：重庆（9.56亿元）、甘肃（4.94亿元）、宁夏（3.61亿元）、青海（0.24亿元）。

青海2011年扭亏为盈。

四 资产利润率

（一）西部地区饮料制造业资产利润率呈现波动上升趋势，总体上高于东部水平，略低于全国水平

西部地区饮料制造业资产利润率由2010年的10.66%上升至2011年的16.82%，上升了6.16个百分点；全国同业资产利润率由2010年的12.62%上升至2011年的13.93%，上升了1.31个百分点。东部地区同业资产利润率由2010年的9.70%上升至2011年的12.33%，上升了2.63个百分点。

2011年西部地区饮料制造业资产利润率呈现波动上升趋势，总体上高于东部水平，略低于全国水平，领先优势在扩大。

表4 西部饮料制造业资产利润率及与全国和东部比较

单位：%

地区\年份	2010	2011	地区\年份		2010	2011
内蒙古	11.52	13.43	青海		-4.08	0.87
广西	21.29	17.2	宁夏		5.61	9.51
重庆	9.25	9.77	新疆		12.73	11.52
四川	17.03	17	西部	均值	10.66	16.82
贵州	21.74	25.38		差距1	1.96	-2.89
云南	8.85	8.36		差距2	-0.96	-4.49
陕西	8.94	12.88	东部均值		9.7	12.33
甘肃	4.38	4.15	全国		12.62	13.93

数据来源：根据2012年《中国工业经济统计年鉴》整理。

（二）西部饮料制造业资产利润率在各省市区之间有一定的差距，其中贵州最为突出

从西部各省市区的情况来看，贵州最为突出，其2011年的资产利润率高达25.38%；高于西部平均水平的有：贵州（25.38%）、广西（17.2%）、四川（17%）；高于10%的有：新疆（11.52%）、内蒙古（13.43%）、陕西（12.88%）；重庆（9.77%）、宁夏（9.51%）、云南（8.36%）尚可，甘肃（4.15%）、青海（0.87%）偏低。

B.24
西部石油加工及炼焦加工业发展分析

一 总资产

（一）西部地区石油加工及炼焦加工业资产总额呈快速上升趋势，其增长速度略高于全国但稍低于东部，与东部的相对差距在缩小，但绝对差距仍在拉大

西部石油加工及炼焦加工业资产总额由2010年的4160.24亿元上升至2011年的5067.18亿元，突破5000亿元大关，较2010年增长了21.8%；全国同业资产总额由2010年的15669.15亿元上升至2011年的18870.47亿元，增长了20.4%，低于西部1.4个百分点；东部同业资产总额由2010年的7750.11亿元上升至2011年的9278.5亿元，增长了25.53%，高于西部3.7个百分点。

西部该行业总资产所占全国比重较小，其处于上升趋势，由2010年的26.55%上升至2011年的26.85%，上升了0.3个百分点；东部所占比重巨大，但呈下降趋势，由2010年的49.46%下降至2011年的49.17%，下降了0.29个百分点。东西部相对差距不断缩小，由2010年西部占比低于东部22.91个百分点下降至2011年的22.32个百分点，缩小了0.59个百分点。但绝对差距仍在继续扩大，由2010年的3589.87亿元扩大至2011年的4211.32亿元，上升了17.31个百分点。

（二）西部地区石油加工及炼焦加工业资产总额在各省市区之间的差距很大，其中陕西最为突出

从西部各省市区情况来看，陕西最为突出，其2011年该行业总资产为1674.24亿元，占西部总量的33.04%；排名最后的重庆仅为31.56亿元，仅占西部总量的0.62%，陕西是其53.05倍。由此可进行ABC分类。

A类（1000亿以上）：陕西（1674.24亿元）；

B类（500亿~800亿元）：新疆（882.53亿元）、内蒙古（640.39亿元）、

表1 西部石油加工及炼焦加工业资产总额及与全国和东部比较

单位：亿元，%

地区\年份	2010	2011	地区\年份		2010	2011
内蒙古	419.73	640.39	宁夏		292.88	406.05
广西	306.22	298.91	新疆		760.32	882.53
重庆	23.78	31.56	西部	总量	4160.24	5067.18
四川	264.20	200.93		占比	26.55	26.85
贵州	72.55	46.57	东部	总量	7750.11	9278.5
云南	234.72	282.59		占比	49.46	49.17
陕西	1290.84	1674.24	东西部差距		3589.87	4211.32
甘肃	461.18	547.83	全国均值		15669.15	18870.47
青海	33.82	55.58				

数据来源：根据2012年《中国工业经济统计年鉴》整理。

甘肃（547.83亿元）；

C类（200亿~500亿元）：宁夏（406.05亿元）、广西（298.91亿元）、云南（282.59亿元）

四川（200.93亿元）；

D类（100亿元以下）：青海（55.58亿元）、贵州（46.57亿元）、重庆（31.56亿元）。

从变化来看，内蒙古增速迅猛，其2011年增长率达到52.57%，从而由2010年的第四位上升至2011年的第三位，甘肃则由第三位降为第四位；宁夏由第六位升至第五位，广西由第五位降为第六位；云南由第八位升至第七位，四川则由第七位降为第八位；青海由第十位升至第九位，贵州则由第九位降为第十位。

二 总产值

（一）西部地区石油加工及炼焦加工业总产值快速增长，增速高于全国和东部，东西部相对差距在缩小，但东部基数远大于西部，绝对差距仍在扩大

西部石油加工及炼焦加工业总产值2011年实现跨越式增长，直接由2010

年的5033.8亿元越过6000亿元台阶,达到6758.86亿元,较上年增长了30.69%;全国同业总产值由2010年的29238.79亿元上升至2011年的36889.17亿元,增长了26.17%,低于西部4.52个百分点;东部同业总产值由2010年的18108.33亿元上升至2011年的22749.67亿元,增长了25.63%,低于西部5.06个百分点。

西部该行业总产值所占全国比重很低,但增长速度远远快于东部,其占比处于上升趋势,由2010年的17.21%上升至2011年的18.32%,上升了1.11个百分点;东部所占比重巨大,但呈下降趋势,由2010年的61.93%下降至2011年的61.67%,下降了0.26个百分点。东西部相对差距在缩小,由2010年的西部占比低于东部44.72个百分点缩小至2011年的43.35个百分点,缩小了1.37个百分点;但绝对差距仍在继续扩大,由2010年的13074.53亿元拉大至2011年的15990.81亿元,上升了22.31个百分点。

西部该行业2011年总产值占比低于总资产占比8.53个百分点,说明西部资产利用效率偏低。

表2 西部石油加工及炼焦加工业总产值及与全国和东部比较

单位:亿元,%

地区\年份	2010	2011	地区\年份		2010	2011
内蒙古	379.45	536.05	宁夏		217.90	193.74
广西	257.80	672.27	新疆		1245.08	1572.00
重庆	40.61	50.47	西部	总和	5033.8	6758.86
四川	427.03	488.21		占比	17.21	18.32
贵州	67.18	75.98	东部	总和	18108.33	22749.67
云南	211.51	252.60		占比	61.93	61.67
陕西	1267.62	1662.75	东西部差距		13074.53	15990.81
甘肃	898.94	1198.09	全国均值		29238.79	36889.17
青海	20.68	56.70				

(二)西部地区石油加工及炼焦加工业总产值在各省市区之间的差距很大,其中陕西、新疆遥遥领先于其他省市区

从西部各省市区情况来看,陕西、新疆极为突出,二省区2011年该行业总

产值分别为1662.7亿元和1572亿元,分别占西部总量的24%和23.26%,二者之和占西部总量的47.26%,将近西部总量的一半;排名最后的重庆仅为50.47亿元,仅占西部总量的0.75%,陕西是其32.94倍。由此可进行ABC分类。

A类(1000亿元以上):陕西(1662.7亿元)、新疆(1572亿元)、甘肃(1198.09亿元);

B类(500亿~1000亿元):广西(672.27亿元)、内蒙古(536.05亿元);

C类(100亿~500亿元):四川(488.21亿元)、云南(252.6亿元)、宁夏(193.74亿元);

D类(100亿元以下):贵州(75.98亿元)、青海(56.7亿元)、重庆(50.47亿元)。

从变化情况来看,广西增速迅猛,2011年增长率达到160.77%,并由2010年的第六位跃升至2011年的第四位,四川则由第四位降为第六位;云南由第八位升至第七位,宁夏则由第七位降为第八位;青海亦增速迅猛,其2011年的增长率达到174.18%,并由第十一位上升至第十位,重庆则由第十位降为第十一位。

三 利润总额

(一)西部地区石油加工及炼焦加工业利润总额增长出现大幅度下降,但降幅远低于全国和东部,因此东西部相对差距和绝对差距均在缩小

从全国总体形势来看,石油加工及炼焦加工业的经营状况出现大幅度下滑,利润大幅度下降。西部地区该行业利润总额由2010年的289.04亿元下降至2011年的143.1亿元,下降了50.49%;全国同业利润总额由2010年的1221.1亿元下降至2011年的423.10亿元,下降了65.35%;东部同业利润总额由2010年的719.42亿元下降至2011年的193.42亿元,下降了73.11%。全国范围的利润下降原因主要来自石油价格的大幅度波动。

西部该行业利润总额所占全国比重较低,但呈上升趋势,由2010年的23.67%上升至2011年的33.82%,上升了10.15个百分点;东部所占比重较

大，但呈下降趋势，由 2010 年的 58.92% 下降至 2011 年的 45.71%，西部与东部的相对差距在下降，由 2010 年低于东部 35.25 个百分点下降至 2011 年的 11.89 个百分点，缩小了 23.36 个百分点；绝对差距也大幅度下降，由 2010 年的 430.38 亿元缩小至 2011 年的 50.32 亿元。

西部 2011 年利润总额占比高于总资产占比 6.97 个百分点，高于总产值占比 15.5 个百分点，说明西部的相对经营业绩较为理想。

表3　西部石油加工及炼焦加工业利润总额及与全国和东部比较

单位：亿元

地区	年份	2010	2011	与上年比较
	内蒙古	13.76	34.42	上升
	广西	-3.18	-45.95	下降
	重庆	3.45	4.23	上升
	四川	25.35	40.09	上升
	贵州	3.34	2.9	下降
	云南	10.33	15.19	上升
	陕西	167.02	212.97	上升
	甘肃	0.64	-64.63	下降
	青海	3.77	8.7	上升
	宁夏	4.53	10.56	上升
	新疆	60.03	-75.38	下降
西部	总和	289.04	143.1	下降
	占比	23.67	33.82	上升
东部	总和	719.42	193.42	下降
	占比	58.92	45.71	下降
东西部差距		430.38	50.32	缩小
全国均值		1221.1	423.10	下降

（二）西部石油加工及炼焦加工业利润总额在各省市区之间差距很大，其中陕西遥遥领先于其他省市区

从西部各省市区情况来看，陕西最为突出，其 2011 年该行业利润总额达到 212.97 亿元，比西部总量多 69.87 亿元；而新疆则出现亏损（-75.38 亿元），亏损最多。由此可进行 ABC 分类。

A 类（100 亿元以上）：陕西（212.97 亿元）；

B 类（10 亿~70 亿元）：四川（40.09 亿元）、内蒙古（34.42 亿元）、云南（15.19 亿元）、宁夏（10.56 亿元）；

C 类（1 亿~10 亿元）：青海（8.7 亿元）、重庆（4.23 亿元）、贵州（2.9 亿元）；

D 类（亏损）：广西（-45.95 亿元）、甘肃（-64.63 亿元）、新疆（-75.38 亿元）。

从变化情况来看，2011 年西部地区在总体上利润大幅度下滑，特别是主产区新疆下滑得非常大。从各省区市的情况来看，内蒙古、重庆、四川、云南、陕西、青海、宁夏利润上升，其他省区利润下降。四川、内蒙古、云南、宁夏、青海、重庆、贵州排位均上升一位，新疆则由第二位降为第十一位，广西由第十一位升至第九位。

四 资产利润率

（一）西部地区石油加工及炼焦加工业资产利润率出现下降，但降幅低于全国和东部水平，因而指标值高于全国和东部水平

西部地区石油加工及炼焦加工业资产利润率由 2010 年的 6.27% 下降至 2011 年的 4.15%，下降了 2.12 个百分点；全国指标由 2010 年的 7.79% 下降至 2011 年的 2.24%，下降了 5.55 个百分点；东部指标由 2010 年的 10.41% 下降至 2011 年的 1.96%，下降了 8.45 个百分点。

2010 年西部资产利润率分别低于全国和东部 1.52% 和 4.13%，而在 2011 年西部则分别高于全国和东部 1.91% 和 2.19%。这是由于全国和东部指标大幅度下降所致。

（二）西部地区石油加工及炼焦加工业资产利润率在各省市区之间有一定的差距，其中四川较为突出

从西部各省市区情况来看，四川最为突出，其 2011 年该行业资产利润率

表4 西部石油加工及炼焦加工业资产利润率及与全国和东部比较

单位：%

地区\年份	2010	2011	地区\年份		2010	2011
内蒙古	3.28	5.37	青海		11.15	15.65
广西	-1.04	-15.37	宁夏		1.55	2.60
重庆	14.51	13.40	新疆		7.90	-8.54
四川	9.60	19.95	西部	均值	6.27	4.15
贵州	4.60	6.23		差距1	1.52	-1.91
云南	4.40	5.38		差距2	4.13	-2.19
陕西	12.94	12.72	东部均值		10.41	1.96
甘肃	0.14	-11.80	全国均值		7.79	2.24

高达19.95%。2011年西部地区高于10%的有：四川（19.95%）、青海（15.65%）、重庆（13.40%）、陕西（12.72%），贵州（6.23%）、云南（5.38%）、内蒙古（5.37%）高于西部平均水平，宁夏（2.6%）高于全国和东部平均水平；其他省区指标值均为负值。

行业篇（下）
——高技术产业

Industries（Second）—Hi-Tech Industries

B.25
西部地区高技术产业发展总体分析

一 总资产

（一）西部地区高技术产业总资产呈快速增长趋势，增速高于全国和东部水平，东西部相对差距在缩小，但东部的基数远大于西部，绝对差距仍在拉大

西部地区高新技术产业总资产由2010年的5531.6亿元上升至2011年的6849.2亿元，增长了23.82%；全国同业总资产由2010年的57413.2亿元上升至2011年的64911.2亿元，增长了13.06%，低于西部10.76个百分点；东部同业总资产由2010年的45465.5亿元上升至2011年的49980.1亿元，增长了9.93%，低于西部13.89个百分点。

西部该行业总资产占全国比重较小，但呈上升趋势，由2010年的9.63%上升至2011年的10.55%，上升了0.92个百分点；东部所占比重较大，但呈

下降趋势，由2010年的79.19%下降至2011年的77%，下降了2.19个百分点。东西部相对差距由2010年的东部占比高于西部69.56个百分点下降至2011年的66.45个百分点，下降了3.11个百分点，但由于东部基数远大于西部，东西部绝对差距仍在拉大，由2010年的39933.9亿元扩大至2011年的43130.9亿元，上升了8.01个百分点。

表1 西部高技术产业总资产及与全国和东部比较

单位：亿元，%

地区 \ 年份	2010	2011	地区 \ 年份		2010	2011
内蒙古	183.4	252.7	宁夏		55.7	59.9
广西	317.8	389.8	新疆		60.7	96.6
重庆	511.6	717.9	西部	总量	5531.6	6849.2
四川	2124.6	2705.2		占比	9.63	10.55
贵州	409.3	410.6	东部	总量	45465.5	49980.1
云南	241.2	1623.9		占比	79.19	77
陕西	1434	1623.9	东西部差距		39933.9	43130.9
甘肃	161.2	218.9	全国均值		57413.2	64911.2
青海	32.1	63.2				

数据来源：根据2012年《中国高技术产业统计年鉴》整理。

（二）西部高技术产业总资产在各省市区之间的差距很大，其中四川遥遥领先于其他省市区

西部该行业总资产在各省市区之间的差距很大，资产主要集中在四川，其2011年总资产达到2705.2亿元，占西部总量的39.50%；排名最后的青海仅为59.9亿元，仅占西部总量的0.88%，四川是其45.16倍。由此可进行ABC分类。

A类（2000亿元以上）：四川（2705.2亿元）；

B类（1000亿~2000亿元）：陕西（1623.9亿元）；

C类（300亿~800亿元）：重庆（717.9亿元）、贵州（410.6亿元）、广西（389.8亿元）、云南（310.5亿元）；

D类（100亿~300亿元）：内蒙古（252.7亿元）、甘肃（218.9亿元）；

E类（100亿元以下）：新疆（96.6亿元）、青海（63.2亿元）、宁夏（59.9亿元）。

从变化情况来看，青海增速迅猛，2011年的增长率达到96.88%，并由第十一位上升至第十位，宁夏则从第十位降为第十一位。

二 总产值

（一）西部地区高技术产业总产值呈快速增长趋势，增速远高于全国和东部水平，东西部相对差距在缩小，但东部的基数远大于西部，绝对差距仍在拉大

西部地区高新技术产业总产值由2010年的4862.8亿元上升至2011年的7160.4亿元，增长了47.25%；全国同业总产值由2010年的74708.9亿元上升至2011年的88433.9亿元，增长了18.37%，低于西部28.88个百分点；东部同业总产值由2010年的63228.5亿元上升至2011年的71504.7亿元，增长了13.09%，低于西部34.16个百分点。

表2 西部高技术产业总产值及与全国和东部比较

单位：亿元，%

地区 \ 年份	2010	2011	地区 \ 年份		2010	2011
内蒙古	234.7	326.2	宁夏		35.9	45.1
广西	432.4	615.8	新疆		28.5	33.6
重庆	531.5	1160.3	西部	总和	4862.8	7160.4
四川	2145.3	3221.4		占比	6.51	8.10
贵州	322.5	369.9	东部	总和	63228.5	71504.7
云南	169.4	201.4		占比	84.63	80.86
陕西	858.4	1060.4	东西部差距		58365.7	64344.3
甘肃	80.9	95.6	全国均值		74708.9	88433.9
青海	23.3	30.7				

数据来源：根据2012年《中国高技术产业统计年鉴》整理。

西部该行业总产值占全国比重非常小，但呈上升趋势，由2010年的6.51%上升至2011年的最高点8.1%，上升了1.59个百分点；东部所占比重较大，但下降了，由2010年的84.63%下降至2011年的80.86%，下降了3.77个百分点。东西部相对差距由2010年的东部占比高于西部78.12个百分点下降至2011年的72.76个百分点，下降了5.36个百分点，但由于东部基数远大于西部，东西部绝对差距仍在拉大，由2010年的58365.7亿元扩大至2011年的64344.3亿元，上升了10.24个百分点。

从整体来看，全国高技术产业的增长速度偏低。西部高技术产业2011年总产值占比低于总资产占比2.45个百分点，说明西部高技术产业资产利用效率偏低。

（二）西部高技术产业总产值在各省市区之间的差距很大，其中四川遥遥领先于其他省市区

从西部各省市区的情况来看，四川极为突出，其2011年高技术产业总产值为3221.4亿元，占西部总量的44.99%；排名第二、第三的分别是重庆和陕西，分别为1160.3亿元和1060.4亿元，均不到四川的1/2。排名最后的青海仅为30.7亿元，仅占西部总量的0.43%，四川是其105倍；由此可进行ABC分类。

A类（3000亿元以上）：四川（3221.4亿元）；

B类（1000亿~2000亿元）：重庆（1160.3亿元）、陕西（1060.4亿元）；

C类（300亿~600亿元）：广西（615.8亿元）、贵州（369.9亿元）、内蒙古（326.2亿元）；

D类（100亿~300亿元）：云南（201.4亿元）；

E类（100亿元以下）：甘肃（95.6亿元）、宁夏（45.1亿元）、新疆（33.6亿元）、青海（30.7亿元）。

从变化情况来看，重庆增速迅猛，由2010年的531.5亿元直接跃过1000亿元大关，达到1160.3亿元，增长了118.31%，由第三位升至第二位，陕西则由第二位降为第三位；宁夏由第十位升至第九位，新疆则由第九位降为第十位。

三 利润总额

（一）西部地区高技术产业利润总额呈快速上升趋势，增速远高于全国和东部水平，东西部相对差距在缩小，虽然东部基数远高于西部，但绝对差距有缩小态势

西部地区高新技术产业的利润总额从2010年的416.4亿元上升至2011年的524亿元，突破500亿元大关，增长了25.84%；全国同业利润总额由2010年的4879.7亿元上升至2011年的5244.9亿元，增长了7.07%，低于西部18.77个百分点；东部同业利润总额由2010年的3824.6亿元上升至2011年的3921.4亿元，增长了2.53%，低于西部23.31个百分点。

表3 西部高技术产业利润总额及与全国和东部比较

单位：亿元，%

地区\年份	2010	2011	地区\年份		2010	2011
内蒙古	31.1	33.8	宁夏		6.0	7.7
广西	55.9	83.7	新疆		4.2	4.4
重庆	25.4	36.2	西部	总和	416.4	524
四川	154.6	212.3		占比	8.53	9.99
贵州	27.2	29.1	东部	总和	3824.6	3921.4
云南	21.5	28.9		占比	78.38	74.77
陕西	77.6	73.4	东西部差距		3408.2	3397.4
甘肃	11.7	12.1	全国均值		4879.7	5244.9
青海	1.2	2.4				

数据来源：根据2012年《中国高技术产业统计年鉴》整理。

西部该行业利润总额占全国比重很小，但呈上升趋势，由2010年的8.53%上升至2011年的9.99%，上升了1.46个百分点；东部所占比重巨大，但呈下降趋势，由2010年的78.38%下降至2011年的74.77%，下降了3.61个百分点。东西部相对差距由2010年的东部占比高于西部69.85个百分点降低至2011年的64.78个百分点，下降了5.07个百分点；绝对差距也有缩小态势，由2010年的3408.2亿元缩小至2011年的3397.4亿元，下降了0.3个百分点。

（二）西部高技术产业利润总额在各省市区之间的差距很大，其中四川遥遥领先于其他省市区

从西部各省市区的情况来看，四川极为突出，其2011年高技术产业利润总额为212.3亿元，占西部总量的40.52%，排名第二的广西为83.7亿元，不到四川的一半。排名最后的青海仅为2.4亿元，仅占西部总量的0.46%，四川是其88.46倍；由此可进行ABC分类。

A类（100亿元以上）：四川（212.3亿元）；

B类（50亿~100亿元）：广西（83.7亿元）、陕西（73.4亿元）；

C类（10亿~50亿元）：重庆（36.2亿元）、内蒙古（33.8亿元）、贵州（29.1亿元）、云南（28.9亿元）、甘肃（12.1亿元）；

D类（10亿元以下）：宁夏（7.7亿元）、新疆（4.4亿元）、青海（2.4亿元）。

从变化情况来看，除了陕西利润总额略有下降外，其他省区市均有不同程度上升，其中广西增速迅猛，增长率为49.73%，并由2010年的第四位跃升为2011年的第二位，陕西则由第二位降为第三位，重庆由第六位升为第四位，内蒙古由第四位降为第五位。

四 资产利润率

（一）西部地区高技术产业资产利润率总体上呈下降趋势，并低于全国和东部水平，但东西部相对差距在缩小

西部地区高新技术产业的资产利润率由2010年的8.77%下降至2011年的7.65%，下降了1.12%，全国同业资产利润率由2010年的8.5%下降至2011年的8.08%，下降了0.42个百分点；东部同业资产利润率由2010年的9.08%下降至2011年的7.85%，下降了1.23个百分点。

2011年，全国及东西部高技术产业的资产利润率均在下降，西部指标低于全国0.43个百分点，低于东部0.2个百分点，差距有所扩大。

表4　西部高技术产业资产利润率及与全国和东部比较

单位：%

地区	年份	2010	2011	与上年比较
	内蒙古	16.96	13.38	下降
	广西	17.59	21.47	上升
	重庆	4.96	5.04	上升
	四川	7.28	7.85	上升
	贵州	6.65	7.09	上升
	云南	8.91	9.31	上升
	陕西	5.41	4.52	下降
	甘肃	7.26	5.53	下降
	青海	3.74	3.80	上升
	宁夏	10.77	12.85	上升
	新疆	6.92	4.55	下降
西部	均值	8.77	7.65	下降
	差距1	-0.27	0.43	扩大
东部	差距2	0.31	0.2	缩小
	均值	9.08	7.85	下降
	全国	8.50	8.08	下降

数据来源：根据2012年《中国高技术产业统计年鉴》整理。

（二）西部高技术产业资产利润率在各省市区之间的差距很大，其中广西遥遥领先于其他省市区

从西部各省市区情况来看，广西最为突出，其2011年指标高达21.47%。2011年高于全国和东部水平的还有：广西（21.47%）、内蒙古（13.38%）、宁夏（12.85%）、云南（9.31%）；高于西部平均水平的有：四川（7.85%）；其他省市区的排列如下：贵州（7.09%）、甘肃（5.53%）、重庆（5.04%）、新疆（4.55%）、陕西（4.52%）、青海（3.80%）。西部各省市区的总体水平有待提高。

从变化情况来看，2011年广西、重庆、四川、贵州、云南、青海、宁夏指标值有所上升，其他省区下降。

从整体上看，中国高技术产业资产利润率偏低，经济效益不理想，这与"高技术"的称谓并不相符，说明目前中国高技术产业尚处于粗放发展阶段，主要集中在产业链中技术含量不太高的低端，生产一些高技术产品的外壳之类，缺乏自主创新品牌，很难获得高技术带来的高利润。因此，中国高技术产业还需向技术高端突破。

B.26
西部医药制造业发展分析

一 总资产

（一）西部地区医药制造业总资产增长缓慢，增速低于全国和东部，并且东部的基数远大于西部，东西部差距不断拉大

西部地区医药制造业总资产由2010年的1788.90亿元下降至2011年的1805.9亿元，增长了0.95%；全国同业总资产由2010年的11116.4亿元上升至2011年的13220.5亿元，增长了18.93%，高于西部17.98个百分点；东部同业总资产由2010年的6525.30亿元上升至2011年的7748.30亿元，增长了18.74%，高于西部17.79个百分点。

西部该行业总资产占全国比重很小，并呈下降趋势，由2010年的16.09%下降至2011年的13.66%，下降了2.43个百分点；东部所占比重巨大，但略有下降，由2010年的58.70%下降至2011年的58.61%，下降了0.09个百分点。东西部相对差距由2010年西部占比低于东部42.61个百分点上升至2011年的44.95个百分点，上升了2.34个百分点；绝对差距由2010年的4736.40亿元拉大至2011年的5567.3亿元，上升了17.52个百分点。

（二）西部医药制造业总资产在各省市区之间差距很大，其中四川遥遥领先于其他省市区

从西部各省市区的情况来看，四川极为突出，其2011年该行业总资产为640.5亿元，占西部总量的35.47%；排名第二的重庆为281.4亿元，不到四川的一半；排名最后的新疆仅为23.8亿元，占西部总量的1.32%，四川是其26.91倍；由此可进行ABC分类。

表1　西部医药制造业总资产及与全国和东部比较

单位：亿元，%

地区\年份	2010	2011	地区\年份		2010	2011
内蒙古	136.2	202.2	宁夏		41.4	41.4
广西	172.5	192.5	新疆		18.8	23.8
重庆	209.1	281.4	西部	总量	1788.90	1805.9
四川	540.2	640.5		占比	16.09	13.66
贵州	161.3	170.4	东部	总量	6525.30	7748.30
云南	186.4	231.2		占比	58.70	58.61
陕西	204.3	199.4	东西部差距		4736.40	5567.3
甘肃	88.9	129.8	全国均值		11116.4	13220.5
青海	29.8	60.8				

数据来源：根据2012年《中国高技术产业统计年鉴》整理。

A类（500亿元以上）：四川（640.5亿元）；

B类（100亿～300亿元）：重庆（281.4亿元）、云南（231.2亿元）、内蒙古（202.2亿元）、陕西（199.4亿元）、广西（192.5亿元）、贵州（170.4亿元）、甘肃（129.8亿元）；

C类（100亿元以下）：青海（60.8亿元）、宁夏（49.0亿元）、新疆（23.8亿元）。

从变化情况来看，云南、内蒙古增速较快，其2011年的增长率分别为24.03%和48.46%，分别从2010年的第四位和第七位跃升至2011年的第三位和第四位，陕西则出现负增长，由第三位降为第五位，广西由第五位降为第六位，贵州由第六位降为第七位；青海由第十位升至第九位，宁夏由第九位降为第十位。

二　总产值

（一）西部地区医药制造业总产值增速快于总资产，但远低于全国和东部水平，与东部的差距在拉大

西部地区医药制造业总产值由2010年的1788.6亿元上升至2011年的

1940.6亿元，增长了8.50%；全国同业总产值由2010年的11741.3亿元上升至2011年的14942.0亿元，增长了27.26%，高出西部18.76个百分点；东部同业总产值由2010年的6690.2亿元上升至2011年的8100.90亿元，增长了21.09%，高于西部12.59个百分点。

西部该行业总产值占全国比重很小，且呈下降趋势，由2010年的15.23%下降至2011年的12.99%，下降了2.24个百分点；东部所占比重巨大，但略微下降，由2010年的56.98%下降至2011年的54.22%，下降了2.76个百分点。东西部相对差距由2010年西部占比低于东部41.75个百分点下降至2011年的37.95个百分点，下降了3.8个百分点；绝对差距则由2010年的4901.6亿元拉大至2011年的5669.70亿元，上升了15.67个百分点。

西部该行业2011年总产值占比低于总资产占比0.67个百分点，说明西部资产利用效率不太理想。

表2　西部地区医药制造业总产值及与全国和东部比较

单位：亿元，%

地区	2010	2011	地区		2010	2011
内蒙古	177.1	270	宁夏		26.3	31.7
广西	169.6	226.7	新疆		11.3	13.4
重庆	180.5	219.8	西部	总量	1788.60	1940.6
四川	613.3	901.6		占比	15.23	12.99
贵州	180.6	227.3	东部	总量	6690.20	8100.90
云南	140.6	172.4		占比	56.98	54.22
陕西	229.2	277.6	东西部差距		4901.60	5669.70
甘肃	50.4	62.3	全国均值		11741.3	14942.0
青海	21.0	28.4				

数据来源：根据2012年《中国高技术产业统计年鉴》整理。

（二）西部医药制造业总产值在各省市区之间差距很大，其中四川遥遥领先于其他省市区

从西部各省市区的情况来看，四川极为突出，其2011年该行业总产值为901.6亿元，占西部总量的46.46%（高于其总资产占比10.99个百分点，说明四川该行业的资产利用效率较高）；排名第二的陕西为277.6亿元，不到四川的一半；排名最后的新疆仅为13.4亿元，仅占西部总量的0.69%，四川是其67.28倍。由此可进行ABC分类。

A类（500亿元以上）：四川（901.6亿元）；

B类（100亿~300亿）：陕西（277.6亿元）、内蒙古（270.0亿元）、贵州（227.3亿元）、广西（226.7亿元）、重庆（219.8亿元）、云南（172.4亿元）；

C类（100亿元以下）：甘肃（62.3亿元）、宁夏（31.7亿元）、青海（28.4亿元）、新疆（13.4亿元）。

从变化情况来看，内蒙古增速较快，其2011年的增长率为52.46%，从而由2010年的第五位跃升至2011年的第三位，逼近第二位，贵州则由第三位降为第四位；广西增速也很快，其2011年的增长率为33.67%，并由第六位升至第五位，重庆则由第四位降为第六位。

三 利润总额

（一）西部地区医药制造业利润总额略有上升，但增长速度远低于全国和东部水平，与东部的差距在拉大

西部地区医药制造业利润总额由2010年的201.2亿元上升至2011年的206.9亿元，增长了2.83%；全国同业利润总额由2010年的1331.1亿元上升至2011年的1606.0亿元，增长了20.65%，高于西部17.73个百分点；东部同业利润总额由2010年的792.1亿元上升至2011年的915.8亿元，增长了15.62%，高于西部12.79个百分点。

西部该行业利润总额占全国比重很小，并大幅度下降，由2010年的15.12%下降到2011年的12.88%，下降了2.24个百分点；东部所占比重巨大，但呈下降趋势，由2010年的59.51%下降到2011年的57.02%，下降了2.49个百分点。东西部相对差距由2010年西部占比低于东部44.39个百分点下降至2011年的44.14个百分点，下降了0.25个百分点；绝对差距

由2010年的590.9亿元拉大至2011年的649.2亿元，上升了9.87%。

西部该行业2010年利润总额占比分别小于其总资产和总产值占比0.97个和0.11个百分点，说明西部该行业相对经营业绩和资产利用效率偏低，增长方式有些粗放。

表3 西部医药制造业利润总额及与全国和东部比较

单位：亿元，%

地区＼年份	2010	2011	地区＼年份		2010	2011
内蒙古	25.9	30.3	宁夏		4.8	4.7
广西	24.0	31.2	新疆		1.0	1.4
重庆	13.2	18.4	西部	总量	201.2	206.9
四川	64.5	89.7		占比	15.12	12.88
贵州	20.5	24.3	东部	总量	792.1	915.8
云南	17.6	25.1		占比	59.51	57.02
陕西	20.2	30.0	东西部差距		590.9	649.2
甘肃	8.6	9.2	全国均值		1331.1	1606.0
青海	0.9	2.3				

数据来源：根据2012年《中国高技术产业统计年鉴》整理。

（二）西部医药制造业利润总额在各省市区之间的差距很大，其中四川遥遥领先于其他省市区

从西部各省市区的情况来看，四川极为突出，其2011年该行业利润总额为89.7亿元，占西部总量的43.35%（高于总资产占比7.88个百分点，低于总产值占比3.11个百分点）；排名第二的内蒙古为30.3亿元，不到四川的一半；排名最后的青海仅为2.3亿元，仅占西部总量的1.11%，四川是其39倍。由此可进行ABC分类。

A类（50亿元以上）：四川（89.7亿元）；

B类（10亿~40亿元）：内蒙古（30.3亿元）、广西（31.2亿元）、陕西（30.0亿元）、云南（25.1亿元）、贵州（24.3亿元）、重庆（18.4亿元）；

C类（10亿元以下）：甘肃（9.2亿元）、宁夏（4.7亿元）、青海（2.3亿元）、新疆（1.4亿元）。

从变化情况来看，陕西、云南增长较快，其 2011 年增长率分别为 48.51%和 42.61%，并分别由 2010 年的第五位和第六位上升至 2011 年的第四位和第五位，贵州则由第四位降为第六位；青海增速迅猛，增长率达到 155.56%，并由第十一位上升至第十位，新疆则由第十位降为第十一位。

四 资产利润率

（一）西部地区医药制造业资产利润率呈快速上升趋势，并高于全国和东部上升速度，差距在缩小，2011 年略低于全国和东部水平

西部地区医药制造业资产利润率由 2010 年的 11.25% 上升至 11.46%，上升了 0.21 个百分点；全国同业资产利润率由 2010 年的 11.97% 上升至 2011 年的 12.15%，上升了 0.18 个百分点；而东部则出现下降，由 2010 年的 12.14% 下降至 2011 年的 11.82%，下降了 0.32 个百分点。

西部该行业资产利润率在 2010 年分别低于全国和东部 0.72% 和 0.89%，而到 2011 年分别低于全国和东部 0.69% 和 0.95%，差距在拉大。

表 4　西部医药制造业资产利润率及与全国和东部比较

单位：%

地区 \ 年份	2010	2011	与上年比较
内蒙古	19.02	14.99	下降
广西	13.91	16.21	上升
重庆	6.31	6.54	上升
四川	11.94	14.00	上升
贵州	12.71	14.26	上升
云南	9.44	10.86	上升
陕西	9.89	15.05	上升
甘肃	9.67	7.09	下降
青海	3.02	3.78	上升
宁夏	11.59	9.59	下降

续表

地区	年份	2010	2011	与上年比较
新疆		5.32	5.88	上升
西部	均值	11.25	11.46	下降
	差距1	0.72	0.69	下降
	差距2	0.89	0.95	下降
东部均值		12.14	11.82	下降
全国		11.97	12.15	上升

数据来源：根据2012年《中国高技术产业统计年鉴》整理。

（二）西部医药制造业资产利润率在各省市区之间有一定的差距，其中广西最为突出

从西部各省市区情况来看，广西最为突出，其2011年该行业资产利润率为16.21%。2011年高于10%的有：广西（16.21%）、陕西（15.05%）、内蒙古（14.99%）、贵州（14.26%）、四川（14.00%）、云南（10.86%）；其他省市区均低于10%。排名第一的广西是排名最后的青海（3.78%）的4.29倍。2011年，除了内蒙古、甘肃、宁夏外，其他省区市指标值均上升。

B.27
西部航空航天器制造业发展分析

一 总资产

（一）西部地区航空航天器制造业总资产增长缓慢，增速远低于全国和东部水平，与东部的差距大幅度拉大

西部地区航空航天器制造业总资产由2010年的1247.7亿元上升至2011年的1341.1亿元，增长了7.49%；全国同业总资产由2010年的3200亿元上升至2011年的3670.2亿元，增长了14.69%，高于西部7.20个百分点；东部同业总资产由2010年的1197.9亿元上升至2011年的1568.2亿元，增长了30.91%，高于西部23.42个百分点。

表1 西部航空航天器制造业总资产及与全国和东部比较

单位：亿元，%

地区	2010	2011	地区		2010	2011
内蒙古	—	—	宁夏		—	—
广西	6.3	7.0	新疆		—	—
重庆	2.0	—	西部	总量	1247.7	1341.1
四川	298.0	338.8		占比	38.99	36.54
贵州	187.3	195.5	东部	总量	1197.9	1568.2
云南	—	—		占比	37.44	42.73
陕西	737.4	789.4	东西部差距		-49.8	227.1
甘肃	16.7	9.2	全国均值		3200	3670.2
青海	—	—				

数据来源：根据2012年《中国高技术产业统计年鉴》整理。

西部该行业总资产占全国比重很小，并呈下降趋势，由2010年的38.99%下降至2011年的36.54%，上升了2.45个百分点；东部所占比重有上升趋势，由2010年的37.44%波动上升至2011年的42.73%，上升了2.33个百分点。东

西部相对差距由2010年西部占比高于东部1.55个百分点转变为2011年西部低于东部6.19个百分点；绝对差距由2010年的-49.8亿元转变为227.1亿元。

（二）西部地区航空航天器制造业总资产在各省市区之间差距很大，其中陕西最为突出

西部该行业在各省市区之间的差距很大，主要集中在陕西、四川、贵州三省。其中陕西最为突出，其2011年总资产达到789.4亿元，排名第二的四川为338.8亿元，不到陕西的一半。由此可进行ABC分类。

A类（500亿元以上）：陕西（789.4亿元）；

B类（100亿~300亿元）：四川（338.8亿元）、贵州（195.5亿元）；

C类（20亿元以下）：甘肃（9.2亿元）、广西（7亿元）。

二 总产值

（一）西部地区航空航天器制造业总产值呈快速上升趋势，但增长速度低于全国和东部水平，西部失去原有优势，被东部赶超，差距不断拉大

"十一五"时期，我国航空航天器制造业出现快速扩张趋势。西部地区航空航天器制造业总产值由2010年的598.5亿元上升至2011年的642.1亿元，增长了7.28%；全国同业总产值由2010年的1598.1亿元上升至2011年的1913.0亿元，增长了19.70%，高出西部12.42个百分点；东部同业总产值由2010年的661.6亿元上升至2011年的895.5亿元，增长了35.35%，是西部增速的4倍多，高出西部28.07个百分点。

西部该行业总产值占全国比重呈波动下降趋势，由2010年的37.45%波动下降至2011年的33.57%，下降了3.88个百分点；东部所占比重则呈稳步上升趋势，由2010年的41.40%上升至2011年的46.81%，上升了5.41个百分点。东西部相对差距由2010年西部占比低于东部3.95个百分点增加为2011年的低于东部13.24个百分点；绝对差距则由2010年的西部低于东部63.1亿元增加为2011年的低于东部253.4亿元。

西部原本占有优势，从2009年开始被东部赶超，在竞争过程中又处于劣势，说明西部综合竞争力远低于东部。

2011年，西部该行业的总资产大于东部，但总产值低于东部；西部总产值占比低于资产占比1.54个百分点。说明西部的资产利用效率不高。

表2 西部航空航天器制造业总产值及与全国和东部比较

单位：亿元，%

地区＼年份	2010	2011	地区＼年份		2010	2011
内蒙古	—	—	宁夏		—	—
广西	2.1	4.0	新疆		—	—
重庆	1.1	—	西部	总量	598.5	642.1
四川	178.0	182.3		占比	37.45	33.57
贵州	91.6	87.6	东部	总量	661.6	895.5
云南	—	—		占比	41.40	46.81
陕西	320.1	366.4	东西部差距		63.1	253.4
甘肃	—	—	全国均值		1598.1	1913.0
青海	—	—				

数据来源：根据2012年《中国高技术产业统计年鉴》整理。

（二）西部地区航空航天器制造业总产值在各省市区之间差距很大，其中陕西最为突出

西部该行业在各省市区之间的差距很大，主要集中在陕西、四川、贵州三省。其中陕西最为突出，其2011年总产值为366.4亿元。ABC分类如下。

A类（300亿元以上）：陕西（366.4亿元）；

B类（90亿~200亿元）：四川（182.3亿元）、贵州（87.6亿元）；

C类（20亿元以下）：甘肃（5.8亿元）、广西（4.0亿元）。

三 利润总额

（一）西部地区航空航天器制造业利润总额呈波动上升趋势，增长速度低于全国和东部水平，东部赶超了西部

西部地区航空航天器制造业利润总额由2010年的34亿元增加到2011年

的34.7亿元,较2010年增长了2.06%;全国同业利润总额由2010年的81.3亿元上升至2011年的104.0亿元,增长了27.92%,高于西部25.86个百分点;东部同业利润总额由2010年的31.6亿元上升至2011年的53.0亿元,增长了67.72%,高于西部65.66个百分点。

西部该行业利润总额占全国比重呈波动下降趋势,由2010年的41.82%回落至2011年的33.37%,较2010年下降了11.45个百分点;东部所占比重则呈波动上升趋势,由2010年的38.87%波动上升至2011年的50.96%,上升了12.09个百分点。东西部相对差距由2010年西部占比高于东部2.95个百分点转变为2011年的低于东部近18个百分点;绝对差距则由2010年的西部高于东部2.4亿元转变为2011年的低于东部18.3亿元。

2011年,西部该行业的总产值低于东部,但利润总额高于东部,说明西部的经营业绩相对较好。

表3　西部航空航天器制造业利润总额及与全国和东部比较

单位:亿元,%

地区\年份	2010	2011	地区\年份		2010	2011
内蒙古	—	—	宁　夏		—	—
广　西	—	0.4	新　疆		—	—
重　庆	0.1	—	西部	总量	34	34.7
四　川	9.4	9.7		占比	41.82	33.37
贵　州	2.8	1.9	东部	总量	31.6	53.0
云　南	—	—		占比	38.87	50.96
陕　西	20.8	22.2	东西部差距		-2.4	18.3
甘　肃	0.9	0.8	全国均值		81.3	104.0
青　海	—	—				

数据来源:根据2012年《中国高技术产业统计年鉴》整理。

(二)西部地区航空航天器制造业利润总额在各省市区之间差距很大,其中陕西最为突出

西部该行业利润总额在各省市区之间的差距很大,其中陕西最为突出,其2011年利润总额为22.2亿元。ABC分类如下。

A 类（20 亿元以上）：陕西（22.2 亿元）；

B 类（1 亿~10 亿元）：四川（9.7 亿元）、贵州（1.9 亿元）；

C 类（1 亿元以下）：甘肃（0.8 亿元）。

四　资产利润率

（一）西部地区航空航天器制造业资产利润率很低并出现下降，低于全国和东部水平

西部地区航空航天器制造业资产利润率由 2010 年的 2.74% 下降为 2011 年的 2.61%，下降了 0.13 个百分点；全国同业资产利润率由 2010 年的 2.54% 上升至 2011 年的 2.83%，上升了 0.29 个百分点；东部同业资产利润率由 2010 年的 2.64% 上升至 2011 年的 3.37%，上升了 0.73 个百分点。

西部该产业资产利润率由 2010 年分别高于全国和东部 0.20% 和 0.10% 降为 2011 年的低于全国和东部 0.22% 和 0.76%。

表 4　西部航空航天器制造业资产利润率及与全国和东部比较

单位：%

地区	年份	2010	2011	地区	年份	2010	2011
内蒙古		—	—	青海		—	—
广西		—	5.71	宁夏		—	—
重庆		5.0	—	新疆		—	—
四川		3.15	2.86	西部	均值	2.74	2.61
贵州		—	—		差距1	-0.20	0.20
云南		—	—		差距2	-0.10	0.76
陕西		2.82	2.81	东部均值		2.64	3.37
甘肃		5.39	8.70	全国		2.54	2.83

数据来源：根据 2012 年《中国高技术产业统计年鉴》整理。

（二）西部航空航天器制造业资产利润率在各省市区之间有一定的差距，其中甘肃最为突出

从西部各省市区情况来看，甘肃最为突出，其 2011 年该行业资产利润率

为8.70%。2011年高于全国水平的有：甘肃（8.70%）、广西（5.71%）、四川（2.86%）；高于西部平均水平的有：陕西（2.81%），陕西虽然在总量上最大，但资产利用效率不高。排名第一的甘肃是排名最后的贵州（0.97%）的8.97倍。

从总体上看，航空航天器制造业虽然属于高技术产业，但其资产利润率很低，甚至远低于传统产业，这与其高技术的称谓并不相符，说明目前该产业在我国尚处于经营粗放型阶段，有必要进一步提高其经济效益。

B.28
西部电子及通信设备制造业发展分析

一 总资产

（一）西部地区电子及通信设备制造业总资产呈快速上升趋势，增长速度低于全国平均水平，高于东部水平，东西部相对差距在缩小，但西部的基数远低于东部，绝对差距在进一步扩大

西部地区电子及通信设备制造业总资产由2010年的1866.3亿元上升至2011年的2208亿元，增长了18.31%；全国同业总资产由2010年的27887.8亿元上升至2011年的33270.1亿元，增长了19.30%，高于西部近1个百分点；东部同业总产值由2010年的24066.7亿元上升至2011年的28159.4亿元，增长了17.01%，低于西部1.3个百分点。

西部该行业总产值占全国比重很小，且呈微幅下降趋势，由2010年的6.69%下降至2011年的6.64%，下降了0.05个百分点；东部所占比重巨大，

表1 西部电子及通信设备制造业资产总额及与全国和东部比较

单位：亿元，%

地区\年份	2010	2011	地区\年份		2010	2011
内蒙古	29.4	46.4	宁夏		—	—
广西	85.2	123.8	新疆		38.4	70.9
重庆	94.9	110.5	西部	总量	1866.3	2208
四川	1139.7	1293.6		占比	6.69	6.64
贵州	52.4	35.1	东部	总量	24066.7	28159.4
云南	9.3	9.5		占比	86.30	84.64
陕西	354.6	444.9	东西部差距		22200.4	25951.4
甘肃	51.8	69.4	全国均值		27887.8	33270.1
青海	0.6	0.6				

数据来源：根据2012年《中国高技术产业统计年鉴》整理。

但呈下降趋势，由 2010 年的 86.30% 下降至 2011 年的 84.64%，下降了 1.66 个百分点。东西部相对差距在缩小，由 2010 年东部占比高于西部 79.61 个百分点下降至 2011 年的 78 个百分点，下降了 1.61 个百分点；绝对差距则在拉大，由 2010 年的 22200.4 亿元拉大至 2011 年的 25951.4 亿元，拉大了 16.90 个百分点。

（二）西部地区电子及通信设备制造业总资产在各省市区之间差距很大，其中四川最为突出

西部该行业总资产在各省市区之间的差距很大，资产主要集中在四川、陕西两省。其中四川最为突出，其 2011 年总资产达到 1293.6 亿元；排名第二的陕西为 444.9 亿元，大致为四川的 1/3；排名最后的青海仅为 0.6 亿元，占西部总量的 0.0003%，四川是其 2156 倍。由此可进行 ABC 分类。

A 类（1000 亿元以上）：四川（1293.6 亿元）；

B 类（100 亿~1000 亿元）：陕西（444.9 亿元）、广西（123.8 亿元）、重庆（110.5 亿元）；

C 类（10 亿~100 亿元）：新疆（70.9 亿元）、甘肃（69.4 亿元）、内蒙古（46.4 亿元）、贵州（35.1 亿元）；

D 类（10 亿元以下）：青海（0.6 亿元）。

从变化情况来看，广西、新疆增长幅度很大，其 2011 年的增长率分别达到 45.31% 和 84.64%，分别由 2010 年的第四位和第十位上升至 2011 年的第三位和第五位，重庆则由第三位降为第四位；甘肃、内蒙古超越贵州而保留在第六和第七位，贵州则由第五位降为第十位。

二 总产值

（一）西部地区电子及通信设备制造业总产值呈快速上升趋势，增长速度略低于全国平均水平，高于东部水平，东西部相对差距在缩小，但西部的基数远低于东部，绝对差距在进一步扩大

西部地区电子及通信设备制造业总产值由 2010 年的 1805.4 亿元上升至

2011年的2176.9亿元，增长了20.58%；全国同业总产值由2010年的35929.8亿元上升至2011年的43559.5亿元，增长了21.24%，高于西部0.66个百分点；东部同业总产值由2010年的32221.7亿元上升至2011年的37883亿元，增长了17.57%，低于西部3.01个百分点。

西部该行业总产值占全国比重很小，且呈微幅下降趋势，由2010年的5.02%下降至2011年的5%，下降了0.02个百分点；东部所占比重巨大，但呈下降趋势，由2010年的89.68%下降至2011年的86.97%，下降了2.71个百分点。东西部相对差距在缩小，由2010年东部占比高于西部84.66个百分点下降至2011年的81.97个百分点，下降了2.69个百分点；绝对差距则在拉大，由2010年的30416.3亿元拉大至2011年的35706.1亿元，拉大了17.39个百分点。2011年西部总产值占比低于总资产占比1.64个百分点，说明西部地区的资产利用效率不高。

表2 西部电子及通信设备制造业总产值及与全国和东部比较

单位：亿元，%

地区\年份	2010	2011	地区\年份		2010	2011
内蒙古	50.9	51.2	宁夏		0	3.4
广西	160.9	240.0	新疆		15.7	19.2
重庆	143.7	202.3	西部	总量	1805.4	2176.9
四川	1139.6	1280.3		占比	5.02	5
贵州	43.0	47.6	东部	总量	32221.7	37883
云南	5.6	6.6		占比	89.68	86.97
陕西	222.7	300.3	东西部差距		30416.3	35706.1
甘肃	22.0	25.0	全国均值		35929.8	43559.5
青海	1.3	0.9				

数据来源：根据2012年《中国高技术产业统计年鉴》整理。

（二）西部地区电子及通信设备制造业总产值在各省市区之间差距很大，其中四川最为突出

从西部各省市区情况来看，四川最为突出，其2011年总产值为1280.3亿元，占西部总量的58.81%，是排名第二的陕西的4倍多；排名最后的青海仅

为0.9亿元，占西部总量的0.04%，四川是其1470倍多。由此可进行ABC分类。

A类（1000亿元以上）：四川（1280.3亿元）；

B类（100亿~500亿元）：陕西（300.3亿元）、广西（240亿元）、重庆（202.3亿元）；

C类（10亿~100亿元以下）：内蒙古（51.2亿元）、贵州（47.6亿元）、甘肃（25亿元）、新疆（19.2亿元）；

D类（10亿元以下）：云南（6.6亿元）、宁夏（3.4亿元）、青海（0.9亿元）。

三 利润总额

（一）西部地区电子及通信设备制造业利润总额呈上升趋势，增长速度高于全国平均和东部水平，东西部的相对差距和绝对差距都在缩小，但东部基数仍远大于西部

西部地区电子及通信设备制造业利润总额由2010年的132.7亿元上升至2011年的136.1亿元，上升了2.56%；全国同业利润总额由2010年的2233.7亿元下降至2011年的2161.9亿元，下降了3.21%；东部同业利润总额由2010年的1917.6亿元下降至2011年的1794.1亿元，下降了6.88%。

西部该行业利润总额占全国比重很小，但呈小幅上升趋势，由2010年的5.94%上升至2011年的6.3%，上升了0.36个百分点；东部所占比重巨大，但呈下降趋势，由2010年的85.84%下降至2011年的82.99%，下降了2.85个百分点。东西部相对差距由2010年西部占比低于东部79.9个百分点下降至2011年的76.69个百分点，下降了3.21个百分点；绝对差距则由2010年的1784.9亿元缩小至2011年的1658亿元，缩小了7.65个百分点。

2011年，全国和东部利润下滑，只有西部在增长，并且西部该行业利润占比高于总产值占比1.3个百分点，说明西部的经营业绩较好。

表3 西部电子及通信设备制造业利润总额及与全国和东部比较

单位：亿元，%

地区	年份	2010	2011	与上年比较
内蒙古		4.5	2.9	下降
广西		18.4	30.8	上升
重庆		3.0	8.0	上升
四川		66.2	71.6	上升
贵州		2.8	2.0	下降
云南		1.8	1.7	下降
陕西		31.2	13.3	下降
甘肃		2.0	2.1	上升
青海				
宁夏			0.8	
新疆		2.8	2.9	上升
西部	总量	132.7	136.1	上升
	占比	5.94	6.3	上升
东部	总量	1917.6	1794.1	下降
	占比	85.84	82.99	下降
东西部差距		1784.9	1658	下降
全国均值		2233.7	2161.9	下降

数据来源：根据2012年《中国高技术产业统计年鉴》整理。

（二）西部地区电子及通信设备制造业利润总额在各省市区之间差距很大，其中四川最为突出

从西部各省市区情况来看，四川最为突出，其2011年利润总额为71.6亿元，占西部总量的52.61%，超过西部总量的一半，而排名第二的广西不到四川的一半。ABC分类如下。

A类（50亿元以上）：四川（71.6亿元）；

B类（10亿~40亿元）：广西（30.8亿元）、陕西（13.3亿元）；

C类（10亿元以下）：重庆（8亿元）、内蒙古（2.9亿元）、新疆（2.9亿元）、甘肃（2.1亿元）、贵州（2亿元）、云南（1.7亿元）。

从变化情况来看，广西利润总额增速很大，其2011年的增长率达到67.39%，并由第三位升至第二位，陕西则由第二位降为第三位；重庆由第五

位升至第四位，内蒙古则由第四位降为第五位；新疆由第九位升至第六位，贵州则由第六位降为第十位；甘肃由第十位升至第九位。2011年，广西、重庆、四川、甘肃、新疆利润增长，内蒙古、贵州、云南、陕西利润下降。

四 资产利润率

（一）西部地区电子及通信设备制造业资产利润率有所下降，但高于全国和东部水平

西部地区电子及通信设备制造业资产利润率由2010年的10.1%下降至2011年的8.99%，下降了1.11个百分点；全国同业资产利润率由2010年的8.01%下降至2011年的6.5%，下降了1.51个百分点；东部同业资产利润率由2010年的8.58%下降至2011年的8.13%，下降了0.45个百分点。从全国形势来看，该产业的全国资产利润率下滑，形势严峻。

西部该产业资产利润率高于全国和东部水平，分别由2010年高于二者2.09%和1.52%变为2011年高于二者2.49%和0.86%。

表4 西部电子及通信设备制造业资产利润率及与全国和东部比较

单位：%

地区	年份	2010	2011	与上年比较
内蒙古		11.42	6.25	下降
广西		21.06	24.88	上升
重庆		3.16	7.24	上升
四川		5.82	5.53	下降
云南		19.35	17.89	下降
陕西		8.80	2.99	下降
甘肃		3.86	3.03	上升
西部	均值	10.1	8.99	下降
西部	差距1	-2.09	-2.49	
西部	差距2	-1.52	-0.86	
东部均值		8.58	8.13	下降
全国		8.01	6.5	下降

数据来源：根据2012年《中国高技术产业统计年鉴》整理。

（二）西部地区电子及通信设备制造业资产利润率在各省市区之间差距很大，其中广西最为突出

从西部地区各省市区情况来看，广西最为突出，其 2011 年指标值达到 24.88%，云南也处于 17.89% 的高位，其他省市区均在 10% 以下。高于西部平均水平的只有这两省区；高于全国平均水平的有重庆（7.24%）；其他省市区的排列为：内蒙古（6.25%）、贵州（5.7%）、四川（5.53%）、新疆（4.09%）、甘肃（3.03%）、陕西（2.99%）。虽然四川在资产总量上是最大的，但资产利润率只有 5.53%，说明其资产利用效率不高。

2011 年，广西、重庆、甘肃指标值上升，内蒙古、四川、云南、陕西、新疆指标值下降。

从总体上看，电子及通信设备制造业虽然属于高技术产业，但其资产利润率不高。目前该产业在我国尚处于一个过渡阶段，存在一些问题，比如产品的结构性矛盾、过分注重技术导向而忽视市场导向、国际市场的开拓力度不够。不过，国内电子及通信设备制造企业虽然起步较晚，但发展速度要大大超过国外同类企业，资产利润率有很大的提升空间。

B.29
西部电子计算机及办公设备制造业发展分析

一 总资产

（一）西部地区电子计算机及办公设备制造业总资产呈快速上升趋势，而全国和东部出现负增长，东西部相对和绝对差距都在缩小，但东部基数仍远大于西部

西部地区电子计算机及办公设备制造业总资产由 2010 年的 190.8 亿元上升至 2011 年的 615.2 亿元，增长了 222.43%；全国同业总资产由 2010 年的 10252 亿元下降至 2011 年的 8712.6 亿元，下降了 15.02%；东部地区同行业总资产由 2010 年的 9890 亿元下降至 2011 年的 7880.7 亿元，下降了 20.32%。

表1 西部电子计算机及办公设备制造业总资产及与全国和东部比较

单位：亿元，%

地区\年份	2010	2011	地区\年份		2010	2011
内蒙古	1.5	1.1	宁夏		—	—
广西	31.0	44.0	新疆		—	—
重庆	66.8	209.3	西部	总量	190.8	615.2
四川	71.2	338.8		占比	1.86	7.06
贵州	—	—	东部	总量	9890	7880.7
云南	18.7	20.6		占比	96.47	90.45
陕西	1.6	1.4	东西部差距		9699.2	7565.5
甘肃	—	—	全国均值		10252.0	8712.6
青海	—	—				

数据来源：根据 2012 年《中国高技术产业统计年鉴》整理。

全国和东部均出现负增长，只有西部地区出现高速正增长。

西部该行业总资产占全国比重非常小，但呈快速上升趋势，由2010年的1.86%上升至2011年的7.06%，上升了5.2个百分点；东部所占比重巨大，但呈下降趋势，由2010年的96.47%下降至2011的90.45%，下降了6.02个百分点。东西部相对差距由2010年西部占比低于东部94.61个百分点下降为2011年低于东部83.39个百分点，下降了11.22个百分点；绝对差距则由2010年的9699.2亿元下降至2011年的7565.5亿元，下降了22个百分点。

（二）西部地区电子计算机及办公设备制造业总资产在各省市区之间差距很大，其中四川最为突出

西部该行业总资产在各省市区之间的差距很大，主要集中在四川、重庆、广西三省市。其中四川最为突出，其2011年总资产达到338.8亿元，占西部总量的55.07%；排名第二的重庆为209.3亿元，占西部总量的34.02%；排名第三的广西为44.0亿元，占西部总量的7.15%；三省市区之和占西部总量的96.24%。由此可进行ABC分类。

A类（200亿元以上）：四川（338.8亿元）、重庆（209.3亿元）；

B类（10亿~40亿元）：广西（44亿元）、云南（20.6亿元）；

C类（10亿元以下）：陕西（1.4亿元）、内蒙古（1.1亿元）。

二 总产值

（一）西部地区电子计算机及办公设备制造业总产值呈快速上升趋势，且增长速度远高于全国和东部水平，东西部相对和绝对差距都在缩小，但东部基数仍远大于西部

西部地区计算机及办公设备制造业总产值出现快速扩张，由2010年的300.9亿元上升至2011年的1483.2亿元，增长了392.92%；全国同业总产值由2010年的19822.5亿元上升至2011年的21135.2亿元，增长了6.62%，低于西部386.3个百分点；东部同业总产值由2010年的19186.5亿元小幅上升

至2011年的19207.4亿元,增长了0.11%,低于西部392.81个百分点。

西部该行业总产值占全国比重非常小,但呈快速上升趋势,由2010年的1.52%上升至2011年的7.02%,上升了5.5个百分点;东部所占比重巨大,但呈下降趋势,由2010年的96.79%下降至2011年的90.88%,下降了5.91个百分点。东西部相对差距由2010年西部占比低于东部95.27个百分点下降为2011年的低于东部83.86个百分点,下降了11.41个百分点;绝对差距则由2010年的18885亿元下降至2011年的17724.2亿元,下降了6.55个百分点。

2011年,西部该行业的总产值占比低于总资产占比0.04个百分点,这说明西部的资产利用效率不太理想。

表2 西部电子计算机及办公设备制造业总产值及与全国和东部比较

单位:亿元,%

地区\年份	2010	2011	地区\年份		2010	2011
内蒙古	1.8	1.6	宁夏		—	—
广西	65.1	108.8	新疆		—	—
重庆	81.4	611.9	西部	总量	300.9	1483.2
四川	142.4	749.3		占比	1.52	7.02
贵州	—	—	东部	总量	19186.5	19207.4
云南	8.2	10.5		占比	96.79	90.88
陕西	2.0	1.1	东西部差距		18885.0	17724.2
甘肃	—	—	全国均值		19822.5	21135.2
青海	—	—				

数据来源:根据2012年《中国高技术产业统计年鉴》整理。

(二)西部地区电子计算机及办公设备制造业总产值在各省市区之间差距很大,其中四川最为突出

从西部各省市区的情况来看,电子计算机及办公设备制造业主要集中在四川、重庆、广西三省市。其中四川最为突出,其2011年总产值为749.3亿元,占西部总量的50.52%。ABC分类如下。

A类(500亿元以上):四川(749.3亿元)、重庆(611.9亿元);

B 类（100 亿~500 亿元）：广西（108.8 亿元）；

C 类（10 亿~20 亿元）：云南（10.5 亿元）；

D 类（10 亿元以下）：内蒙古（1.6 亿元）、陕西（1.1 亿元）。

从变化情况来看，重庆增长最为迅猛，其 2011 年的增长率达到 651.72%；内蒙古由第六位升至第五位，陕西则由第五位降为第六位。

三 利润总额

（一）西部地区电子计算机及办公设备制造业利润总额呈上升趋势，东西部绝对差距在缩小，但东部基数远大于西部

西部地区电子计算机及办公设备制造业利润总额由 2010 年的 17.8 亿元上升至 2011 年的 49.3 亿元，增长了 176.97%；全国同业利润总额由 2010 年的 690.5 亿元上升至 2011 年的 710.4 亿元，增长了 2.88%，低于西部 174.09 个百分点；东部同业利润总额由 2010 年的 653.1 亿元下降至 2011 年的 631.5 亿元，下降了 3.42%。

表3 西部电子计算机及办公设备制造业利润总额及与全国和东部比较

单位：亿元，%

地区	2010	2011	地区		2010	2011
内蒙古	0.4	0.3	宁夏		—	—
广西	10.0	18.2	新疆		—	—
重庆	-0.1	0.4	西部	总量	17.8	49.3
四川	6.3	29.6		占比	2.58	6.94
贵州	—	—	东部	总量	653.1	631.5
云南	0.9	0.7		占比	94.58	88.89
陕西	0.3	0.2	东西部差距		635.3	582.2
甘肃			全国均值		690.5	710.4
青海						

数据来源：根据 2012 年《中国高技术产业统计年鉴》整理。

西部该行业利润总额占全国比重很小，但呈上升趋势，由 2010 年的 2.58% 上升至 2011 年的 6.94%，上升了 4.36 个百分点；东部所占比重巨

大，但呈下降趋势，由2010年的94.58%下降至2011年的88.89%，下降了5.69个百分点。东西部相对差距由2010年的西部占比低于东部92个百分点下降至2011年的81.95个百分点，下降了10.05个百分点；绝对差距则由2010年的635.30亿元缩小为2011年的582.2亿元，下降了9.12个百分点。

2011年西部该行业的利润占比与总资产和总产值占比相当，说明西部后期经营业绩较稳定。

（二）西部地区电子计算机及办公设备制造业利润总额在各省市区之间差距很大，其中四川最为突出

从西部各省市区的情况来看，四川最为突出，其2011年该行业的利润总额为29.6亿元，占西部总量的60.04%。四川在总资产和总产值处于遥遥领先的地位，其2010年的利润却不如广西，而在2011年的利润又处于领先地位，说明西部经营业绩正在逐步改善。ABC分类如下。

A类（10亿元以上）：四川（29.6亿元）、广西（18.2亿元）；

B类（0亿~10亿元）：云南（0.7亿元）、重庆（0.4亿元）、内蒙古（0.3亿元）、陕西（0.2亿元）。

从变化情况来看，四川利润增长最为迅猛，其2011年的增长高达369.84%，并由2010年的第二位升至2011年的第一位，广西则由第一位降为第二位；重庆扭亏为盈，由第六位升至第四位，内蒙古、陕西分别由第四位、第五位降为第五位、第六位。

四 资产利润率

（一）西部地区电子计算机及办公设备制造业资产利润率微幅上升，高于全国和东部水平

西部地区电子计算机及办公设备制造业资产利润率由2010年的15.2%上升至2011年的15.88%，上升了0.68%；全国同业资产利润率由2010年的

6.74%上升至2011年的8.15%，上升了1.41个百分点；东部指标则由2010年的10.08%下降至2011年的8.55%，下降了1.53个百分点。

西部该产业资产利润率高于全国和东部水平，由2010年的分别高于二者8.46%和5.12%变为2011年的7.73%和7.33%。

表4 西部电子计算机及办公设备制造业资产利润率及与全国和东部比较

单位：%

地区\年份	2010	2011	地区\年份		2010	2011
内蒙古	26.67	27.27	青海		—	—
广西	32.26	41.36	宁夏		—	—
重庆	-0.15	0.19	新疆		—	—
四川	8.85	8.74	西部	均值	15.2	15.88
贵州	—	—		差距1	-8.46	-7.73
云南	4.81	3.4		差距2	-5.12	-7.33
陕西	18.75	14.29	东部均值		10.08	8.55
甘肃	—	—	全国均值		6.74	8.15

数据来源：根据2012年《中国高技术产业统计年鉴》整理。

（二）西部地区电子计算机及办公设备制造业资产利润率在各省市区之间差距很大，其中广西最为突出

西部地区各省市区之间的资产利润率的差距很大，其中广西最为突出，高达41.36%，内蒙古、陕西也处于很高水平，分别为27.27%和14.29%，而四川低于10%（8.74%），说明四川虽然在利润总量上占优，但其资产利用效率并不高。云南（3.4%）、重庆（0.19%）偏低。

从全国总体上看，电子计算机及办公设备制造业虽然属于高技术产业，但其资产利润率不高，甚至远低于传统产业，这与其高技术的称谓并不相符，说明目前该产业在我国尚处于经营粗放型阶段，有必要进一步提高其经济效益。

B.30
西部医疗设备及仪器仪表制造业发展分析

一 总资产

（一）西部地区医疗设备及仪器仪表制造业总资产快速上升，但增速远低于全国和东部水平，与东部的差距正在拉大

西部地区医疗设备及仪器仪表制造业总资产由2010年的438亿元上升至2011年的496.5亿元，增长了13.36%；全国同业总资产由2010年的4954.7亿元上升至2011年的6037.9亿元，增长了21.86%，高于西部8.5个百分点；东部同业总资产由2010年的3785.6亿元上升至2011年的4630.6亿元，增长了22.32%，高于西部8.96个百分点。

表1 西部医疗设备及仪器仪表制造业总资产及与全国和东部比较

单位：亿元，%

地区\年份	2010	2011	与上年比较
内蒙古	6.3	2.9	下降
广西	22.9	22.5	下降
重庆	138.8	116.7	下降
四川	75.6	93.4	上升
贵州	8.3	9.5	上升
云南	26.8	49.1	上升
陕西	136.1	188.8	上升
甘肃	3.8	2.4	下降
青海	1.7	1.7	持平
宁夏	14.3	7.6	下降
新疆	3.4	1.9	下降

续表

地区	年份	2010	2011	与上年比较
西部	总量	438	496.5	上升
	占比	8.84	8.22	下降
东部	总量	3785.6	4630.6	上升
	占比	76.43	76.69	上升
东西部差距		3347.6	4134.1	拉大
全国均值		4954.7	6037.9	上升

数据来源：根据2012年《中国高技术产业统计年鉴》整理。

西部该产业占全国比重很小，并略微下降，由2010年的8.84%下降至2011年的8.22%，下降了0.62个百分点；东部所占比重巨大，并略微上升，由2010年的76.43%上升至2011年的76.69%，上升了0.26个百分点。东西部相对差距由2010年西部占比低于东部67.59个百分点上升至2011年的68.47个百分点，拉大了0.88个百分点；绝对差距由2010年的3347.6亿元拉大至2011年的4134.1亿元，上升了23.49个百分点。

（二）西部地区医疗设备及仪器仪表制造业总资产在各省市区之间差距很大，其中陕西、重庆、四川最为突出

西部该行业在各省市区之间的差距很大，资产主要集中在陕西、重庆和四川三省市。其中陕西最为突出，其2011年总资产达到188.8亿元，排名第二的重庆为116.7亿元，排名第三的四川为93.4亿元；排名最后的青海仅为1.7亿元，陕西是其68.65倍。由此可进行ABC分类。

A类（100亿元以上）：陕西（188.8亿元）、重庆（116.7亿元）；

B类（60亿~100亿元）：四川（93.4亿元）；

C类（10亿~50亿元）：云南（49.1亿元）、广西（22.5亿元）；

D类（10亿元以下）：贵州（9.5亿元）、宁夏（7.6亿元）、内蒙古（2.9亿元）、甘肃（2.4亿元）、新疆（1.9亿元）、青海（1.7亿元）。

从变化情况来看，仅四川、贵州、云南、陕西四省总资产上升，青海持平，其他省区市下降。其中陕西增幅较大，由2010年的第二位上升至第一位，

重庆则由第一位降为第二位；贵州由第七位上升至第六位，宁夏则由第六位降为第七位。

二 总产值

(一)西部地区医疗设备及仪器仪表制造业总产值呈快速上升趋势，但增长速度低于全国平均和东部水平，东西部相对差距略有下降，但绝对差距进一步拉大

西部地区医疗设备及仪器仪表制造业总产值由2010年的366.9亿元上升至2011年的422.8亿元，增长了15.24%；全国同业总产值由2010年的5617.3亿元上升至2011年的6884.2亿元，增长了22.55%，高于西部7.31个百分点；东部同业总产值由2010年的4468.4亿元上升至2011年的5402.0亿元，增长了20.89%，高于西部5.65个百分点。

表2 西部医疗设备及仪器仪表制造业总产值及与全国和东部比较

单位：亿元，%

地区\年份	2010	2011	地区\年份		2010	2011
内蒙古	4.8	3.4	宁夏		9.6	10.0
广西	34.9	36.3	新疆		1.5	1.0
重庆	124.8	126.2	西部	总量	366.9	422.8
四川	80.9	108.0		占比	6.53	6.14
贵州	7.3	7.4	东部	总量	4468.4	5402.0
云南	14.9	11.9		占比	79.55	78.47
陕西	84.3	114.9	东西部差距		4101.5	4979.2
甘肃	2.9	2.4	全国均值		5617.3	6884.2
青海	1	1.3				

数据来源：根据2012年《中国高技术产业统计年鉴》整理。

西部该行业总产值占全国比重很小，且略微下降，由2010年的6.53%下降至2011年的6.14%，下降了0.39个百分点；东部所占比重巨大，但也呈下降趋势，由2010年的79.55%下降至2011年的78.47%，下降了1.08个百分

点。东西部相对差距由2010年东部占比高于西部73.02个百分点下降至2011年的72.33个百分点，下降了0.69个百分点；但绝对差距仍在拉大，由2010年的4101.5亿元拉大至2011年的4979.2亿元，上升了21.40%。

西部总产值占比低于总资产占比2.08个百分点，说明西部地区该产业资产利用效率不高。

（二）西部地区医疗设备及仪器仪表制造业总产值在各省市区之间差距很大，其中重庆、陕西、四川最为突出

从西部省市区情况来看，重庆、陕西、四川最为突出，其2011年总产值分别为126.2亿元、114.9亿元、108.0亿元，分别占西部总量的29.85%、27.18%、25.54%，远高于其他省区，三省市之和占西部总量的82.57%；排名最后的新疆仅为1亿元，占西部总量的0.24%，重庆是其126.2倍。ABC分类如下。

A类（100亿元以上）：重庆（124.8亿元）、陕西（114.9亿元）、四川（108.0亿元）；

B类（10亿～40亿元）：广西（36.3亿元）、云南（11.9亿元）、宁夏（10.0亿元）；

C类（10亿元以下）：贵州（7.4亿元）、内蒙古（3.4亿元）、甘肃（2.4亿元）、青海（1.3亿元）、新疆（1.0亿元）。

从变化情况来看，青海由2010年的第十一位升至2011年的第十位，新疆则由第十位降为第十一位。

三 利润总额

（一）西部地区医疗设备及仪器仪表制造业利润总额呈较大幅度上升趋势，但增长速度低于全国平均和东部水平，东西部差距继续拉大

西部地区医疗设备及仪器仪表制造业利润总额由2010年的30.8亿元上升至2011年的37.2亿元，增长了20.78%；全国同业利润总额由2010年的

543.2亿元上升至2011年的662.6亿元，增长了21.98%，高于西部1.2个百分点；东部同业利润总额由2010年的430.3亿元上升至2011年的527.3亿元，增长了22.54%，高于西部1.76个百分点。

西部该行业利润总额占全国比重很小，且呈小幅下降趋势，由2010年的5.67%下降到2011年的5.61%，下降了0.06个百分点；东部所占比重巨大，且呈小幅上升趋势，由2010年的79.22%上升至2011年的79.58%，上升了0.36个百分点。东西部相对差距由2010年西部占比低于东部73.55个百分点扩大至2011年的73.97个百分点，上升了0.42个百分点；绝对差距则由2010年的399.5亿元扩大至2011年的490.1亿元，上升了22.68个百分点。

2011年，西部该行业的利润占比分别低于总产值和总资产占比0.53个和2.61个百分点，说明西部的经营业绩和资产利用效率偏低。

表3 西部医疗设备及仪器仪表制造业利润总额及与全国和东部比较

单位：亿元，%

地区\年份	2010	2011	地区\年份		2010	2011
内蒙古	0.2	0.3	宁夏		1.2	2.2
广西	3.5	3.2	新疆		0.4	0.1
重庆	9.3	9.4	西部	总量	30.8	37.2
四川	8.3	11.8		占比	5.67	5.61
贵州	1.1	0.9	东部	总量	430.3	527.3
云南	1.2	1.4		占比	79.22	79.58
陕西	5.1	7.7	东西部差距		399.5	490.1
甘肃	0.3	0.0	全国均值		543.2	662.6
青海	0.2	0.2				

数据来源：根据2012年《中国高技术产业统计年鉴》整理。

（二）西部地区医疗设备及仪器仪表制造业利润总额在各省市区之间差距很大，其中四川、重庆最为突出

从西部省市区情况来看，四川、重庆最为突出，两省市2011年利润总额分别为11.8亿元和9.4亿元，分别占西部总量的25.27%和31.72%，二者之和占西部总量的56.99%；排名最后的甘肃利润总额为0。四川虽然在总资产

和总产值两项指标上低于重庆和陕西，利润却高于重庆和陕西，说明四川的经营业绩和资产利用效率较高。ABC 分类如下。

A 类（8 亿元以上）：四川（11.8 亿元）、重庆（9.4 亿元）；

B 类（3 亿~8 亿元）：陕西（7.7 亿元）、广西（3.2 亿元）；

C 类（1 亿~3 亿元）：云南（1.4 亿元）、宁夏（2.2 亿元）；

D 类（1 亿元以下）：贵州（0.9 亿元）、内蒙古（0.3 亿元）、青海（0.2 亿元）、新疆（0.1 亿元）、甘肃（0.0 亿元）。

从变化情况来看，四川该产业利润增幅较大，由 2010 年的第二位升至第一位，重庆则由第一位降为第二位；内蒙古由第十位升至第八位，新疆由第八位降为第十位；青海由第十一位升至第九位，甘肃则由第九位降为第十一位。2011 年广西、甘肃利润下降，青海持平，其他省市区增长。

四 资产利润率

西部地区医疗设备及仪器仪表制造业资产利润率由 2010 年的 7.03% 上升至 2011 年的 7.49%，上升了 0.46%；全国同业 2011 年的资产利润率为 10.97%，与上年持平；东部同业资产利润率由 2010 年的 11.37% 上升至 2011 年的 11.39%，微升 0.02%；西部该产业利润率低于全国和东部水平，但差距略微缩小，由 2010 年分别低于二者 3.94% 和 4.33% 降为 2011 年的 3.48% 和 3.90%。

西部地区各省市区的资产利润率的排序如下：宁夏（28.95%）、广西（14.22%）、四川（12.63%）、青海（11.77%）、内蒙古（10.35%）、贵州（9.47%）、重庆（8.06%）、新疆（5.26%）、陕西（4.08%）、云南（2.85%）、甘肃（0%）。其中宁夏、广西、四川、青海高于东部水平，内蒙古略低于全国水平，贵州、重庆高于西部平均水平。虽然重庆、陕西在资产总量上是该行业在西部最多的两个省市，但资产利润率偏低，说明其资产利用效率不高。

医疗设备及仪器仪表制造业属于高技术产业，但在西部该产业的资产利润率还不是太高。目前，该产业在西部尚处于发展阶段，存在一些问题，比如劳

动生产率不高、微电子控制设备的应用水平不高、新产品的开发和销售不畅等。西部还存在资源投入不够、市场化能力低等问题。

表4 西部医疗设备及仪器仪表制造业资产利润率及其与全国和东部比较

单位：%

地区\年份	2010	2011	地区\年份		2010	2011
内蒙古	3.17	10.35	青海		20.00	11.77
广西	15.28	14.22	宁夏		8.39	28.95
重庆	6.70	8.06	新疆		11.76	5.26
四川	10.98	12.63	西部	均值	7.03	7.49
贵州	13.25	9.47		差距1	3.94	3.48
云南	4.48	2.85		差距2	4.33	3.90
陕西	3.75	4.08	东部均值		11.37	11.39
甘肃	10.34	0.00	全国均值		10.97	10.97

数据来源：根据2012年《中国高技术产业统计年鉴》整理。

B.31
西部各工业行业发展情况的总结

在上一篇对各主要工业行业发展研究的基础上,本章则对2011年的一些关键性指标进行分析和总结。

一 总量指标状况

高技术产业的总产值从量上看是西部工业总产值的一部分,但本书在编撰西部各主要工业行业总产值指标时,采用的是《2012中国工业经济统计年鉴》,而在分析高技术产业时采用的是《2012中国高技术产业统计年鉴》。由于两本年鉴的统计口径和侧重点不尽相同,我们单独分析高技术产业,并以中国统计出版社出版的《2012中国高技术产业统计年鉴》为依据把高技术产业分为五类:医药制造业、航空航天器制造业、电子及通信设备制造业、电子计算机及办公设备制造业和医疗设备及仪器仪表制造业。

(一)传统产业分类

2011年西部11省市区规模以上工业总产值为117808.88亿元,其中有9个行业工业总产值占西部总量的5%以上,分别是电力、热力的生产和供应业(8.46%)、黑色金属冶炼及压延加工业(8.31%)、煤炭开采和洗选业(8.17%)、交通运输设备制造业(7.24%)、有色金属冶炼及压延加工业(6.91%)、化学原料及化学制品制造业(6.45%)、农副食品加工业(6.02%)、石油加工及炼焦加工业(5.74%)、非金属矿物制品业(5.18%)。这九个行业之和占西部总量的62.48%。这样就可以大致反映出西部的产业结构及支柱产业。这一结构与2010年基本相似。值得一提的是,电力、热力的生产和供应业总产值已经逼近一万亿元大关。

在上述9个产业中，采掘工业占1项，即煤炭开采洗选业，占8.17%；矿产资源加工业占3项，即黑色金属冶炼及压延加工业、有色金属冶炼及压延加工业和非金属矿物制品业，三者之和占西部总量的20.40%；能源产业2项，即电力、热力的生产和供应业、石油加工及炼焦加工业，二者之和占西部总量的14.20%；设备制造业1项，即交通运输设备制造业，占7.24%；化工行业1项，即化学原料及化学制品制造业，占6.45%；轻工业1项，即农副食品加工业，占6.02%。总体上看，西部支柱产业主要集中在上游产业，即矿产资源开采业和对矿产资源、能源的加工业。

我们可以对各行业总产值总量来进行分类：

A类（9000亿元以上）：电力、热力的生产和供应业（9966.67亿元，占比8.46%）、黑色金属冶炼及压延加工业（9788.76亿元，占比8.31%），煤炭开采和洗选业（9627.46亿元，占比8.17%），共3个行业，A类行业标准已由2010年的7000亿元上升至2011年的9000亿元。

B类（8000亿~9000亿元）：交通运输设备制造业（8525.47亿元，占比7.24%），有色金属冶炼及压延加工业（8137.03亿元，占比6.91%），共25个行业。

C类（7000亿~8000亿元）：化学原料及化学制品制造业（7596.86亿元，占比6.45%），农副食品加工业（7099.09亿元，占比6.02%），共2个行业，其中化学原料及化学制品制造业为新增B类行业。

D类（6000亿~7000亿元）：石油加工及炼焦加工业（6758.86亿元，占比5.74%），非金属矿物制品业（6097.33亿元，占比5.18%），共2个行业。

E类（4000亿~5000亿元）：石油和天然气开采业（4589.91亿元，占比3.90%），共1个行业。

F类（3000亿~4000亿元）：通信设备计算机及其他电子设备制造业（3658.75亿元，占比3.11%），通用设备制造业（3606.77亿元，占比3.06%），电气机械及器材设备制造业（3475.40亿元，占比2.95%），饮料制造业（3447.34亿元，占比2.93%），共4个行业。

G类（2000亿~3000亿元）：专用设备制造业（2592.13亿元，占比2.20%），医药制造业（2431.31亿元，占比2.06%），食品制造业（2303.30

亿元，占比 1.96%），纺织业（2053.18 亿元，占比 1.74%），共 4 个行业。

H 类（1000 亿～2000 亿元）：金属制品业（1690.97 亿元，占比 1.44%），有色金属矿采选业（1440.75 亿元，占比 1.22%），黑色金属矿采选业（1385.98 亿元，占比 1.18%），造纸和纸制品业（1208.49 亿元，占比 1.03%），共 4 个行业。

I 类（1000 亿元以下）：非金属矿采选业（934 亿元，占比 0.79%）、化学纤维制造业（296.93 亿元，占比 0.25%），共 2 个行业。

从行业上看，资源、能源加工业规模较大，而技术含量较高的行业，如设备制造业的规模不够大，除了交通运输设备制造业在 8000 亿元以上外，其他行业均在 4000 亿元以下；从占比来看，除了交通运输设备制造业占比达到 7.24%，其他行业均在 3.2% 以下；其中，交通运输设备制造业为 B 类，电气机械及器材设备制造业、通用设备制造业、通信设备计算机及其他电子设备制造业为 F 类。

轻工业规模和占比也偏低，其中农副食品加工业为 C 类，饮料制造业为 F 类，食品制造业、纺织业为 G 类，造纸和纸制品业为 H 类。

表1 2011年西部各主要工业行业总产值

类别	行业	总产值（亿元）	占西部工业总产值比重（%）
A 类	电力、热力的生产和供应业	9966.67	8.46
	黑色金属冶炼及压延加工业	9788.76	8.31
	煤炭开采和洗选业	9627.46	8.17
B 类	交通运输设备制造业	8525.47	7.24
	有色金属冶炼及压延加工业	8137.03	6.91
C 类	化学原料及化学制品制造业	7596.86	6.45
	农副食品加工业	7099.09	6.02
D 类	石油加工及炼焦加工业	6758.86	5.74
	非金属矿物制品业	6097.33	5.18
E 类	石油和天然气开采业	4589.91	3.90
F 类	通信设备计算机及其他电子设备制造业	3658.75	3.11
	通用设备制造业	3606.77	3.06
	电气机械及器材设备制造业	3475.40	2.95
	饮料制造业	3447.34	2.93

续表

类别	行业	总产值(亿元)	占西部工业总产值比重(%)
G类	专用设备制造业	2592.13	2.20
	医药制造业	2431.31	2.06
	食品制造业	2303.30	1.96
	纺织业	2053.18	1.74
H类	金属制品业	1690.97	1.44
	有色金属矿采选业	1440.75	1.22
	黑色金属矿采选业	1385.98	1.18
	造纸和纸制品业	1208.49	1.03
I类	非金属矿采选业	934	0.79
	化学纤维制造业	296.93	0.25

（二）高技术产业分类

2011年西部11省市区五类高技术产业工业总产值为7160.3亿元，较2010年的4862.8亿元增长了47.25%。其中有3个行业总产值占西部总量的10%以上，分别是医药制造业（33.96%），电子及通信设备制造业（30.40%），电子计算机及办公设备制造业（20.72%）。这3个行业之和占西部总量的85.07%。这样就可以大致反映出西部的高技术产业结构中的主要行业。在上述3个产业中，医药制造业和电子及通信设备制造业总产值占西部总量比重更是超过30%，可见这两个行业已是西部高技术产业的支柱行业。

表2 2011年西部高技术产业各行业工业总产值

	行业	总产值(亿元)	占西部总量比重(%)
A类	医药制造业	2431.3	33.96
	电子及通信设备制造业	2176.9	30.40
	电子计算机及办公设备制造业	1483.2	20.72
B类	航空航天器制造业	646.1	9.02
	医疗设备及仪器仪表制造业	422.8	5.90

我们可以对各行业总产值总量来进行分类：

A类（1000亿元以上）：医药制造业（2431.3亿元，占比33.96%），电子及通信设备制造业（2176.9亿元，占比30.40%）、电子计算机及办公设备制造业（1483.2亿元，占比20.72%），共3个行业。

B类（1000亿元以下）：航空航天器制造业（646.1亿元，占比9.02%）、医疗设备及仪器仪表制造业（422.8亿元，占比5.90%），共2个行业。

二　总量指标差距

（一）总体比较

2011年全国工业总产值为844268.79亿元，东部工业总产值为535197.88亿元，占全国总量63.39%；西部工业总产值为117808.88亿元，占全国总量的13.95%，较上一年提高了0.48个百分点；东部是西部的4.54倍，西部与东部的绝对差距总额为417389.00亿元，上升了29.37%；相对差距为49.44%，下降了2.37%。由于东部基数远大于西部，西部的增长率虽然高于东部，相对差距亦有所缩小，但绝对差距仍在拉大。

我们可以对绝对差距进行如下分类：

A类（50000亿元以上）：通信设备计算机及其他电子设备制造业（52570.19亿元；相对差距为82.4%，列第二位）。

B类（30000亿~40000亿元）：电气机械及器材设备制造业（36121.51亿元；相对差距70.23%，列第五位）、化学原料及化学制品制造业（33025.51亿元；相对差距54.29%，列第八位）、黑色金属冶炼及压延加工业（30773.63亿元；相对差距48.03%，列第十位）、交通运输设备制造业（30073.90亿元；相对差距47.55%，列第十一位），共4个行业。

C类（20000亿~30000亿元）：通用设备制造业（26619.01亿元；相对差距68.73%，列第六位）、纺织业（23250.69亿元；相对差距71.2%，列第三位），共2个行业。

D类（10000亿~20000亿元）：金属制品业（16497.66亿元；相对差距70.68%，列第四位）、电力热力的生产和供应业（16207.25亿元；相对差距34.22%，低于均值）、石油加工及炼焦加工业（15990.81亿元；相对差距

43.35%，列第十三位）、非金属矿物制品业（14983.48亿元；相对差距37.29%，低于均值）、农副食品加工业（14875.03亿元；相对差距33.71%，低于均值）、专用设备制造业（13623.22亿元；相对差距52.1%，列第九位），共6个行业。

E类（5000亿~10000亿元）：造纸和纸制品业（6957.58亿元；相对差距57.60%，列第七位）、有色金属冶炼及压延加工业（6824.67亿元；相对差距19.01%，低于均值）、医药制造业（5669.53亿元；相对差距37.95%，低于均值）、化学纤维制造业（5588.59亿元；相对差距83.74%，列第一位）、食品制造业（5201.59亿元；相对差距37.03%，低于均值），共5个行业。

F类（1000亿~5000亿元）：黑色金属矿采选业（3511.43亿元；相对差距44.43%，列第十二位）、饮料制造业（1483.85亿元；相对差距12.54%，低于均值），共2个行业。

G类（1000亿元以下）：非金属矿采选业（661.51亿元；相对差距17.20%，低于均值）、石油和天然气开采业（327.53亿元；相对差距2.53%，与东部接近）共2个行业。其中石油和天然气开采业与东部的差距较上年进一步缩小，可能在近年内赶超东部。

超过东部的有两个行业，分别是有色金属矿采选业（-122.24亿元；相对差距-2.43%），煤炭开采和洗选业（-2644.22亿元；相对差距-9.14%）。

表3　2011年西部各行业总产值与东部比较

行业	总产值（亿元）	占全国比重（%）	相对差距（%）	绝对差距（亿元）
电力、热力的生产和供应业	9966.67	21.05	34.22	16207.25
黑色金属冶炼及压延加工业	9788.76	15.28	48.03	30773.63
煤炭开采和洗选业	9627.46	33.29	-9.14	-2644.22
交通运输设备制造业	8525.47	13.48	47.55	30073.90
有色金属冶炼及压延加工业	8137.03	22.66	19.01	6824.67
化学原料及化学制品制造业	7596.86	12.49	54.29	33025.51
农副食品加工业	7099.09	16.09	33.71	14875.03
石油加工及炼焦加工业	6758.86	18.32	43.35	15990.81

续表

行业	总产值（亿元）	占全国比重（%）	相对差距（%）	绝对差距（亿元）
非金属矿物制品业	6097.33	15.17	37.29	14983.48
石油和天然气开采业	4589.91	35.62	2.53	327.53
通信设备计算机及其他电子设备制造业	3658.75	5.74	82.40	52570.19
通用设备制造业	3606.77	8.79	64.94	26619.01
电气机械及器材设备制造业	3475.40	6.76	70.23	36121.51
饮料制造业	3447.34	29.13	12.54	1483.85
专用设备制造业	2592.13	9.91	52.10	13623.22
医药制造业	2431.31	16.27	37.95	5669.53
食品制造业	2303.30	16.39	37.03	5201.59
纺织业	2053.18	6.29	71.2	23250.69
金属制品业	1690.97	7.21	70.68	16497.66
有色金属矿采选业	1440.75	28.62	-2.43	-122.24
黑色金属矿采选业	1385.98	17.53	44.43	3511.43
造纸和纸制品业	1208.49	10.00	57.60	6957.58
非金属矿采选业	934.00	24.27	17.20	661.51
化学纤维制造业	296.93	4.45	83.74	5588.59
合计或均值	108712.68	16.45	42.10	14919.65

注：相对差距为东部占比减去西部占比，绝对差距为东部总产值减去西部总产值。

（二）高技术产业比较

2011年全国高技术产业总产值为88434.0亿元，东部高技术产业总产值为71504.8亿元，占全国总量80.86%；西部高技术产业总产值为7160.3亿元，占全国总量的8.10%，较上年上升了1.59个百分点；东部是西部的9.99倍，西部与东部的绝对差距总额为64344.5亿元，上升了10.24%；相对差距为72.76%，下降了5.36个百分点。由于东部基数远大于西部，西部的增长率虽然高于东部，相对差距亦有所缩小，但绝对差距仍在拉大。

绝对差距最大的行业为电子及通信设备制造业，达到35706.1亿元，相对差距为81.97%（列第二位）；绝对差距在10000亿元以上的还有电子计算机及办公设备制造业（17724.2亿元；相对差距83.86%，列第一位）。

绝对差距在1000亿~7000亿元之间的有：医药制造业（5669.6亿元；相

对差距37.94%，列第四位）、医疗设备及仪器仪表制造业（4999.2亿元；相对差距72.62%，列第三位）。

绝对差距在1000亿元以下的有，航空航天器制造业（245.4亿元；相对差距12.83%，列第五位）。

表4　2011年西部高技术产业各行业总产值与东部比较

行业	总产值（亿元）	占全国比重（%）	相对差距（%）	绝对差距（亿元）
医药制造业	2431.3	16.27	37.94	5669.6
电子及通信设备制造业	2176.9	4.99	81.97	35706.1
电子计算机及办公设备制造业	1483.2	7.02	83.86	17724.2
航空航天器制造业	646.1	33.77	12.83	245.4
医疗设备及仪器仪表制造业	422.8	6.14	72.62	4999.2

三　确定西部重点发展行业

（一）确定重点行业的因素

西部重点发展行业的确定是本报告的核心，这取决于4个因素：

1. 行业的发展潜力或发展空间，即预期可能产生的经济总量。预期可产生的经济总量越大，对西部经济推动也越大，对缩小东西部差距的贡献也就越大。一般来说，西部与东部差距越大的行业，其发展潜力也越大。

2. 行业的科技水平或科技含量。发展科技水平高的行业有利于推动西部工业的科技进步，提升西部工业的现代化水平。

3. 西部自身的优势。发展西部优势、特色产业可以较快取得成效。

4. 西部的支柱产业。总产值在西部占比较高的产业，这些产业能否稳定增长，直接决定着西部当前工业经济发展水平。

（二）重点发展行业的确定

根据以上法则，我们可以采取ABC分类法来确定西部的重点发展行业。

1. A 类行业

（1）能源开采与加工业

该类行业包括电力、热力的生产和供应业，煤炭开采和洗选业，石油及炼焦加工业，石油和天然气开采业。

①电力、热力的生产和供应业

该行业 2011 年工业总产值为 9966.67 亿元（列西部第一），占西部总量的 8.46%。其东西部绝对差距和相对差距也比较大，分别为 16207.25 亿元（列第九位）和 37.25%。西部是能源储量密集区，不仅有丰富的常规能源储量，如煤炭、石油、天然气和水能资源，而且也有丰富的新型可再生能源，如风能、太阳能、地热能等。西南地区丰富的水能资源和西北地区丰富的风能、太阳能资源，为推动我国清洁可再生能源的发展及低碳经济的发展奠定了基础。

西部发展电力工业具有重大的战略意义。随着我国经济快速增长对能源和电力的需求量越来越大，西部能源和电力工业的发展是国家能源安全的保证。西部地区不仅担负着"西电东送"、"西气东输"、"西油东输"的任务，也为本地区不断发展的高载能产业提供能源和电力供给。

西部地区在发展这一行业上有较强的基础，其中内蒙古、四川目前实力最强，贵州、广西、云南、陕西也有较强的实力，而甘肃、重庆在发展风电产业上具有非常大的潜力。可通过这些省市区的发展来带动整个西部产业发展。

②煤炭开采和洗选业

西部该行业 2011 年的工业总产值为 9627.46 亿元（列第三位），占西部总量的 8.17%。该行业经济总量超过东部，也是西部两个经济总量超过东部的行业之一，其领先东部的绝对差距和相对差距分别为 2644.22 亿元和 9.14%。在目前煤炭仍是我国主要能源的形势下，该行业的发展有着重要战略意义。

内蒙古该行业在西部最为突出，陕西、贵州、四川、重庆也有一定的实力。

但值得注意的是，我国煤炭资源虽然比较丰富，但随着近几十年的经济快速增长，特别是新世纪以来的经济高速增长是以高耗能为特征，导致煤炭资源消耗过快，产生的资源与环境问题较多，资源枯竭城市日趋增多，煤炭进口已经成为我国煤炭供给的渠道之一，并且进口量将越来越大。西部地区该行业进

一步发展也面临着日益尖锐的资源与环境问题。

③石油加工及炼焦加工业

该行业2011年工业总产值为6758.86亿元，占西部总量的5.74%。其东西部绝对差距和相对差距亦比较大，分别为15990.81亿元和43.35%。其上游产业是煤炭开采洗选业、石油和天然气开采业，前者西部工业总产值要大于东部，后者则略低于东部，这说明西部发展该行业有较大的优势，应适度增加产业规模，缩小东西部差距。

陕西、新疆、甘肃该行业在西部最为突出，四川、内蒙古、广西也有一定的基础。

④石油和天然气开采业

该行业2011年的工业总产值为4589.91亿元，占西部总量的3.90%。其东西部绝对差距和相对差距很小，分别为327.53亿元和2.53%。从发展趋势上看，西部有望赶超东部。由于西部石油天然气储量丰富，未来开发的潜力巨大。随着我国经济发展对石油、天然气的需求量的激增，以及东中部的一些老油田日趋枯竭，西部将担负着更大的"西气东输"、"西油东输"的任务。但是，该行业的发展毕竟要受西部资源储量的限制，因此，能否获得大的发展取决于可探明的新油气田的规模。

西部地区在发展这一行业上基础雄厚，其中陕西、新疆实力最强，四川、甘肃、青海也有较强的实力。

（2）设备制造业

①机械设备制造业

机械设备制造业包括4个行业：交通运输设备制造业、电气机械及器材设备制造业、通用设备制造业、专用设备制造业。这些行业2011年的工业总产值分别为8525.47亿元（列第四位）、3475.40亿元、3606.77亿元、2592.13亿元，分别占西部总量的7.24%、2.95%、3.06%、2.20%。它们具有一些共同特征，均是机械设备制造业，属于下游行业，技术含量较高，东西部绝对差距与相对差距也十分巨大，分别为30073.90亿元（列第五位）和47.55%、36121.51亿元（列第二位）和70.23%、26619.01亿元（列第六位）和64.94%、13623.22亿元（列第十三位）和52.10%。由于这些行业东西部差距均非常大,这也说明这些行业在西部的发展潜力巨大。其中电气机械及器材设备制造业的发展潜力尤为巨大,因为西部地区是我国能源储藏密集地区,对电气机械器材设备具有较大需求,发展这类产业市场较为广阔。

西部地区在发展这些行业上亦有一定的基础,在交通运输设备制造业方面,重庆、广西、陕西、四川具有较强的基础;在电气机械及器材设备制造业方面,四川、重庆、陕西实力最强,新疆、广西、甘肃也有较强的基础;在专用设备制造业方面,四川、陕西、广西、内蒙古、重庆具有较强基础;在通用设备制造业方面,四川、重庆、陕西、广西、内蒙古具有较强基础。可通过这些省市区的发展来带动整个西部产业发展。

②电子及通信设备制造业

该行业属于高技术产业,2011年工业总产值为2176.9亿元,占西部高技术产业总量的30.40%。东西部绝对差距最大和相对差距也非常大,达到35706.1亿元和81.97%,这也说明其发展潜力和空间非常大。

该行业科技含量高,环境与资源约束较小。西部地区要实现跨越式发展,尽快缩小东西部经济、人力资源和技术水平的差距,应注重发展这一行业。

西部地区在发展这一行业上亦有一定的基础,其中四川实力最强,广西、重庆、陕西和内蒙古也有较强的基础,可通过这些省市区的发展来带动整个西部产业发展。

③航空航天器制造业

该行业是高技术产业,科技含量高,2011年工业总产值为646.1亿元,占西部高技术产业总量的9.02%;东西部绝对差距和相对差距均较小,分别为245.4亿元和12.83%,有望赶超东部。陕西、四川该行业较为突出。

④医疗设备及仪器仪表制造业

该行业也是高技术产业,2011年工业总产值为422.8亿元,占西部高技术产业总量的5.90%;其东西部绝对差距和相对差距亦比较大,分别为4999.2亿元和72.62%,特别是相对差距非常大,这也说明西部该行业有扩张的潜力,并且该行业科技含量很高,西部应大力发展,但其总量规模有限,因而其对西部所产生的生产总值的贡献很小。重庆、陕西、四川该行业较为突出。

⑤电子计算机及办公设备制造业

该行业是高技术产业，科技含量最高，2011年工业总产值为1483.2亿元，占西部高技术产业总量的20.72%；东西部绝对差距和相对差距均非常大，分别为17724.2亿元和83.86%，相对差距最大，这也说明西部该行业有扩张的潜力，西部应大力发展。四川、重庆、广西该行业较为突出。

2. B类行业

（1）金属冶炼及压延加工业

该类行业包括黑色金属冶炼及压延加工业与有色金属冶炼及压延加工业。

①黑色金属冶炼及压延加工业

该行业2011年工业总产值为9788.76亿元（列西部第二），占西部总量的8.31%，其东西部绝对差距和相对差距均很大，分别为30773.63亿元（列第四位）和48.03%。由于该行业占西部工业总产值总量非常大，因此其发展状况直接影响着西部的工业经济水平。虽然该行业东西部绝对差距非常大，并且西部发展该行业有着能源优势，但其在西部进一步扩大的潜力已经不大。这是由于该行业目前在我国已经产能过剩，继续进行量的扩张已不太可能。其次，该行业主要是钢铁业，而西部地区的生产企业主要依赖本地的矿产资源（铁矿石），经过几十年的生产消耗，矿产资源日趋枯竭，已经受到资源瓶颈的限制。在这一形势下，钢铁产业的布局将更多地集中于沿海地区，以充分发挥港口城市的优势，这样可以提高产业集聚程度，有效利用国外铁矿石资源，充分利用东部沿海巨大市场优势，减少运输成本和缓解国内运输压力，从而降低钢铁生产成本，增强产品的竞争力。而西部地区由于受交通运输瓶颈的制约，不可能通过进口资源来从事生产，只有依赖本地资源，而当本地资源日趋枯竭时，其产业规模无法实现扩张。西部地区该产业的发展应转变增长方式，依靠科技进步，由能源、资源消耗型向节约型转变，由数量扩张型向质量效益型转变，由注重价格效益向注重降低成本转变，大力优化品种结构，提高产品质量，坚持走新型工业化道路。

西部钢铁工业主要集中在内蒙古和四川，广西、云南、甘肃、新疆也有一定的实力，可通过这些省区的发展来推动整个西部产业发展的转型。

②有色金属冶炼及压延加工业

该行业2011年的工业总产值为8137.03亿元（列第五位），占西部总量的6.91%。其东西部绝对差距和相对差距分别为6824.67亿元和19.01%。由于该行业属于高载能产业，对能源需求量高，随着近年来能源和电力价格的上涨，东部地区生产成本急剧上升，因而这一行业快速向西部转移，因而西部地区该产业发展较快。

通过电力与金属冶炼业的联营是当前有色金属产业发展的趋势，如煤电—电解铝联营、水电—电解铝联营等，而水电—电解铝联营是发达国家通行的联营方式，也是最为成功的联营方式。而目前正在快速发展的风电产业将会推动新型风电与有色金属产业联营的模式。由于西南地区水电资源极为丰富，西北地区风电资源极为丰富，而西部地区所发的电能受电网通道的限制，不可能全部上网销售，将有大量富余电能，特别是地方自主开发的电力，只能由当地的产业来"消化"。特别是在丰水期和风力强劲的季节，水能和风能资源就会因电网输出容量的限制而白白流失。而水能和风能资源丰富的地区往往是经济发展较为落后、用电量小的地区，当电力很难输出时，可以通过发展载电产品而把能源和产品输送出去。科学地发展有色金属冶炼及压延加工业等高载能产业既可充分利用西部地区能源优势，促进电力的发展，提高"西电东送"的效率，减少电网投资费用，又能促进经济欠发达地区的经济发展。

西部地区在发展这一行业上基础雄厚，其中内蒙古、云南、甘肃、陕西、四川均有很强的实力。

从全国总体形势来看，该行业已经出现产能过剩，特别是电解铝行业的产能过剩问题较为突出。在这一形势下，产业的集聚应遵从比较优势。西部地区有着很强的能源优势，特别是水能和风能之类的清洁可再生能源优势，适合发展有色金属冶炼和压延加工业，其他地区的产能或煤炭密集区的产能应向西部可再生能源基地转移。

（2）化工行业

该类行业包括化学原料及化学制品制造业、造纸和纸制品业和化学纤维制造业，但后两个行业规模较小。

①化学原料及化学制品制造业

西部化学原料及化学制品制造业2011年的工业总产值为7596.86亿元（列第六位），占西部总量的6.45%。其东西部绝对差距和相对差距均很大，分别为33025.51亿元（列第三位）和54.29%，绝对差距更为突出。由于该行业东西部差距非常大，因而发展潜力也很大；并且该行业对能源的需求也非常高，西部发展该行业具有能源优势。但是，由于该行业的发展可能产生较大的环境污染，而西部地区处于环境敏感地区，因此，必须根据各地的环境条件，适度控制规模，走新型工业化道路，实现可持续发展。

四川该行业实力最强，内蒙古、云南、广西、重庆亦有一定的基础。

②造纸和纸制品业

该行业2011年工业总产值为1208.49亿元，占西部总量的1.03%。其东西部绝对差距和相对差距亦比较大，分别为6957.58亿元和57.60%，而相对差距则更为突出。因西部该行业相对差距很大，所以有扩张的潜力，但其总量规模有限，因而也只能适度发展。因造纸业产生废水较多，可能会污染河流，而西部地区作为我国江河的上游，在发展该行业时应加大环境保护力度，走可持续发展道路。四川该行业在西部最为突出，广西、陕西、重庆、内蒙古亦有一定的基础。

③化学纤维制造业

该行业2011年的工业总产值为296.93亿元，占西部总量的0.25%。其东西部绝对差距和相对差距非常大，达到5588.59亿元和83.74%（列第一位），相对差距更突出。因该行业相对差距巨大，所以西部有很大发展潜力，但其总量规模有限，因而其对西部所产生的生产总值的贡献很小。西部在发展该行业时应注重环境保护，坚持走可持续发展道路。

四川、甘肃、新疆该行业较为突出。

(3) 食品饮料制造业

该类行业包括农副食品加工业、食品制造业和饮料制造业。这些行业均属于轻工业。

①农副食品加工业及食品制造业

农副食品加工业及食品制造业2011年工业总产值分别为7099.09亿元和

2303.3亿元，分别占西部总量的6.02%和1.96%。二者东西部绝对差距和相对差距也很大，分别为14875.03亿元和33.71%、5201.59亿元和37.03%。而农副食品加工业的绝对差距更大，因而发展潜力也更大。西部应大力发展轻工业，特别是农副产品加工业，这有利于带动农村经济的发展。

广西、四川的农副食品加工业实力最强，内蒙古、云南、新疆、甘肃也有较强实力；食品加工业内蒙古实力最强，四川、陕西也有较强实力。可通过这些省区的发展来带动整个西部产业发展。

②饮料制造业

该行业2011年的工业总产值为3447.34亿元，占西部总量的2.93%；东西部绝对差距和相对差距分别为1483.85亿元和12.54%。该行业是西部某些省份的优势特色产业，也是西部地区应该大力发展的行业，但该行业的总量规模有限，发展空间不太大，对西部所产生的生产总值的贡献有限。

四川该行业最为突出，贵州、陕西亦有很强实力。

3. C类行业

（1）非金属矿物制品业

该行业2011年的工业总产值为6097.33亿元，占西部总量的5.18%。其东西部绝对差距和相对差距均比较大，分别为14983.48亿元和37.29%。该行业的发展也有一定的潜力，其中的水泥也是本轮高增长周期中的标志性产品，并可能产生较大的环境问题，因此，也应努力实现可持续发展。

四川该行业在西部最为突出，广西、内蒙古、重庆、陕西亦有一定的基础。

（2）医药制造业

该行业2011年的总产值为2431.3亿元，占西部总量的33.96%。其东西部绝对差距和相对差距分别为5669.6亿元和37.94%。西部发展该行业有一定的潜力。该行业科技含量较高，并且也可能是新一轮产业革命发生的领域，西部应大力发展，但其总量规模有限，因而其对西部所产生的生产总值的贡献很小。

四川该行业最为突出，陕西、贵州、重庆、广西、内蒙古、云南亦有一定的基础。

(3) 纺织业

该行业2011年的工业总产值为2053.18亿元，占西部总量的1.74%。东西部绝对差距和相对差距很大，分别为23250.69亿元和71.20%，因此发展空间较大。

西部地区是棉花等原料的产区，有着发展纺织业的巨大潜力和资源优势。目前这一行业东西部差距过大，产业地区结构极不合理。西部地区应大力发展纺织业，改变主要向中东部销售原料的生产格局，增加对原料的加工所形成的附加值，缩小东西部差距。

西部在发展纺织业上已有一定基础，其中四川、内蒙古实力最强，新疆、陕西、重庆、广西也有一定的基础，可通过这些省市区的发展来带动整个西部产业发展。

(4) 金属制品业

该行业2011年的总产值为1690.97亿元，占西部总量的1.44%；东西部绝对差距和相对差距较大，特别是相对差距非常大，分别为16497.66亿元和70.68%，因此发展潜力较大。

金属制品业是黑色和有色金属冶炼及压延加工业的下游产业，科技含量相对较高。而目前的生产格局是，西部地区主要生产金属冶炼初级产品，而科技含量较高的下游产品金属制品业主要集中在东部地区（西部所占份额仅为7.21%），这一分工格局对西部非常不利，也是造成东西部差距拉大的重要原因之一。西部应大力发展这一行业，形成产业链，优化资源配置，减少交易成本和物流成本。

西部地区在发展这一行业上亦有一定的基础，其中四川实力最强，内蒙古、重庆、甘肃也有较强实力，可通过这些省市区的发展来带动整个西部产业发展。

(5) 矿物采选业

该类行业包括有色金属矿采选业、黑色金属矿采选业、非金属矿采选业，这些行业2011年的工业总产值分别为1440.75亿元、1385.98亿元、934亿元；分别占西部总量的1.22%、1.18%、0.79%。这些行业的绝对差距和相对差距分别为-122.24亿元和-2.43%，3511.43亿元和44.43%，661.51亿元和17.2%。这些行业的规模偏小。

由于西部地区具有矿产资源优势，矿产资源采掘工业东西部差距很小，有些行业西部发展规模甚至大于东部。但是，我国资源采掘工业的发展正在出现增长的极限。随着我国钢铁等黑色金属产业的快速发展对资源所产生的消耗与日俱增，黑色金属矿产资源日趋枯竭；而本轮经济高速增长中非金属矿制品业也出现快速增长，也产生了较为突出的资源环境问题；我国有色金属矿产资源储量不足，主要依赖进口。因此，这些行业的发展空间已经不大，西部地区必须寻求新的经济增长点，实现产业的转型。

B.32
参考文献

[1] 陈自芳:《提升FDI外溢效应及引进外资质量的定量化探索》,《学术研究》2005年第10期。

[2] 单豪杰:《中国资本存量K的再估计:1952~2006年》,《数量经济技术经济研究》2008年第10期。

[3] 傅元海、彭民安:《中国利用FDI质量的评价标准研究》,《求索》2007年第11期。

[4] 甘宏业:《关于引进外资质量的评价》,《中国流通经济》1996年第6期。

[5] 高铁梅:《计量经济分析方法与建模》,清华大学出版社,2009。

[6] 高宇明、齐中英:《基于时变参数的我国全要素生产率估计》,《数量经济技术经济研究》2008年第2期。

[7] 郭庆旺、贾俊雪:《中国全要素生产率的估算:1979~2004》,《经济研究》2005年第6期。

[8] 郭文理:《偏离份额分析法在分离经济增长因素中的应用》,《预测》2001年第2期。

[9] 何枫等:《我国资本存量的估算及相关分析》,《经济学家》2003年第5期。

[10] 何洁:《外国直接投资对中国工业部门外溢效应的进一步精确量化》,《世界经济》2000年第12期。

[11] 黄勇峰等:《中国制造业资本存量永续盘存法估计》,《经济学(季刊)》2002年第2期。

[12] 李武军、黄炳南:《基于偏离-份额分析法的中部地区产业结构研究》,《经济经纬》2010年第6期。

[13] 任若恩、刘晓生:《关于中国资本存量估计的一些问题》,《数量经济技术经济研究》1997年第1期。

[14] 邵宁平、刘小鹏、渠晓毅:《宁夏"三废"排放的环境库兹涅茨(EKC)

曲线特征分析》，《资源与产业》2009 年 11 月第 1 期，105~109。

[15] 史春云等：《国外偏离-份额分析及其扩展模型研究述评》，《经济问题探索》2007 年第 3 期。

[16] 四川社会科学院：《四川省承接东部产业转移的优势及问题研究》，http://sichuan.mofcom.gov.cn/article/sjgongzuody/201101/20110107358965.html.

[17] 孙琳琳、任若恩：《中国资本投入和全要素生产率的估算》，《世界经济》2005 年第 12 期。

[18] 谭克、路瑶：《长江三角洲与珠江三角洲产业竞争力比较研究》，《当代财经》2003 年第 5 期。

[19] 汤清、袁慧明：《国际污染产业转移对广东省环境影响分析》，《资源与产业》2010。

[20] 汪春、杨晓优：《我国 1995~2008 年利用 FDI 质量的评估——基于因子分析法的研究》，《江苏财经大学学报》2011 年第 1 期。

[21] 王小鲁：《中国经济增长的可持续性与制度变革》，《经济研究》2000 年第 7 期。

[22] 吴继英、赵喜仓：《偏离-份额分析法空间模型及其应用》，《统计研究》2009 年第 4 期。

[23] 姚芳等：《偏离-份额法的修正及中国工业竞争力分析》，《软科学》2005 年第 6 期。

[24] 姚志毅：《污染产业转移对我国环境与经济的影响分析》，《产业观察》2009。

[25] 叶勇、张丹：《广东外资利用质量的评估——基于因子分析法的研究》，《特区经济》2011 年第 10 期。

[26] 叶宗裕：《中国资本存量再估算：1952~2008》，《统计与信息论坛》2010 年第 7 期。

[27] 易丹辉：《数据分析与 Eviews 应用》，中国人民大学出版社，2008。

[28] 易纲、樊纲、李岩：《关于中国经济增长与全要素生产率的理论思考》，《经济研究》2003 年第 8 期。

[29] 尹磊：《西部地区承接东部产业转移的相关问题及对策研究》，《改革与

战略》2010 年第 7 期。

[30] 袁晓玲、张宝山、杨万平：《动态偏离－份额分析法在区域经济中的应用》，《经济经纬》2008 年第 1 期。

[31] 张宏：《"跨国并购"与山东的积极引资政策》，《山东社会科学》2004 年第 4 期。

[32] 张军等：《中国省际物质资本存量估算：1952～2000》，《经济研究》2004 年第 10 期。

[33] 张军、施少华：《中国经济全要素生产率变动：1952～1998》，《世界经济文汇》2003 年第 2 期。

[34] 张军、章元：《对中国资本存量 K 的再估计》，《经济研究》2003 年第 7 期。

[35] 郑玉歆：《全要素生产率的再认识》，《数量经济技术经济研究》2007 年第 9 期。

[36] Buckley, P. J. & J. Clegg & C. Wang, The Relationship Between Inward Foreign Direct Investment and the Performance of Domestically-owned Chinese Manufacturing Industry [J]. The Multinational Business Review, Winter 2004, Vo. l 12 (3): 37－38.

[37] Chow G. G. Capital Formation and Economic Growth in China. Q. J. E., 1993 (8).

[38] Dunn E S. A statistical and analytical technique for regional analysis [J]. Papers of Regional Science Association, 1960 (6).

[39] KumarN.: Globalization and the Quality of Foreign Direct Investment [M], New Delhi: Oxford University Press, 2002.

[40] NazaraS, Hewings G J D. Spatial Structure and Taxonomy of Decomposition in Shift-share Analysis [J]. Growth and Change, 2004 (35).

[41] Solow, Robert M. Technical Change and the Aggregate Production Function. Review of Economics and Statistics, 39, August 1957.

[42] Young, Alwyn. Gold into Base Metals: Productivity Growth in the People's Republic of China during the Reform Period. *Journal of Political Economy*, 2000 (6).

权威报告　热点资讯　海量资源
当代中国与世界发展的高端智库平台

皮书数据库 www.pishu.com.cn

皮书数据库是专业的人文社会科学综合学术资源总库，以大型连续性图书——皮书系列为基础，整合国内外相关资讯构建而成。包含七大子库，涵盖两百多个主题，囊括了近十几年间中国与世界经济社会发展报告，覆盖经济、社会、政治、文化、教育、国际问题等多个领域。

皮书数据库以篇章为基本单位，方便用户对皮书内容的阅读需求。用户可进行全文检索，也可对文献题目、内容提要、作者名称、作者单位、关键字等基本信息进行检索，还可对检索到的篇章再作二次筛选，进行在线阅读或下载阅读。智能多维度导航，可使用户根据自己熟知的分类标准进行分类导航筛选，使查找和检索更高效、便捷。

权威的研究报告，独特的调研数据，前沿的热点资讯，皮书数据库已发展成为国内最具影响力的关于中国与世界现实问题研究的成果库和资讯库。

皮书俱乐部会员服务指南

1. 谁能成为皮书俱乐部会员？
- 皮书作者自动成为皮书俱乐部会员；
- 购买皮书产品（纸质图书、电子书、皮书数据库充值卡）的个人用户。

2. 会员可享受的增值服务：
- 免费获赠该纸质图书的电子书；
- 免费获赠皮书数据库100元充值卡；
- 免费定期获赠皮书电子期刊；
- 优先参与各类皮书学术活动；
- 优先享受皮书产品的最新优惠。

卡号：8355137183944755
密码：

（本卡为图书内容的一部分，不购书刮卡，视为盗书）

3. 如何享受皮书俱乐部会员服务？

（1）如何免费获得整本电子书？

购买纸质图书后，将购书信息特别是书后附赠的卡号和密码通过邮件形式发送到pishu@188.com，我们将验证您的信息，通过验证并成功注册后即可获得该本皮书的电子书。

（2）如何获赠皮书数据库100元充值卡？

第1步：刮开附赠卡的密码涂层（左下）；

第2步：登录皮书数据库网站（www.pishu.com.cn），注册成为皮书数据库用户，注册时请提供您的真实信息，以便您获得皮书俱乐部会员服务；

第3步：注册成功后登录，点击进入"会员中心"；

第4步：点击"在线充值"，输入正确的卡号和密码即可使用。

皮书俱乐部会员可享受社会科学文献出版社其他相关免费增值服务
您有任何疑问，均可拨打服务电话：010-59367227　QQ:1924151860
欢迎登录社会科学文献出版社官网(www.ssap.com.cn)和中国皮书网（www.pishu.cn）了解更多信息

法律声明

"皮书系列"(含蓝皮书、绿皮书、黄皮书)由社会科学文献出版社最早使用并对外推广,现已成为中国图书市场上流行的品牌,是社会科学文献出版社的品牌图书。社会科学文献出版社拥有该系列图书的专有出版权和网络传播权,其LOGO( )与"经济蓝皮书"、"社会蓝皮书"等皮书名称已在中华人民共和国工商行政管理总局商标局登记注册,社会科学文献出版社合法拥有其商标专用权。

未经社会科学文献出版社的授权和许可,任何复制、模仿或以其他方式侵害"皮书系列"和LOGO( )、"经济蓝皮书"、"社会蓝皮书"等皮书名称商标专用权的行为均属于侵权行为,社会科学文献出版社将采取法律手段追究其法律责任,维护合法权益。

欢迎社会各界人士对侵犯社会科学文献出版社上述权利的违法行为进行举报。电话:010-59367121,电子邮箱:fawubu@ssap.cn。

社会科学文献出版社